岭南文化与旅游产业融合发展研究

Lingnan Wenhua Yu Lüyou Chanye Ronghe Fazhan Yanjiu

张河清 王蕾蕾 著

中山大学出版社
·广州·

版权所有　翻印必究

图书在版编目（CIP）数据

岭南文化与旅游产业融合发展研究/张河清，王蕾蕾著. —广州：中山大学出版社，2020.6

ISBN 978 - 7 - 306 - 06786 - 9

Ⅰ. ①岭…　Ⅱ. ①张…②王…　Ⅲ. ①地方文化—作用—旅游业发展—研究—广东　Ⅳ. ①F592.765

中国版本图书馆 CIP 数据核字（2019）第 279230 号

出 版 人：王天琪
策划编辑：翁慧怡
责任编辑：翁慧怡
封面设计：曾　斌
责任校对：周　玢
责任技编：何雅涛
出版发行：中山大学出版社
电　　话：编辑部 020 - 84110771，84113349，84111997，84110779
　　　　　发行部 020 - 84111998，84111981，84111160
地　　址：广州市新港西路 135 号
邮　　编：510275　　传　真：020 - 84036565
网　　址：http：//www.zsup.com.cn　E-mail：zdcbs@mail.sysu.edu.cn
印 刷 者：广州一龙印刷有限公司
规　　格：787mm×1092mm　1/16　15.75 印张　266 千字
版次印次：2020 年 6 月第 1 版　2020 年 6 月第 1 次印刷
定　　价：62.00 元

如发现本书因印装质量影响阅读，请与出版社发行部联系调换本研究得到国家自然科学基金项目"民族传统聚落文化与生态基因信息图谱建模及应用研究"（批准号：71473051）、教育部"新世纪优秀人才支持计划"（编号：NCET-10-0086）、广州市"羊城学者"中青年学术带头人研究项目"岭南文化与旅游业融合发展的互动机制及其政策响应研究"（编号：12A010G）、广州市哲学社会科学发展"十三五"规划项目"岭南古驿道文化基因挖掘及综合开发研究——基于遗产廊道视角"（编号：2018GZQN63）、广东省教育厅青年创新人才项目"乡村振兴视野下南粤古驿道文化遗产保护与活化利用研究"（编号：2018GWQNCX083）、广东省普通高校青年创新人才类项目"乡村振兴战略下南粤古驿道文化遗产保护与创新性发展研究"（编号：2019GWQNCX030）、广州市哲学社会科学发展"十三五"规划2020年度共建课题"遗产廊道视角下南粤古驿道保护与利用研究"（编号：2020GZGJ243）的资助。

内 容 提 要

在新时代背景下,文化和旅游融合迎来新的发展机遇,"诗与远方"的结合既体现了国家建设文化强国的决心,又反映了人民追求美好生活的愿望,体现了国家从战略层面推动文化和旅游深度融合发展。

本书从文化地理学的视角探讨文化与旅游产业融合的一般规律,构建一个基于岭南文化与旅游产业融合发展的互动机制及其政策响应的总体思路。首先,从文化景观的角度解读南粤古驿道文化遗产的时代性和继承性、空间性和区域性、民族性和功能性;从地方依恋的角度解读南粤古驿道地方依恋的形成;从对比组织方投射形象与旅游者感知形象,解读南粤古驿道文化与旅游融合的效果。其次,从空间生产的角度解读千年瑶寨民族传统聚落文化旅游的发展,发现空间文化冲突的原因、文化表征权力的冲突及资本空间再生产的阶层冲突;解读在民族文化与旅游产业融合发展过程中出现的"再地方化"与"去地方化"的现象。最后,实现理论与产业融合发展的衔接,为政府制定合理的文化与旅游产业融合发展政策提供借鉴。

在理论研究的基础上,本书选择岭南地区广东省旅游产业与文化融合发展的实践——南粤古驿道文化遗产活化利用和千年瑶寨民族传统聚落文化与旅游产业融合发展,根据实证研究中发现的问题,进一步研究岭南文化与旅游产业融合发展的保障措施,以期为其他文化与旅游产业融合发展的实践提供经验借鉴。

目　　录

第一章　绪论 …………………………………………………………… 1
　第一节　研究背景 …………………………………………………… 1
　　一、选题背景 ……………………………………………………… 1
　　二、选题依据 ……………………………………………………… 2
　第二节　研究目的和研究意义 ……………………………………… 3
　　一、研究目的 ……………………………………………………… 3
　　二、研究意义 ……………………………………………………… 3
　第三节　研究内容和技术路线 ……………………………………… 4
　　一、研究内容 ……………………………………………………… 4
　　二、技术路线 ……………………………………………………… 5

第二章　文化与岭南文化 ……………………………………………… 6
　第一节　文化及其相关概念 ………………………………………… 6
　　一、文化：一个深广的概念 ……………………………………… 6
　　二、文化的层级结构 ……………………………………………… 7
　第二节　地理学对文化的理解 ……………………………………… 8
　　一、文化地理学概述 ……………………………………………… 8
　　二、新文化地理学对文化的理解 ………………………………… 9
　第三节　岭南文化及其相关概念 …………………………………… 9
　　一、岭南文化的概念界定 ………………………………………… 10
　　二、岭南文化在中国传统文化中的地位 ………………………… 15
　　三、新岭南文化 …………………………………………………… 16

第三章　旅游与旅游产业 ……………………………………………… 19
　第一节　旅游概念与内涵 …………………………………………… 19

一、旅游的定义 …………………………………………… 19
　　　二、旅游的本质 …………………………………………… 22
　第二节　旅游产业 ……………………………………………… 24
　　　一、旅游业与旅游产业的概念区分 ……………………… 24
　　　二、旅游产业的发展方向 ………………………………… 27

第四章　文化与旅游的关系 ………………………………………… 33
　第一节　以文化丰富旅游 ……………………………………… 33
　　　一、文化是旅游资源的核心竞争力 ……………………… 33
　　　二、文化需求激发旅游动机 ……………………………… 36
　　　三、文化为旅游提供价值导向 …………………………… 37
　　　四、文化促进旅游经济发展 ……………………………… 38
　第二节　以旅游展现文化 ……………………………………… 39
　　　一、旅游促进文化交流与传播 …………………………… 40
　　　二、旅游推动文化建设 …………………………………… 42
　　　三、旅游促进文化事业发展 ……………………………… 44
　　　四、旅游推进农村文化产业发展 ………………………… 45
　第三节　文化与旅游融合发展 ………………………………… 46
　　　一、文旅融合发展——新文化地理学的视角 …………… 47
　　　二、文旅融合发展——新时代背景下的视角 …………… 51

第五章　岭南文化与旅游产业融合发展的互动机制 …………… 55
　第一节　岭南文化与旅游产业融合发展的动力机制 ………… 55
　　　一、政府引导力 …………………………………………… 56
　　　二、市场调节力 …………………………………………… 57
　　　三、融合保障力 …………………………………………… 59
　　　四、环境整合力 …………………………………………… 59
　第二节　岭南文化与旅游产业融合发展的运行机制 ………… 60
　　　一、技术融合 ……………………………………………… 60
　　　二、产品融合 ……………………………………………… 62
　　　三、业务融合 ……………………………………………… 65
　　　四、市场融合 ……………………………………………… 68

第三节　岭南文化与旅游产业融合发展的创新机制 …………… 69
　　　一、融合理念创新 ……………………………………………… 70
　　　二、组织管理创新 ……………………………………………… 72
　　　三、融合要素创新 ……………………………………………… 74
　　　四、融合业态创新 ……………………………………………… 75
　　第四节　岭南文化与旅游产业融合模式 ………………………… 77
　　　一、产业融合角度 ……………………………………………… 77
　　　二、发展融合角度 ……………………………………………… 83

第六章　岭南文化与旅游产业融合发展的实践 …………………… 88
　　第一节　旅游助力南粤古驿道文化遗产活化 …………………… 88
　　　一、南粤古驿道文化概述 ……………………………………… 88
　　　二、南粤古驿道文化与旅游融合发展 ………………………… 90
　　　三、南粤古驿道文化与旅游融合之解读 ……………………… 94
　　　四、南粤古驿道文化与旅游产业融合之效果 ………………… 110
　　第二节　民族传统古村落（千年瑶寨）文化与旅游互动发展 …… 115
　　　一、民族传统古村落（千年瑶寨）概述 ……………………… 115
　　　二、民族传统古村落（千年瑶寨）旅游发展历程 …………… 118
　　　三、民族传统古村落（千年瑶寨）文化与旅游互动之解读 …… 121
　　　四、民族传统古村落（千年瑶寨）文化与旅游融合之效果 …… 130
　　　五、小结 ………………………………………………………… 132

第七章　岭南文化与旅游产业融合发展的政策响应 ……………… 136
　　第一节　高度重视岭南文化与旅游产业融合发展 ……………… 136
　　　一、充分认识岭南文化与旅游产业融合发展的重要性 ……… 136
　　　二、深刻认识岭南文化与旅游产业融合发展的紧迫性 ……… 143
　　第二节　创新机制体制，转变管理职能 ………………………… 149
　　　一、健全部门职能整合机制 …………………………………… 149
　　　二、构建有效的投融资体制 …………………………………… 154
　　　三、完善行业管理机制 ………………………………………… 161
　　　四、完善宣传推广机制 ………………………………………… 163
　　　五、完善配套基础设施建设机制 ……………………………… 167

六、创新激励机制 … 169
第三节　创意整合文旅资源，引导产业融合发展 … 172
　　一、梳理保护文旅资源 … 172
　　二、营造良好环境 … 173
　　三、打造特色文化旅游产品 … 174
　　四、引领旅游舆论导向 … 174
　　五、转变理念，深化企业合作 … 176
　　六、强化行业协会的作用 … 178
第四节　提高文旅服务质量，加大人才培养力度，完善人才引进和
　　　　培养机制 … 179
　　一、注重人才培养 … 179
　　二、积极培育专家型人才 … 181
　　三、注重旅游创新创业人才的开发 … 183
　　四、注重海外高端、紧缺旅游人才引进政策的宣传与引导 … 183
　　五、注重旅游新业态的人才开发 … 184
　　六、深化旅游人才体制机制改革 … 184
第五节　推进岭南文化与旅游产业融合发展的重点任务 … 186
　　一、加强岭南文化旅游资源整合 … 186
　　二、打造岭南文化旅游品牌和旅游产品 … 188
　　三、培植大型岭南文化旅游企业集团 … 196
　　四、加快广东省文化旅游融合发展示范区建设 … 202

第八章　岭南文化与旅游产业融合发展的态势与展望 … 211
第一节　文化与旅游产业融合深化的关键 … 211
　　一、市场主导，需求融合，创新驱动 … 211
　　二、把握内涵，分类融合，功能转化 … 212
第二节　岭南文化与旅游产业融合态势的深化 … 213
　　一、民族特色文化与旅游产业的融合态势的深化 … 213
　　二、历史文化与旅游产业的融合态势的深化 … 214
　　三、商贸文化与旅游产业的融合态势的深化 … 214
第三节　岭南文化与旅游产业融合模式的创新 … 215
　　一、文化创意产业与旅游产业互动发展模式 … 215

二、文化旅游与生态旅游深度融合模式 …………………… 216
　　三、"节庆+会展+演艺"品牌推广模式 ………………… 217
　　四、文化与旅游龙头企业引领模式 ………………………… 218
　　五、文化与旅游集团带动模式 ……………………………… 218
　　六、文化旅游区域合作发展模式 …………………………… 218
　第四节　岭南文化与旅游新业态的涌现 ……………………… 219
　　一、岭南文化与旅游产业融合的新业态类型 ……………… 219
　　二、文化演艺 ………………………………………………… 220
　　三、文化创意旅游 …………………………………………… 221
　　四、春节旅游 ………………………………………………… 223
　　五、数字化文化旅游 ………………………………………… 224
　　六、文化教育旅游 …………………………………………… 225
　　七、旅游影视制作宣传 ……………………………………… 226
　第五节　岭南文化与旅游产业融合发展的趋势 ……………… 227
　　一、文化与旅游产业融合发展，未来应注重培养文化自信 …… 227
　　二、文化与旅游产业融合发展，未来应走向国际化 ……… 228
　　三、文化与旅游产业融合发展，未来应更加专业化 ……… 228
　　四、文化与旅游产业融合发展，未来应关注生态文化 …… 228
　　五、文化与旅游产业融合发展，未来应发挥精准扶贫作用 …… 229

参考文献 ………………………………………………………… 230

后　记 …………………………………………………………… 238

第一章 绪　　论

第一节　研究背景

一、选题背景

（一）改革开放40年，新时代背景下社会主要矛盾的转化

党的十九大报告指出，中国特色社会主义进入新时代，我国社会主要矛盾已经转化为人民日益增长的美好生活需要和不平衡不充分的发展之间的矛盾。我国经济已由高速增长阶段转向高质量发展阶段，正处在转变发展方式、优化经济结构、转换增长动力的攻关期。从"高速"到"高质量"的转变，从"增长"到"发展"的转变，与社会主要矛盾的转化相符合。增长是总量的增长，而发展具有更丰富的内涵，其要义是满足人民日益增长的美好生活需要，实现更平衡更充分的发展。这正是新时代背景下我国文化和旅游发展所呈现的新特征，进入新时代，文化与旅游产业融合（简称"文旅融合"）将迎来新的发展机遇。

（二）新时代背景下"诗"和"远方"结合，开启文旅融合元年

2018年是中国文化与旅游产业融合元年。2018年3月13日，《国务院机构改革和职能转变方案》公布，"将文化部、国家旅游局的职责整合，组建文化和旅游部，作为国务院组成部门。不再保留文化部、国家旅游局"。4月8日，文化部和国家旅游局合并，成立文化和旅游部。8月15日，《文化和旅游部职能配置、内部机构和人员编制规定》（"三定方案"）出炉。截至2018年12月14日，全国31个省（自治区、直辖市）文化和旅游厅（委）挂牌全部完成，这一举措标志着在政府层面文旅融合已经全面完成，体现了国家从战略层面推动文化和旅游深度融合发展。"诗"和"远方"的结合既体现了国家建设文化强国的决心，又反映了人民追求美好生活的愿望。

（三）旅游市场需求的新变化，新生代消费渐成主体

随着大众旅游新时代的到来，国民旅游市场出现了更多的新需求。旅游消费主体走在了旅游市场主体的前面，旅游市场主体又走到了旅游行政主体的前面。旅游市场需求倒逼旅游供给改革，"90后""00后"新生代网络化圈层社交与消费特征明显，形成了新生代个性化文化消费与个性化出游的方式。新生代旅游主体的旅游消费习惯发生了变化，这为文化产业与旅游产业（简称"文旅产业"）提供了深厚的市场基础。

二、选题依据

（一）习近平总书记对旅游的论述

习近平总书记高度重视旅游产业发展，对旅游产业发展做出了一系列重要指示和重要论述。习近平总书记指出，旅游是不同国家、不同文化交流互鉴的重要渠道，是发展经济、增进就业的有效手段，也是提高人民生活水平的重要产业，旅游是人民生活水平提高的一个重要指标。习近平总书记强调，旅游集物质消费与精神享受于一体，旅游与文化密不可分。旅游是修身养性之道，中华民族自古就把旅游和读书结合在一起，崇尚"读万卷书，行万里路"。旅游产业发展与精神文明建设密切相关，相辅相成，互相促进。当今时代，旅游已成为新时期人民群众美好生活和精神文化需求的重要内容。

（二）文旅融合发展存在的挑战

文化与旅游产业的融合是未来发展的大趋势，二者融合带来新的市场供给（如文化旅游产品等）的出现。新的供给又同市场上旅游需求增量的不断增长和新的旅游需求的出现存在错位。这给文化与旅游产业的可持续发展与管理既带来机遇，又带来挑战。当前面临的挑战是如何在文化和旅

游之间、旅游者对文化价值的消费和文化管理者对文化价值的维护之间找到平衡。虽然文化与旅游关系密切，但文化与旅游并不能简单地画等号，它们是两者交叉、局部重合的。因此，文化产业与旅游产业双方在一定层面上存在竞争或冲突。

（三）课题研究的支撑

本书是广州市"羊城学者"中青年学术带头人研究项目"岭南文化与旅游业融合发展的互动机制及其政策响应研究"、国家自然科学基金项目"民族传统聚落文化与生态基因信息图谱建模及应用研究"的重要成果之一。

第二节 研究目的和研究意义

一、研究目的

本书从文化地理学的视角对文化与旅游产业的融合发展进行研究，探讨文化与旅游产业融合的一般规律，实现理论与实践的衔接，为政府制定合理的文旅融合发展政策提供借鉴。

本书以具有区域代表性的岭南文化与旅游产业融合发展为案例，通过实证研究进一步阐释和论证文化与旅游产业融合的理论；根据实证研究中发现的问题，进一步研究促进文化与旅游产业融合发展的保障措施；结合新时代背景，展望岭南文化与旅游产业融合的新态势。

二、研究意义

在当今新时代背景下，中国提出文化强国战略，尤其是中国传统文化的传承与创新迫切需要更加符合时代背景的传承模式、顺应时代潮流的创新载体。在此过程中，旅游与文化不谋而合。文化丰富了旅游的意义，使旅游更具有生命的活力和宽度；旅游也成为传承文化的一种具有市场活力的方式，是一种更为大众所接受的展现文化的方式。

在学术研究意义上，本书探索文化与旅游产业融合发展的互动机制，对岭南文化与旅游产业融合进行概述。寻找新时代背景下，岭南文化与旅游产业融合的契机，探索岭南文化与旅游产业融合的规律、融合发展的模式，从文化地理学的角度解读融合发展过程中出现的现象，为民族文化与旅游产业融合发展提供一般借鉴意义。

在现实研究意义上，本书以南粤古驿道文化遗产和千年瑶寨民族传统聚落文化与旅游产业不同的互动发展作为实证研究的对象，探索文化与旅游产业融合发展的政策响应，可为更好地指导文化与旅游产业融合实践的发展提供参考，更是将实现人民美好生活需要作为出发点和落脚点来推进文化和旅游的融合发展。

第三节　研究内容和技术路线

一、研究内容

全书一共分为八章。第一章论述本书选题的背景和依据。第二章从理论入手，研究文化及其相关概念，从地理学的角度解读其对文化的理解；研究岭南文化及其相关概念，分析岭南文化在中国传统文化中的地位，以及与新岭南文化的关系。第三章探讨旅游的内涵与本质，旅游业与旅游产业的相关概念，以及在新时代背景下旅游产业的发展方向。第四章分析文化与旅游的关系，即文化丰富旅游，旅游展现文化；从新文化地理学的视角和新时代背景的视角，探析文化与旅游的融合发展。第五章分析岭南文化与旅游产业融合发展的互动机制，从动力机制、运行机制、创新机制三个方面进行分析，提出岭南文化与旅游产业融合的模式，从产业的角度包括互动、重组、延伸、渗透四种模式，从发展融合的角度包括主动融合、被动融合和交互融合三种模式。第六章利用新文化地理学的理论分析岭南文化与旅游产业融合发展的实践，从文化景观、地方依恋的角度解读南粤古驿道文化景观，分析南粤古驿道文化与旅游产业融合的效果；从空间生产的角度解读民族传统聚落千年瑶寨旅游发展进程中出现的空间的文化冲突、文化表征权力的冲突及资本空间再生产中的阶层冲突，发现千年瑶寨民族文化在与旅游产业融合发展过程中出现了"再地方化"与"去地方化"并存的现象。第七章从创新机制体制、创意整合文旅资源、人才培养等方面探讨岭南文化与旅游产业融合发展的政策响应。第八章则是从岭南文化与旅游产业融合的态势、模式、新业态的涌现出发，对其未来融合发展进行展望。

二、技术路线

岭南文化与旅游产业融合发展研究技术路线见图1-1。

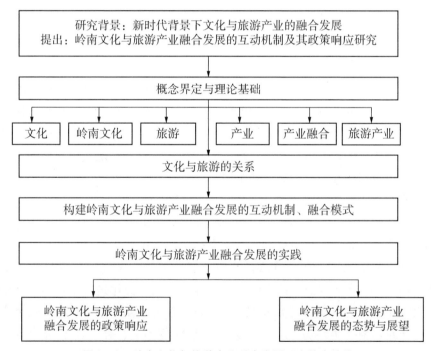

图1-1 岭南文化与旅游产业融合发展研究技术路线

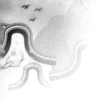

第二章 文化与岭南文化

第一节 文化及其相关概念

一、文化:一个深广的概念

文化是非常广泛和极具人文意味的概念,其哲学定义是智慧群族的一切群族社会现象与群族内在精神的既有、传承、创造和发展的总和。根据《辞海》(1979年版)的解释:"文化,从广义来说,指人类社会历史实践过程中所创造的物质财富和精神财富的总和。从狭义来说,指社会的意识形态,以及与之相适应的制度和组织机构。文化是一种历史现象,每一社会都有与之相适应的文化。"

传统的观念认为,文化是一种社会现象,是由人类长期创造形成的产物;同时,又是一种历史现象,是人类社会与历史的积淀物。文化既包括世界观、人生观、价值观等具有意识形态的部分,又包括自然科学和技术、语言和文字等非意识形态的部分。确切地说,文化是凝结在物质之中又游离于物质之外的,能够被传承的国家或民族的历史、地理、风土人情、传统习俗、生活方式、文学艺术、行为规范、思维方式、价值观念等;它是人类相互之间进行交流的普遍认可的一种能够传承的意识形态,是对客观世界感性上的知识与经验的升华。

随着对文化理解的不断演变,人类也试图从各自学科的角度来界定文化的概念。迄今为止,中外学者对此已经提出了成百上千种不同的解说。在东西方的辞书中却有一个较为相近的解读,即文化是相对于政治、经济而言的人类全部精神活动及其活动产品。

二、文化的层级结构

文化具有多样性和复杂性,因此,对文化的结构解剖有助于我们更好地理解文化。关于文化的层级结构,有三种分法。

(一) 两分说

两分说,即分为物质文化和精神文化。

(二) 三层次说

梁启超、陈独秀都曾把文化划分为三个层次,即分为物质、制度、精神三层次;这三个层面的可塑性并不是均等的,而是由强到弱的,即物质层面的可塑性最强,制度层面的次之,观念层面的最弱。

(三) 四层说

广义的文化包括四个层级结构。

1. 物态文化层

物态文化层,由物化的知识力量构成,是人类的物质生产活动方式及其产品的总和,是可感知的物质实体,是实在的文化事物,例如,生活中离不开的衣、食、住、行。

2. 制度文化层

制度文化层,是人类在社会实践和意识活动中构建的规范自身行为和调节相互关系的各种社会准则,包括社会经济制度、政治法律制度、婚姻制度、家族制度,以及家族、民族、国家、政治、宗教社团、教育、科技、艺术组织等。

3. 行为文化层

行为文化层,以人际交往中约定俗成的礼俗、民俗、习惯和风俗为体现,见之于日常起居生活中,它是一种社会的、集体的行为,具有鲜明的民族、地域特色。

4. 心态文化层

心态文化层,指人们的社会心理和社会意识形态,包括人类经过长期孕育而成的价值观念、审美情趣、思维方式,以及由此产生的文学艺术作品。这一层面是文化的核心，也是文化的精华所在。

第二节 地理学对文化的理解

一、文化地理学概述

文化地理学是人文地理学的一个分支，是从文化的角度分析地方的形成机制。文化地理学是研究文化的地域系统及其生成和演化规律的学科，着眼于文化，重视文化现象的扩散、变化，同时，从空间、时间两个维度把握文化的动态发展与变化。20世纪五六十年代，随着区域主义让位于科学主义、计量主义研究范式，文化由于难以归纳入定量模型中，故在人文地理学研究中的地位显得暧昧不清。在英国，学科身份非常清晰的文化地理学长期以来并不存在。真正具有分支学科地位的文化地理学出现在美国，以美国地理学家索尔（C. O. Sauer）1925年在《景观的形态》中提出文化地理学的概念为标志。索尔建立了伯克利学派。作为该学派的核心代表，他提倡从景观入手，探讨文化与景观之间的相互关系，从而剖析文化的区域特点和分布范围。索尔认为，文化景观是人类在文化的指导下改造自然景观的产物。这可理解为文化景观是一个区域的文化特质的再现与表达。传统文化地理学的研究主题包括五个方面：一是文化源，主要探讨文化中心的形成及转移，文化最早出现在什么地方；二是文化传播，研究某种文化从一个地区扩散到另一个地区，或者从上一代传递到下一代；三是文化景观，即居住于该区域的某种文化集团为满足其需要，利用自然环境所提供的材料，基于自然景观叠加生成自身所创造的文化产品；四是文化区，指的是某种文化特征分布的地区，文化地理区的形成既有距离因素也有传播因素；五是文化生态，即相对于自然生态而言，文化现象如同自然现象一样，有其自身内部的规律和秩序，其倾向于将文化理解为具象化的物。

二、新文化地理学对文化的理解

新文化地理学起源于20世纪80年代，是对传统文化地理的反思。新文化地理学从三个方面重构了文化地理的研究范式。一是新文化地理学重新界定了文化这一核心概念，文化不再被认为是由精英或者学者所识别的区域文明的精华，也不是一个高高在上、自上而下地决定社会行为的物体；而是社会成员自下而上建构并认同的一套意义、价值与体验系统，而且与社会结构、社会关系、权力关系之间存在相互建构、相互生产的辩证关系。二是新文化地理学的研究对象不再局限于分类明确的文化要素（如服饰、饮食、聚落等生计文化要素，语言、宗教信仰等精神文化要素，婚姻、法律、政治组织等制度文化要素），而是一切通过社会行为、社会互动、日常生活实践所建构的意义、情感、身份认同、价值、意识形态。三是新文化地理学反对黑格尔与笛卡尔哲学框架下的"绝对空间"的认识论，认为空间与地方不是文化的容器与载体，而是意义、价值、意识形态或文化规范形式。人们不仅给特定的空间、地方赋予了文化意义，而且许多价值、规范、身份认同的形成本身也蕴含了对空间、地方的再认识与再定义。空间和地方是社会建构的产物，并且社会关系与文化意义的形成必须要以自然景观、空间、地方的生产作为媒介。新文化地理学的文化观带有历史唯物主义的色彩，也被称为"文化唯物主义"，其主要观点包括三个方面：第一，文化是一个社会建构的过程，而非固定不变的事物；第二，文化是在特定的社会情境与社会关系之下，通过人积极的能动性建构而来的；第三，文化不是与经济、社会割裂的研究领域，也不是社会经济发展过程中的副产品，它对经济、社会、政治有着建构性、生产性的作用。

第三节 岭南文化及其相关概念

按照文化地理学对文化的理解，岭南文化区是一个文化区，是岭南文化特征分布的地区，是一个空间的概念。岭南文化区具有自身的特征，内

部具有同质性和匀质性。

一、岭南文化的概念界定

（一）岭南文化的定义

在广东、广西、湖南、江西等省区的交界处，横亘着越城岭、都庞岭、萌渚岭、骑田岭、大庾岭五座庞大的山脉，俗称"五岭"，五岭山脉以南的地区称作"岭南"。现在一般认为岭南包括广东、广西、海南三省，以及香港和澳门两个特别行政区。在岭南这片广阔的地域里，因为受到西方文化和中原文化的影响，以及自然地理环境的多样性和历史进程、经济发展的复杂性的影响，所以这一区域的文化（即"岭南文化"）呈现出鲜明的地域特征。

岭南文化有悠久的历史，现代考古发现已经有确凿的证据证明这一点。早在石器时代，岭南地区已经有广泛的人类活动。秦统一六国后，增设闽中（福建）、南海（广州）、桂林（广西）、象郡（雷州半岛及越南一部分）四郡。公元前214年，秦始皇发50万人经略岭南，与当地土著杂居，中原文化技术传入南方，岭南开始纳入中国的版图。赵佗原为秦龙川县令，后统一了岭南地区，称南越王，将当时先进的中原文化传入岭南地区，对岭南文化的发展有不可磨灭的贡献。岭南文化始于秦统一岭南（前221—前224年），历经2200多年的演进，成为悠久灿烂的中华文化的有机组成部分。岭南先民遗址的出土材料证明，岭南文化为原生性文化。基于独特的地理环境和历史条件，岭南文化以农业文化和海洋文化为源头，在其发展过程中不断吸取和融汇中原文化和海外文化，逐渐形成自身独有的特点。在现代，随着中国经济体制的改革与深化，随着南粤文化积聚的丰富、文化素质的改善与提升，随着这种文化的前沿性、辐射性与影响效应的不断加强，岭南逐渐成为一个文化的概念，成为一种地域文化的指认。

从地域上来说，广义的岭南文化大体分为广东文化、桂系文化和海南文化三大块；狭义的岭南文化，主要指广东文化，以三大民系文化——广府文化、潮州文化和客家文化为主，这是岭南文化的主体。本书接下来所讨论的岭南地理环境则是以广东省为主的地理空间。

明清之际，岭南谱系文化因子融会贯通，岭南文化真正拥有自己独立的风格、精神。从考古文物到文献记载，从历史遗址文化、建筑文化、民俗文化、园林文化、商业文化、宗教文化到各种文化艺术，都贯穿着一种开放的人文意识，特别是改革意识、商业意识、务实意识和平民意识。传统的岭南文化艺术，从粤语、粤剧、广东音乐、广东曲艺、岭南书法、岭南绘画、岭南诗歌、岭南建筑、岭南盆景、岭南工艺到岭南民俗和岭南饮食文化，都反映出岭南文化的丰富内涵和独具一格、绚丽多姿的岭南地方特色。而对岭南文化的理解不能仅仅局限于岭南的传统文化，岭南文化应该是岭南的传统文化、岭南的现代文化、中国的现代文化和国际文化的一种结合体。

（二）岭南文化的构成元素

1. 岭南文化的主要文化来源

岭南文化作为中华民族传统文化中最具特色和活力的地域文化之一，其文化博大精深，包括三大主要文化来源。

（1）固有的本土文化。珠江流域和黄河流域、长江流域一样，都是中华民族文明的发祥地。独特的地理、历史、人文环境，使五岭之南的岭南地区孕育了中华大文化之林中独树一帜的岭南文化，具有鲜明的亚热带海洋性特点；喜流动，不保守，是区别于内陆文明或河谷文明的南越文化本色。其中，广府文化、客家文化、潮汕文化、陶瓷文化、端砚文化、碉楼文化等更是广东本土特色文化中的优秀代表。

（2）南迁的中原文化。秦汉以后，岭南统一于中华，强势而先进的古代中原华夏文明由北向南辐射、潜移默化。岭南文化与中原文化这两种不同类型的文化开始了交汇、冲突、认同与整合。历史上，中原人主要通过南粤古驿道入粤进行商贸活动，中原与岭南地区的信息、物资和文化基因在其中往来输送，南粤古驿道就像一条生命的纽带，南粤大地各地方社会和经济的发育端赖其输液滋养。南粤古驿道为南迁的中原文化提供基础，使广东包容开放的多民系文化得以形成和发展。在南粤古驿道的历史轨迹上，岭南文化积极吸收中原等地区的优秀传统文化，并构成了岭南文化的主体。

（3）舶来的海外文化。水运既是贸易航道，又是文化交流和文化传播的通道。自古以来，岭南地区由于地理环境优越，地处中华大地南部边陲，背靠逶迤五岭，面向汪洋大海，一直是中国海上对外交流的枢纽。早在西汉时期，就开始出现了以番禺（广州）为起点，往东至朝鲜、日本，往西至黄支国（今印度境内）的东方和西方海上丝绸之路。随着历史的发展，这条海上丝绸之路不断延伸，至明清时可至里斯本、墨西哥和秘鲁，形成了以广州为起点的全球大循环的海上丝绸之路。作为古代岭南地区海上丝绸之路的重要载体，南粤古驿道见证着海上丝绸之路与陆地丝绸之路的兴衰发展。广州由此成为中国古代对外贸易的第一大港和世界著名港口，被称为"海上丝绸之路发祥地"，是中国海上丝绸之路的起点和东西方贸易的中转站，重要出海口纪念地有广州黄埔古港、汕头樟林古港、台山海口埠和徐闻海上丝绸之路始发港等。作为海上丝绸之路的始发地甚至是唯一通商之港所在地，广东是中外文化交流的平台，东西方的商业文化、科技文化、宗教文化、政治文化都从这里登陆，从而使外国文化通过岭南文化辐射到内陆；同时，中华文化也通过岭南文化的动态开放传播到世界各地，使世界认同中国文化，不仅对世界文化的发展产生了积极影响，促进了世界文明的进步，也使中华文化的世界地位随着岭南文化的世界地位的上升而上升。一方面，这些外来文化给岭南文化注入新的活力，显示着岭南文化与时俱进的生命力；另一方面，岭南文化凭借它对海外文化的兼收并蓄，从而具有更大的自由度和容纳力。

2. 岭南文化的主要表现载体

经过多文化的交融，岭南文化逐渐拥有其代表性的载体，主要表现在九个方面。

（1）岭南建筑。岭南建筑及其装饰是中国建筑之林中秀丽的一枝，千百年来，经过历代建筑匠师的辛勤劳动，充分利用南国的自然资源，结合南国人民的生活特点，形成了风格独特的建筑艺术，以其简练、朴素、通透、雅淡的风貌展现在岭南大地上。它主要分为广府建筑、潮汕建筑和客家建筑。岭南建筑及其装饰具有国际性、地域性、民族性交融演化的总体特征，具有丰富的文化内涵和价值，在中国建筑之林中占有重要的地位。

（2）岭南园林。岭南园林作为中国传统造园艺术的三大流派之一，在中国造园史上有着非常重要的意义，特别是在现代园林的创新和发展上，更是有着举足轻重的作用。岭南山水秀丽，层峦叠翠，又濒临沧海，环境风物别具特色。在营建中最重视的是选址，而选址也最能表现出建园者的审美取向和生活意趣。岭南的建园原则是尽可能远离闹市，把园林宅第建在真山真水的大自然环境中，甚至将宅园融入大自然，成为其中的一部分。这体现了岭南人追求自然化、艺术化的园居生活，也孕育了岭南园林的独特风格：求实兼蓄，精巧秀丽。在建筑形式上，岭南园林有比较鲜明的特色：一是体型轻盈、通透、朴实，体量较小；二是装修精美、华丽，大量运用木雕、砖雕、陶瓷和灰塑等民间工艺，门窗格扇、花罩漏窗等都精雕细刻，再镶上套色玻璃做成纹样图案，在色彩光影的作用下，犹如一幅幅玲珑剔透的织锦；三是布局形式和局部构件受西方建筑文化的影响，例如，中式传统建筑中，采用罗马式的拱形门窗和巴洛克式的柱头，用条石砌筑规整形式的水池，厅堂外设铸铁花架，等等，都反映出中西兼容的岭南文化特点。

（3）岭南画派。岭南画派是岭南文化中最具特色的祖国优秀文化之一，它和粤剧、广府音乐并称为"广府三秀"，是中国传统国画中的革命派。20世纪初，在广东产生了"岭南画派"，创始人为高剑父、高奇峰、陈树人，简称"二高一陈"。岭南画派与京津派、海派三足鼎立，成为20世纪主宰中国画坛的三大画派之一。岭南画派主张吸取古今中外尤其是西方绘画艺术之长以改造传统国画，使之朝着现代化、民族化、大众化方向发展，从而提高审美教育效能，是一个在国内外均有影响力的美术流派。其表现形式是折中中西，融汇古今；最终目的则是通过艺术美的陶冶以"改造国魂"。

（4）戏曲音乐。岭南戏曲是岭南文化重要的表现形式之一。因岭南语言声韵丰富，与之相应的音乐曲调也就更为丰富。广东的戏曲剧种，包括粤剧、潮剧、广东汉剧、采茶戏、雷剧、琼剧（亦称琼州戏、海南戏）等，以粤剧、潮剧、广东汉剧流行最广、影响最大、观众最多。自岭南戏曲流传开始，便不断吸收广东民间音乐、民间说唱、民歌小调和其他剧种的一些乐曲。《龙州歌》《咸水歌》是粤语音乐传唱度较高的代表作品，在用音和曲词上与方言密切结合，旋律富有广东特色，贴近生活。

清末民初，珠江三角洲一带产生了广东音乐，又称"粤乐"，是在当地民间"八音会"和粤剧伴奏曲牌的基础上逐渐形成的。近代，岭南音乐界的代表人物（如冼星海、萧友梅、马思聪等优秀音乐人）的涌现，使岭南音乐不断发展。20世纪40年代后，不少广东音乐名曲更成了国宴、迎宾音乐而被誉为"国乐"。广州番禺区沙湾镇被原文化部命名为"中国民间艺术之乡——广东音乐之乡"。

（5）工艺美术。广东民间工艺品品种繁多，历代艺人继承了岭南古越族人的原始艺术，不断进取，力求创新，使我国南方独特风格的工艺美术品更加精巧和实用。广州的"三雕一彩一绣"（象牙雕、玉雕、木雕、广彩、粤绣）、增城榄雕、石湾工艺陶瓷、佛山剪纸、佛山秋色、肇庆端砚、新会葵艺、东莞烟花，以及肇庆草席、佛山醒狮、岭南盆景、广州红木家具、潮汕木雕、潮汕陶瓷、潮汕剪纸、潮汕嵌瓷、潮汕抽纱、高州角雕、枫溪瓷雕、阳江风筝、潮州锣鼓和麦秆贴画等传统手工技艺，种类繁多，素享盛名。工艺美术品远销世界各地，同时又是上乘的旅游购物工艺品，深受人们喜爱，其中，以端砚、粤绣、雕刻、陶瓷最具特色。

（6）宗教文化。宗教是构成岭南文化的一个重要内容。岭南历史上曾有过佛教、道教、伊斯兰教、天主教和基督教的传播，并且在中国宗教史上占据着重要的地位。岭南常为外来宗教入传中国的第一站，同时，又是中外宗教文化交流的重要桥梁。在较长的历史时期内，岭南地区成为全国外来宗教势力最为强盛的地区之一。

（7）饮食文化。岭南饮食文化是岭南文化百花园中一枝令人注目的花朵。岭南背靠五岭，面向南海，既有崇山峻岭，又有绵延的海岸线，以及辽阔的珠江三角洲和韩江三角洲的水网地带；故气候温和，日照时间长，雨量充沛，十分有利于农业、养殖业的发展。岭南饮食文化既得到岭南特有的地理气候环境的孕育和培植，又得到中外饮食文化养分的滋润，随着岭南社会经济文化的发展而形成具有浓重的地方特色。岭南地域内可猎、可耕、可渔，物产十分丰富；山珍、海味、粮食、蔬菜、水果等种种食材，为岭南饮食文化的发展提供了丰厚的物质基础。岭南饮食文化正是在岭南的农业文化与海洋文化的交融中产生和发展的。自古以来，一些到岭南为官的外籍人士，对岭南特有的饮食习惯非常感兴趣，唐昭宗时广州司马刘恂的《岭表录异》、贬官岭南的韩愈和苏轼等的诗文之中均有所记载。入清之后，关于岭南饮食文化的记述在更多著作中可见，如屈大均的《广东新语》、范端昂的《粤中见闻》、张渠的《粤东闻见录》、翁辉东的《潮州茶经》等。这些均为岭南饮食文化的重要资料。

粤菜主要由广州菜、潮汕菜、东江菜组成，是我国八大菜系之一。粤菜的"无所不食"、用料之广泛，体现了岭南民俗文化开放兼容的品格。20世纪80年代后，良好的经济环境吸引了各地饮食文化进入岭南饮食市场，岭南民众以一种宽容的态度，对各种饮食文化兼收并蓄，经过融汇、提炼、创新，吸纳八面来风，形成粤菜独特的文化品牌。

文化是旅游的内涵和灵魂，是旅游的焦点和轴心，文化与旅游融合凸显产业发展空间。随着旅游产业的迅速发展，文化旅游已经成为现代旅游发展的一大趋势。如今文化旅游已成为广东各地发展旅游产业的主打品牌，特别是美食文化旅游，富有地方特色的饮食文化和本地的旅游资源相结合，是广东的一大特色。道道广东美食，无不体现着广东饮食文化的深厚底蕴。作为旅游有机组成部分的"食"，蕴含着岭南人民特有的生活方式、生存理念和价值观念。

（8）语言文化。这里主要介绍粤语。粤语源于中国古代岭南地区的"南越"，经过较长时间的语言交流融合与调适，在唐代日趋成熟，发展到宋代，与现代的粤语相差不远。粤语具有完整的九声六调，不仅保留了大量的古汉语词汇和语法，还保留了古汉语的语音和声调，尤其是入声。粤语是美国、加拿大的第三大语言，澳大利亚的第四大语言，在中国香港、澳门特别行政区享有官方语言地位。

（9）侨乡文化。广东是岭南文化的核心区域，也是中国最大的侨乡，是中国侨乡文化的典型代表。侨乡文化是岭南文化的重要组成部分。岭南文化在广东是一个传统的学科领域，有着丰富的研究成果。侨乡文化是其中的一个新的研究领域，起步于20世纪80年代，并获得快速发展。2006年11月24日，广东省社会科学界联合会首个地方历史文化研究基地"广东省侨乡文化研究基地"落户五邑大学。2012年，广东省社会科学院在五邑大学设立"广东华侨文化研究基地"，其侨乡文化研究学科建设构建起历史学、建筑学、文学等多学科学术平台，有针对性地开展侨乡文化遗产、文书、历史与社会的研究。侨乡文化既引进了西方文化，又是传统文化的坚守者，充分体现了岭南文化新旧兼容的特点。

二、岭南文化在中国传统文化中的地位

以本土农业文化和海洋文化为基础，在发展过程中不断吸取和融合中原文化与海外文化，逐渐形成岭南文化。岭南文化在中国乃至世界文化发展史上都具有特殊的历史地位，主要表现为以下三个方面。

（一）岭南文化的兼容性，传承了中华民族文化

一方面，岭南文化展现了中华民族文化组成部分的深刻内容，不仅吸

收中原等地区的传统文化,并积极沟通外来文化与内陆文化,有利于各民族的团结和国家的统一,有利于中国传统文化与外来文化的交流,从而促进文化的发展和社会的进步。另一方面,岭南文化显示出岭南地区丰富而鲜明的特色,从而以独特的风格去强化和丰富中华民族文化的机体,既构成丰富多彩的中华文化又极富个性,具有其他区域文化所不具有的特征。

（二）岭南文化的开放性,丰富了中华民族文化

近代岭南发展较快,成为新思想的生长地。毛泽东所赞誉的中国近代向西方寻找真理的四位著名思想家——洪秀全、康有为、严复、孙中山,岭南就占了三位。改革开放后,广东是改革开放的试验区、对外开放的窗口、商品经济的重要摇篮,也是社会主义新文化重要的生长点。作为社会主义新文化最有生命力的部分之一,岭南文化随着岭南地区的经济发展、社会进步,日益发展强大,一方面极大地丰富了现代中国文化,另一方面对内陆文化的发展起着示范与推动作用。当今,岭南文化对内陆的辐射,具有促使中国文化发生整体性变化的巨大作用,它在建设中国特色社会主义进程中越来越显示出重要的地位。

（三）岭南文化的创新性,拓展了中华民族文化

岭南文化率先由农业文化向现代文化过渡。珠江三角洲有农业文化向现代文化过渡的经验,在全国有普遍的意义,在一定程度上是一种历史性的飞跃。岭南地区率先接受外来文化,成为中西文化的交汇点,使得岭南地区无论是过去还是现在,都是我国对外开放的窗口、通道。在新的历史时期,中西文化在这里碰撞、汇合、交融,其意义更加重大、深远,在中国文化现代化进程中起着示范作用。总之,岭南文化既古老又年轻,它有着光荣的过去、辉煌的现在和灿烂的未来;其传承性、兼容性、开放性,在古代、近现代与当代的文化发展过程中,不仅对中华民族文化,而且对世界文化的发展都做出了巨大的贡献。

三、新岭南文化

新岭南文化,是指立足现有岭南文化资源,在社会发展现代化的进程中,不断创新和发展而产生的一切物质文化和精神文化的总和,包括文化

产业化成果和产业文化化成果，表现为岭南文化的新发展、新变化、新元素和新现象。新岭南文化源于传统岭南文化，根植于岭南地区的历史和传统，而岭南文化是新岭南文化的主体。新岭南文化的形成，归根到底是适应了岭南文化转型的需要，是岭南文化自觉进行文化选择或被动进行文化适应的结果，是对岭南文化的批判和反思，也是对岭南文化的传承与创新。总的来说，岭南文化是传承和创新的前提与基础，新岭南文化是传承和创新的结果与形式。

2013年年初，时任中央广东省委书记胡春华到广州调研指导工作的时候，提出了发展新岭南文化，打造新岭南文化中心，培育壮大文化产业，建设世界文化名城的号召，使"新岭南文化"这一早在2005年就被民间提出的概念进入了文化实践者的视野，也使这一概念具有现实性和实践性。

新岭南文化，不仅仅要谈历史、谈文化，还要谈经贸、谈基础设施建设、谈外交格局。如果说现有岭南文化是存量，那么新岭南文化就是用存量创造的增量。要理解新岭南文化必须把握以下两个要点。

（一）新岭南文化要支撑城市发展

新岭南文化和传统岭南文化相比，有继承也有发展。它总结改革开放以来的实践经验，同时，又应该是有前瞻性的，是面向未来、面向世界的。改革创新作为新岭南文化的典型特质，已经深入岭南人的骨子里，全方位影响着岭南地区的发展。例如，广州的行政审批制度改革和重大民生决策100%听取民意等体制机制的改革创新；广州率先在全国实行垃圾分类，也开拓了环境治理的新模式。在未来的城市发展中，新岭南文化首先要起到精神动力和文化支撑的作用，成为推动城市继续发展的一个核心精神。其次，新岭南文化要注重弘扬和应用。岭南文化的弘扬要与培育世界文化名城结合，打造品牌，并将岭南文化与岭南地区的其他文化结合起来，包括体育、旅游等方面，跟百姓的日常生活结合起来，跟社区的文化结合起来，深入民间，深入百姓，深入群众，做到有效弘扬与传播。

（二）新时期岭南文化要承担新的使命

文化如果不与时俱进，就会被时代抛弃。以历史的辉煌塑造的岭南文化中心，在新的历史时期应当承担新的历史使命。新岭南文化的"新"，表现在三个方面：①体现为传统与现代的结合，如高科技文化、网络文化、时尚文化、工艺文化和志愿者文化等。广州亚运会上以"水秀"为主题、充满岭南文化元素的表演，成为岭南文化容光焕发的集中展示。此外，还有诸如汽车文化和年轻人的新潮文化等，使岭南文化中心富有朝气和时代气息。②体现出创新。改革创新是新岭南文化引领社会继续发展的深层动力。岭南文化揭开中国民主革命之幕，开中国改革开放之先。发展依旧是解决问题的关键，深化改革创新则是继续发展的关键，改革创新成为当前中国的时代精神。岭南文化原本是开风气、开先河的文化，思想解放亦是岭南文化的传统。③体现出对以往成就的超越。高度决定影响力，从文化层面来说，就是要出思想、出创意、出布局、出品牌、出领军人物，做文化地标、做大手笔的策划。同时，用自己的方向去弘扬岭南文化中务实的核心意义。如今正因为对文化的新认知、新实践，岭南文化正经历着又一次的"蝶变"。

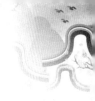

第三章 旅游与旅游产业

第一节 旅游概念与内涵

一、旅游的定义

旅游是多种现象的综合体现。从旅游的综合性出发,早在1942年瑞士汉泽克尔和克普拉夫提出:"旅游是非定居者的旅行和暂时逗留而引起的现象和关系的总和。这些人不会导致长期定居,并且不会牵涉任何赚钱的活动。"后来,此观点被旅游科学专家国际联合会采用,设为该组织对旅游的标准定义,简称"艾斯特"定义[①]。"艾斯特"定义强调,应以系统的视角理解和认识旅游现象。在这个定义中,旅行和逗留"引起的现象和关系的总和"的表述体现了旅游内涵的综合性,旅游不仅涉及旅游者的活动,而且涉及这些活动所导致的经济、社会、文化等众多现象的综合体现。定义中关于"非定居者"的表述体现了旅游活动的异地性,强调"这些人不会导致长期定居"则在原则上指出了旅游活动的暂时性,并且规定了旅游活动的非定居性和非移民性。此定义中的"不会牵涉任何赚钱的活动"的表述实际上反映的是旅游活动的非就业性。但在目前的旅游分类中,已将商务旅游、会展旅游等作为新的旅游形式列入其中。因而,对旅游下定义需要对旅游者的出行目的有更清晰的认知。

从旅游活动的目的出发,奥地利维也纳经济大学旅游研究所认为,旅游可以理解为是暂时在异地的人的空余时间的活动:首先主要是出于修

---

① 转引自张凌云《国际上流行的旅游定义和概念综述——兼对旅游本质的再认识》,载《旅游学刊》2008年第1期,第86—91页。

养；其次是出于受教育、扩大知识和交际的原因的旅行；最后是参加这样或那样的组织活动，以及改变有关的关系和作用。美国通用大西洋有限公司的马·普雷博士认为："旅游是为了消遣而进行的旅行，在某国逗留的时间至少超过24小时。"另外，《地方接待国内游客抽样调查实施方案》(2013)对"国内游客"的界定方式做出了调整，将国内游客定义为"指不以谋求职业、获取报酬为目的，离开惯常居住环境，到国内其他地方从事参观、游览、度假等旅游活动（包括外出探亲、疗养、考察、参加会议和从事商务、科技、文化、教育、宗教活动过程中的旅游活动），出行距离超过十公里，出游时间超过六小时，但不超过一年的我国大陆居民"。利用枚举和罗列现象来说明什么是旅游，例如，从动机和目的上来解释，无论旅游"首先主要是出于修身养性；其次是获取教益、增长知识和扩大交际"，还是"消遣、休息或为了丰富他的经历和文化教养"，都是无法穷尽所有旅游类型的，因此，其概念的外延是不周延的，对旅游的定义还须回到旅游的本质。

"旅"是旅行、外出，"游"是游览、观光、娱乐。"旅"在古代典籍中主要指离家在外的旅行活动，是一种有目的的功利行为，重在突出旅行行为的时间和空间特征。"游"的本意是指熟悉水性的人在水中的自由活动，后来含义逐渐宽泛，包括神游、游说、游览、游憩、闲游等。"旅游"二字意指通过外出旅行而进行的观光娱乐活动。从功能上看，旅游虽然由"旅"和"游"二字组成，但旅游的重点不在"旅"而在"游"。"游"才是旅游者最终追求的目标。这种顺应自然、适意而行的"游"，有解脱感、自由性、趣味性等特点，带给人们的是一种轻松、愉快、思考、友谊、快乐和幸福，可以满足个人生理及心理的需求，促进身体及心理的健康；是人们摆脱工作的疲乏与压力，补偿工作疏离，重获生活自由，追求更有意义的体验；是尽情地发挥个人的创造力以达到自我实现的一种方式。① 这是旅游的最原始的含义，现代旅游的各种概念本质上都是在这一核心基础上拓展的。

目前，国际上比较有代表性的旅游定义有以下几种。1979年，英国旅游协会对旅游做出较为宽泛的定义："旅游是指与人们离开其日常社会和

---

① 参见刘德谦《"旅游"与"Tourism"的概念探问——旅游者活动？旅游业？旅游学？》，载《旅游学刊》2017年第32卷第9期，第80—102页。

工作地点向目的地作暂时的移动及在这些目的地作短期逗留的有关的任何活动。"1981年，国际旅游科学专家协会（International Association of Scientific Experts in Tourism）专家对旅游下的定义是：旅游是"由人们向既非永久定居地亦非工作地旅行并在该处逗留所引起的相互关系和现象的总和"。1993年，世界旅游组织立足于旅游产业，在旅游的定义上的表述为"旅游是人们出自获取报酬以外的任何目的而向其日常环境以外的地方旅行，并在该地停留不超过一年所产生的活动"。

由此可见，旅游是多种现象的综合体现。一方面，旅游者的体验内容和体验层次具有综合性。体验内容，既包括观赏自然风光、鉴赏人文景观，也包括品味民族风情、参加各种娱乐嬉戏活动；体验层次，既包括感官层面的悦耳悦目，也包括心理层面的悦心悦意和悦志悦神。另一方面，旅游活动涉及或影响的范围具有综合性。旅游活动，既需要社会众多的行业和部门为其提供服务与支撑，又对政治、经济、文化、社会等不同的领域造成一定的影响。事实上，旅游具有经济属性、文化属性和社会属性等多种属性。由于旅游者在其旅游活动的开展中要同这一环境中的多种属性接触和打交道，几乎这一环境中的一切现象都会不同程度地表现于旅游者的旅游活动中，因此，旅游活动的开展也成了社会环境中多种现象的综合体现：一是社会现象，现代旅游活动中的消遣是人们的一种休闲活动，休闲是生产力发展到一定阶段而产生的社会现象，旅游活动最基本的特征就表现为不同国家或不同地区之间的人员交往；二是文化现象，旅游者外出旅游会不可避免地接触到旅游目的地的文化，同时，也会影响旅游目的地的文化和居民；三是经济活动，旅游者在食、住、行、游、购、娱等方面与旅游企业产生的需求与供给关系，使旅游活动染上了经济活动的色彩；四是政治色彩，旅游活动可以增进国际了解，缓和紧张局势，有助于推进世界和平。

综合以上观点可以发现，旅游是人们一种短暂的生活方式和生存状态，是人们对惯常的生活和工作环境或熟悉的人地关系和人际关系的异化体验，是对惯常生存状态和境遇的一种否定，以及由此引起的现象和关系的总和。旅游可分为广义定义和狭义定义两大类，即宏观地将旅游看作一种因人际交往而产生的社会现象（由此引发的现象和关系的总和），以及微观地将旅游看作一种纯个人的休闲方式和休闲活动。

二、旅游的本质

所谓本质，是指事物固有的，决定事物性质、面貌和发展的根本属性，是一事物与他事物相区别的内在根据。从古至今，旅游的经济属性、休闲属性、政治属性和社会属性不是亘古不变的，而是随着自然更替和社会变迁不断发生变化的。对旅游的作用的理解也随时空变化而不同。自古以来，普遍存在于各种旅游活动之中的不曾改变的共性是旅游者个人追求健身愉悦与文化审美的文化属性。因此，对于旅游者而言，旅游的经济、社会、政治等属性都是外在的属性，不是他们旅游中最为关注的核心价值所在。

辩证逻辑认为，事物的性质是由事物内部的主要矛盾的性质决定的。旅游活动主要矛盾的性质决定了旅游活动的本质不是经济活动，不是社会活动，而是个人的旅游审美文化活动，这便可称其为旅游活动的性质。另外，旅游者是旅游活动开展的主体。那么，旅游的性质取决于旅游者活动的性质。人类自诞生以来，要生存就要生产，而且要保证生产能够持续地进行下去，就需要暂时离开生产活动，通过片刻的间歇与休闲求得缓解和放松，以恢复体力，同时也会自然而然地体验到一种内心的欢畅与愉悦，这一过程实际上是一种休闲行为，而休闲的目的实际上就是旅游的目的，"这种目的性行为，是旅游主体在寻求愉悦的意识的支配下与客体之间建立的一种关系，并借助某种审美或自娱的渠道表现出来"①。从旅游者个人的角度来看，在旅游活动中让身心愉悦才是旅游实质的内容。

综上所述，旅游的本质是旅游者的体验，这种特殊的体验是一种在异地进行的短暂休闲、愉悦身心的体验活动。关于旅游的本质属性可以从不同的层面来解读，其内涵包括以下四个方面。

（一）旅游是一种异地体验

旅游的条件是人的空间位置的移动，这是旅游消费区别于其他消费活动的一个显著特征。这就要求这种体验是在异地发生的，而不是体验异

---

① 谢彦君：《旅游的本质及其认识方法——从学科自觉的角度看》，载《旅游学刊》2010年第1期，第26—31页。

地，因为身在本地也可能有体验异地的情况发生，但旅游体验只能是旅游者前往异地，并在身临其境的情况下发生。

（二）旅游是一种短暂性的体验

旅游的空间位置移动是暂时的，旅游不仅是客源地至目的地单向的人员流动，而且是由客源地、通道和目的地构成的一个完整的空间系统。这是由旅游活动持续的时间所决定的。由于旅游活动在时间上不能持续很久，这也就决定了旅游体验不可能是一个长期性的、持久性的体验。

（三）旅游是一种休闲性的体验

旅游可以有一个或多个动机，但一般认为，旅游的动机与游憩（或康乐）有关，当然也可能包括商务、教育、健康或宗教等因素，这一切构成了旅游的基础。但无论人们外出旅游的动机是出于审美、求知，还是交往或情感，最终都是为了愉悦身心。这与游憩、休闲在本质上是一致的，只不过游憩体验与休闲体验发生在本地，而旅游体验发生在异地。

（四）旅游是一种综合性的体验

这种体验是相对于本地的一种别样的感受和体悟，具有综合性，既包括审美体验、求知体验、交往体验、情感体验，也包括观光、娱乐、游玩、健身、垂钓等多项内容。其中，情感体验部分较为复杂，既有欢喜的部分也有悲情的部分；但通常意义上的旅游活动，多以欢喜的情感为主。旅游整体的空间系统，不仅是一个经济系统，更是一个文化系统和社会系统。旅游者的体验需要一定的交通基础设施、住宿、营销系统、游憩（或康乐）和景区服务的支持，这一切构成了旅游产业的基础。

第二节 旅游产业

一、旅游业与旅游产业的概念区分

旅游业，国际上称为旅游产业。张朝枝等在《基于旅游体验视角的旅游产业价值链分析》中指出，旅游业和旅游产业是两个涉及不同范畴的概念，但在多数研究中并未对二者进行明确的区分，而是把旅游业和旅游产业视为等同的概念（张朝枝等，2010）。在此认知下，对旅游业或旅游产业典型的界定方式通常是从旅游者需求的角度出发，认为旅游业或旅游产业是以旅游者为（主要）服务对象，为其旅游活动创造便利条件并提供其所需商品与服务的综合性产业（李天元，2009）。

另一种观点则认为，旅游业与旅游产业概念是不等同的，认为旅游业和旅游产业两个概念是有区别的，但对二者的内涵和关系的认知并不一致。王兴斌在《旅游产业规划指南》一书中认为，旅游业是指直接为旅游者提供交通运输、观光度假、住宿、购物、康乐服务（如旅行社、旅游涉外饭店、旅游定点餐馆、旅游定点商店、旅游车船公司、旅游定点娱乐场所、旅游商品定点生产企业等），以及为这些服务专门或直接提供人力、智力与中介服务的企事业单位、行业和部门（如旅游院校、旅游研究规划机构、旅游宣传出版、旅游网站等）；旅游产业则指旅游行业（是以"食、住、行、游、购、娱"为主要环节的行业链）和为旅游行业直接提供物质、文化、信息、人力与智力服务和支撑的行业和部门，旅游产业不仅包括第三产业的许多行业和部门，还包括与旅游业密切相关、为旅游业提供物质与非物质供应和支撑的第一产业和第二产业的众多行业和部门。

谢春山等人在《旅游业的产业地位辨析》一文中认为，旅游产业是旅游业和旅游关联产业的总和。其中，旅游业是由各个提供核心旅游产品以满足旅游者旅游需求的旅游企业所构成的集合，包括旅游景区点、旅游饭店业、旅游交通运输业、旅行社业和旅游商品经营业等；旅游关联产业则为旅游业的正常运行提供硬件（各种物质条件）和软件（文化、信息、人力、智力和管理等）支撑。同时认为，在一定意义上，可以将旅游业称之为狭义的旅游产业,而把包括旅游业和旅游关联产业在内的旅游产业称之为广义的旅游产业。

申葆嘉在《从"旅游产业的范围和地位"想起的》一文中提出,旅游业主要是指以住宿业、餐饮业、旅行社及人工建造的游乐园为主的接待诸行业的复合体,是在游客需要时为需要者提供不同服务的业务群体。旅游业的经济性质十分鲜明,它们为盈利而推广业务,并不顾及旅游活动在社会运行时形成的其他方面的关系和影响。旅游产业,则既包括营利的旅游业,又包含许多发展旅游所必需的社会非营利因素,如博物馆、风景名胜、教育和培训设施等大多数人文资源因素。此外,社会上许多原有的政府、市政、金融、工程、财税、安全、交通、信息等部门,也在一定条件下参与旅游产业的发展活动。旅游产业是以产业的形式将旅游需要引入国民经济发展的总体结构中,成了国民经济一个独立的组成部分,与此相比,旅游业则只是一种小范围的"个别现象",没有能力将社会其他因素中与旅游相关的部分吸引在自己周围,因而不可能在国民经济发展中形成独立的力量。

罗明义在《关于"旅游产业范围和地位"之我见》一文中认为,旅游产业的范围包括三个层次:第一层次为旅游核心部门,是指完全向旅游者提供旅游产品和服务的行业和部门,主要包括旅游住宿业、旅游景观业、旅游运输业、旅行社业和旅游服务机构五个部分;第二层次为旅游依托部门,是指向旅游者提供部分产品和服务的行业和部门,主要由餐饮服务业、文化娱乐业、康乐业、零售业和公共交通运输业组成;第三层次为旅游相关部门,是指为旅游产业发展提供支持和旅游带动的行业和部门,这一层次的旅游产业不一定依赖旅游产业而发展,但其发展的规模和水平对旅游产业的持续健康发展也具有重要的意义和作用。旅游业主要是第一层次,即传统上大家所界定的狭义旅游产业。马波在《转型:中国旅游产业发展的趋势与选择》一文中指出,旅游产业是一种外延比较宽泛的消费趋向性产业,从功能上可以看作一个为旅游者服务的经济系统。张辉等人在《中国旅游产业发展模式及运行方式研究》一书中认为,旅游产业在向旅游市场提供相似的产品或者服务时,各厂商之间存在竞争的现象,反映了旅游产业是一种产业的属性。此外,张凌云和程锦、陆林等也分别基于各自专业视角对旅游产业的概念做出表述。张凌云认为,旅游产业是为游客的行为活动提供食、住、行、游、购、娱等各方面产品和服务的企业和部门的总和。马勇认为，旅游产业是为旅游行业及其相关联的行业提供各种物质的和非物质的支持与服务的所有行业和部门系统。余洁指出，旅游产业是指为旅游活动提供直接服务，或间接提供物质、文化、信息、人力、智力服务和支撑的行业和部门，是由第一、第二、第三产业中诸多行业和部门复合而成的一个综合性的产业群。

由以上各学者的观点可发现两点：第一，对旅游业和旅游产业概念的界定通常是从旅游者需求的角度进行考量的，并试图从旅游产业关联性或旅游经济运行的角度概括旅游产业的范畴；第二，认为旅游产业的范围涵盖了旅游业，旅游业是旅游产业中的核心组成部分。

师守祥和徐丽霞则从多个角度进行了反思：第一，从修辞逻辑角度分析，加入"产业"这一限定词不能扩大旅游业概念的外延；第二，既然承认旅游业是一个产业，旅游产业就应该符合经济学的范畴，而不应在经济学的框架之外研究旅游经济问题；第三，旅游产业范围界定的合理逻辑应是对旅游活动的依赖性，而不应该以是否会对旅游活动有促进作用、是否与旅游活动有联系为标准进行判断；第四，现在盛行的"大旅游"概念及旅游业群体说，使旅游业构成"泡沫化"、产业界限虚化，而要想使旅游经济研究获得社会的认可与尊重，则需要从国民经济体系的角度考虑其产业范围；第五，从内涵上看，旅游业包括旅游产业和旅游事业，其中旅游产业是有关生产与销售的"经济概念"，即营利性的旅游部门的集合。旅游产业的根本目的在于通过对旅游的推动、促进和提供便利服务来从中获取收入，而旅游事业（包括政府部门、教育部门等非营利性机构）并非以发展经济为唯一目的。吴必虎在《区域旅游规划原理》一书中提出，如果从旅游者需求或是从产业关联的角度来界定旅游产业，旅游产业确实是一个具有跨边界性与广域性的复杂经济系统。从旅游产业行业分布的角度来看，该经济系统集中于诸多商业性行业或非商业性行业中，特别是批发与零售业，饭店和餐馆业，交通、仓储和通信业，不动产、承租及经济活动，公共管理，其他社团、社会及个人服务，等等，上述若干传统上相互独立的行业间的衔接与配合保证了旅游者需求的满足。斯蒂芬·L. J. 史密斯（Stephen L. J. Smith）在《旅游决策与分析方法》一书中提出，从上述角度理解旅游产业结构的内涵及其构成，特别是在开放的系统环境下，其产业内容几乎是无所不包的、无边无界的，这一点不仅为旅游学界所诟病，也直接阻碍了旅游经济研究成果的可信性及其在旅游学界外的认同度。

任何事物都不能两极化，若宽泛地分析旅游产业的发展，则相关研究也几乎不具有可操作性；若严格从产业经济学供给的角度界定旅游产业的范畴，则相关产品和服务的同质性条件难以满足，居民和旅游者在旅游资源业、景观业和旅行社中的混合消费很难清楚剥离，且相关研究范畴又过于狭窄。

本书采用世界旅游组织旅游卫星账户框架界定旅游产业的技术性定义，即把旅游特征产业作为旅游产业技术定义的范畴。旅游特征产业，是指提供旅游特征产品和服务的产业，这些产品和服务主要用于满足旅游者的需要，如果没有旅游者的需要，这些产业将不复存在或大幅度萎缩。参考何建民对我国旅游产业发展的解读，把旅行社、饭店业、旅游景区点与旅游车船队作为核心的旅游特征产业，并在统计数据可获得的条件下，在与满足旅游活动需要密切相关的信息，以及食、住、行、游、购、娱等行业范围内适当扩大研究范畴。本书一致采用旅游产业这一说法。

二、旅游产业的发展方向

据中国旅游研究院主要数据报告显示，2019年全年，国内游客60.1亿人次，比上年增长8.4%；国内旅游收入57251亿元，增长11.7%。入境游客14531万人次，增长2.9%。全域旅游聚焦美好生活，旅游与文化、创意、科技的融合创新备受关注，旅游产业的品质提升与绩效改善趋势愈发显现，说明中国旅游正在经历一场嬗变，旅游产业正迈进新的起点。

在文化和旅游改革融合发展领域，自从国家将旅游产业定位为"战略性支柱产业"，旅游产业便得到了快速发展。战略性支柱产业是一个经济学的表述，它只有在整个国民经济中占有相当的比重，才能产生相当的影响力和推动力。旅游产业从以往制定旅游发展战略，转变成为国家谋划战略性支点。从旅游事业到旅游产业到战略性支柱产业的过程中，旅游行业正随着我国经济和社会的发展出现顺应潮流的变化。产业化就是要为大众提供更多的旅游消费产品和消费服务，在规模庞大、形式多样的旅游消费拉动下，才能形成一个大的产业。

（一）"旅游+"

旅游产业相较于其他产业的市场化，其程度较高、关联性强、催化融合能力突出。2016年年底，国务院发布《"十三五"旅游业发展规划》，提出实施"旅游+"战略，推动旅游与城镇化、新型工业化、农业现代化和现代服务业的融合发展。规划指出，"旅游+"是为了充分发挥旅游产业的拉动力、联动力及集成作用，大力发展旅游+农业、工业、交通、体育、卫生、健康、科技、航空等产业的融合升级，为相关产业和领域发展提供旅游平台，形成了满足多样化、个性化和品质化游客的旅游新业态，提升其发展水平和综合价值。

在"旅游+"理念的推动下，旅游业态和产品持续创新与丰富，推动着旅游产业结构升级，提升了旅游活动品质和旅客的出游满意度，推动了新时代的到来。随着顶层设计上供给侧结构性改革的提出，我国经济进入新常态，推动着旅游产业转型升级。"旅游+"得到认可，推动了旅游产业与互联网、水利、交通、中医药、卫生、科技、文化、教育、装备制造业、军事等领域的深度融合。目前，旅游产业已经广泛进入生产生活的方方面面，成为推动社会经济发展不可忽视的有生力量。旅游与其他产业融合，一方面，有利于实现旅游与其他产业的资源共享，提高资源配置效率；另一方面，可以延长旅游产业链，创造更多的融合型新产品，形成新业态，直接创造新价值，促进产业结构升级。

"旅游+"代表着一种新的经济形态、一种新的生活形态、一种新的社会组织形态和一种新的先进生产力。深入实施"旅游+"战略，要把握"四个着力点"，将旅游发展进一步融入国家"四个全面"战略布局、"五位一体"建设布局和"新五化"并举局面。2018年5月19日"中国旅游日"期间，原广东省旅游局围绕南粤古驿道活化计划推出八大主题40条乡村旅游线路，这与广东积极有效推动"旅游+"战略不无关系。以"旅游+"方式打造的新产品、新业态成为大众旅游的"新潮流"，正在成为不可阻挡的发展趋势，对经济社会发展产生了战略性和全局性的影响。

（二）"+旅游"

若"旅游+"体现的是以旅游产业为主体，寻求与相关产业相融发展的动力，那么，"+旅游"体现的则是其他产业与旅游产业的主动联合、合力发展。"+旅游"的发展首先要明确相关产业与旅游的关系，并以产业为根本，旅游作为平台顺时而变。"+旅游"不代表产业与旅游的简单叠加，而是多方面、大范围地对产业化程度进行提升，是业态的重塑与再造。各类传统上不相关的产业要素在融合中被激活，形成以第一产业为基础、第二产业为支撑、第三产业为升华，三大产业协同发展的复合产业关系。旅游在此充当一种产业润滑剂和融通剂，也是产业发展变压器的角色，在产业整合当中塑造着产业的新生态和新未来。"＋旅游"具有非常强的消费者教育和潜在消费者培养的功能，农业、亲子、婚庆、节日、温泉、养生、营地等产业突破狭义的产业受众市场，通过主动与旅游联合，衍生和开发出相应的旅游产品，会吸引更多有特殊兴趣爱好的非相关产业型人群聚集。随着旅游客源的导入，使旅游产业迈向新的社交休闲时代，也为产业市场的拓展与升级打开了一个新的增量市场，实现双赢利好局面。

只有抓住产业的"产"，才能立旅游的"业"。产业与旅游融合打造，二者共同的核心都是"人"，因而"＋旅游"要抓住消费者的需求，回归到人的需求来做策划。以岭南文化旅游为例，从本质上讲，岭南文化的本质是务实、包容、互动和多彩，其旅游文化的体验特征既要有同样企业及产业的品牌诉求，更要有强化目的地的岭南文化塑造、营销创新和岭南元素的互动，通过资源价值化、价值品牌化、品牌故事化、故事情境化、情境体验化、体验社交化的方式，达到与旅客沟通、交流的目的，彰显文化和旅游的产业个性。

（三）智慧旅游

2015 年 1 月 10 日，国家旅游局印发的《关于促进智慧旅游发展的指导意见》提出，运用新一代信息网络技术和装备，充分准确及时感知和使用各类旅游信息，实现旅游服务、旅游管理、旅游营销、旅游体验的智能化，促进旅游业态向综合性和融合型转型提升。计划到 2020 年，移动电子商务、旅游大数据系统分析、人工智能技术等在旅游产业的应用更加广泛，培育若干实力雄厚的以智慧旅游为主营业务的企业，形成系统化的智慧旅游价值链网络。在工业革命、消费革命特别是我国数字经济加速成长的时代背景下，以互联网为代表的科学技术把旅游产业作为重要产业领域。加之网络文化产业方兴未艾，数字化也是当代旅游最鲜明的特征之一。线上旅行商、智慧政务平台等构成了当代旅游的优质旅游主力军。原国家旅游局统计的相关旅游数据显示，近几年已经有超过 50% 的旅游者不再依靠传统的旅行社服务模式进行境内境外旅游活动，而是更多地选择驴妈妈旅行网、携程旅行网和途牛旅游网等线上综合旅行商模式。这说明整个社会的信息化水平逐渐提升，从而促进了旅游者的信息手段应用能力，使智能化的变革具有广泛的用户基础。

智慧旅游在适应了旅游规律的要求下应运而生，它是基于新一代信息技术，为满足游客个性化需求，提供高品质、高满意度服务，从而实现旅游资源及社会资源的共享与有效利用的系统化、集约化的管理变革。从内涵来看，智慧旅游，是指包括通信技术在内的智能技术在旅游产业中的应用，它是以提升旅游服务、改善旅游体验、创新旅游管理、优化旅游资源利用为目标，增强旅游企业竞争力、提高旅游行业管理水平、扩大行业规模的现代化工程。从创新点来看，是云计算、物联网、移动终端通信、人工智能四大技术的集大成者，是新一代信息技术的集成创新和应用创新。智慧旅游要求现代旅游行业在管理体系中利用网络技术，及时地获知各个旅游景点的旅游服务、旅游管理及游客的旅游经验等，是传统旅游业的转型，也是旅游产业创新发展的新趋势。在传统的、行政的旅游区域越来越不适应当代旅游的形势下，智慧旅游不仅重塑了旅游目的地格局，而且极大地满足了旅游多元化、多层次的复杂需求，实现旅游产业大规模个人定制的要求，使一大批新业态得以出现。以线上旅行商为代表的智慧旅游产业，如携程、马蜂窝、爱彼迎等，让民宿、冰雪、避暑、康养等曾经的小众旅游融入大众市场。当代旅游产业以科技应用为基础，文化和旅游作为供求两端，科技对实现供求双方有效平衡、大规模个人定制等当代旅游生产方式起到了关键作用。

从旅游产业自身发展阶段来看，技术、创意、人才等智慧因素已经成为产业竞争力的决定性因素，旅游发展中重大问题的解决方案、长效机制也必须依靠智慧旅游等现代科技手段的有力推动。智慧旅游的未来聚焦"科技+文化+旅游"的融合创新及落地应用和发展。以文化引领，科技支撑，不断提高旅游品质。在供给侧改革中，不断涌现新一批智慧文旅、主客共享的案例，在文化科技、旅游科技的融合发展中，让人民获得相应的文化和旅游发展权。

（四）乡村旅游

在乡村振兴战略的社会背景下，旅游产业不仅是精准扶贫的有效抓手，亦是综合效益最优的扶贫产业之一。旅游扶贫在为游客提供丰富、多元的乡村旅游产品,吸引消费者的同时,自然也振兴了乡村。习近平总书记强调:"中国要强,农业必须强;中国要美,农村必须美;中国要富,农民必须富。"[①] 建设美丽乡村,是党中央、国务院深入推进社会主义新农村建设的重大举措。例如,佛山市三水区基于美丽乡村建设,通过发展旅游产业,改善了生态与景观,增加了农民的收入,为中国社会主义新农村建设探索出了一条创新发展道路。充分发挥乡村旅游产业在美丽乡村建设中的优势地位和引领作用,带动乡村经济社会的综合发展,是促进美丽乡村建设进一步深入和可持续发展的重要途径。

在敢为人先、先行先试、开放包容的广东精神指引下,南粤大地舞动文旅融合大旗,吹响乡村振兴的号角。广东乡村游产品琳琅满目,如红色经典游、南粤古驿道游、滨海渔村游、古村粤韵游、瓜果飘香游、岭南水乡游、山水田园游等。通过对南粤古驿道的活化利用,将古村落、红色革命遗址、自然生态景观"串珠成链",推动资源的保护利用。良好的生态环境、精彩的乡村民俗活动、丰富的农副产品吸引了大量游客前来体验。南粤古驿道亦以其独特的人文魅力,逐渐成为乡村旅游的"主角"。

广东乡村游、近郊游需求在假日期间特别旺盛。2018年国庆黄金周期间,共有3135.6万游客赴广东各地乡村,体验岭南田园风光、乡土文化、乡村美食、农事活动和乡居生活。茂名滨海旅游和文化观光线路受到游客欢迎。清远市温泉养生、休闲山水和乡村旅游等颇受欢迎,到乡村民宿泡温泉、到盘王古庙进行新春祈福成为乡村旅游新玩法。其中,岭南传统文化展示和农事体验是广东乡村旅游的亮点之一,如江门新会陈皮村举办的首届新会陈皮柑农节,现场开展了民俗表演、文化体验、品尝美食等活动;湛江足荣村举办的第三届"手作节",组织了雷州烟斗制作、陶艺、木雕、竹编等特色乡村手作体验展示活动。乡村旅游新业态如火如荼,南粤古驿道串联红色、康体、民间艺术等旅游产品和线路,正成为广东旅游的新风尚。

(五)"一带一路"特色旅游

自习近平总书记提出"一带一路"倡议以来,旅游部门和全行业积极

---

① 转引自王慧敏《中国强,农业必须强》,载《人民日报》2017年10月30日第5版,见http://theory.people.com.cn/n1/2017/1030/c40531-29615729.html。

行动，顺势而为，在推进"一带一路"旅游发展中取得了积极成效。"一带一路"沿线国家拥有近500项世界自然和文化遗产，该区域国际旅游总量占全球旅游量的70%以上。原国家旅游局制定了《丝绸之路经济带和21世纪海上丝绸之路旅游合作发展战略规划》，确定2015—2018年三年行动计划，先后组织召开丝绸之路旅游部长会议、中俄蒙三国旅游部长会议，与"一带一路"沿线国家举办多个旅游年，成立丝绸之路海外推广联盟，构建了丝绸之路宣传推广体系，连续三年以"美丽中国——丝绸之路旅游年"为主题开展全球宣传推广活动。以通航为切入点，开通了我国与中东欧有关国家的直航，协调相关方面持续简化签证政策。2017年9月，联合国世界旅游组织（UNWTO）第22届全体大会在四川省成都市举行，国家旅游局与联合国世界旅游组织共同举办"一带一路"国家旅游部长圆桌会议，倡议成立"一带一路"国家和地区旅游合作共同体。2018年5月，上海合作组织成员国首届旅游部长会议在武汉举行。会上李金早表示，在习近平总书记构建人类命运共同体思想的指引下，中国积极推进"一带一路"合作，旅游合作是国际合作的重要方面，中方高度重视上海合作组织框架下的旅游合作。"十三五"期间，中国将吸引"一带一路"沿线国家8500万人次国际游客来华旅游，拉动旅游消费约1100亿美元。

为响应"一带一路"倡议与创建"文化强省"战略，助推乡村振兴和精准脱贫，2016年以来，广东率先在全国开展南粤古驿道保护利用工作，将"文化遗产保护"与"一带一路"倡议进行有机结合，以生态产业创新发展为引擎，通过推动南粤古驿道保护利用与文化、体育、旅游、农业等生态产业体系的绿色要素融合，做好绿色山水大文章，促进古驿道沿线地区的生产、生活、生态等方面的发展，助推全域旅游、乡村振兴、精准扶贫、生态文明建设，为构建"一核一带一区"区域发展新格局起到积极作用，是增强广东文化软实力的重要举措之一。

第四章 文化与旅游的关系

习近平总书记曾指出，中华民族自古就把旅游和读书结合在一起，崇尚"读万卷书，行万里路"。文化和旅游是天然的有机体，两者之间关系密切。旅游本质上是一种文化体验、文化认知与文化分享的重要形式，文化需要通过旅游来创新、传承与传播。一个国家或社会，旅游的良性兴盛发展，是其文化健康繁荣发展的重要标志之一。

第一节 以文化丰富旅游

著名经济学家于光远先生在《旅游与文化》一文中提道："旅游不仅是一种经济事业，也是一种文化事业。"① 旅游活动的出现是人类文化发展到一定水平的产物，它是一种以不同地域间的人员流动为特征，涉及经济和政治等许多方面的社会文化活动。近年来，旅游已由原来的观光旅游发展为休闲度假、体验、修身旅游等，进入精神文化追求层面，旅游在文化的熏陶中得以丰富，旅游产业因文化因子的注入而获得长足发展。

一、文化是旅游资源的核心竞争力

文化作为旅游的灵魂，赋予了旅游产业核心竞争力，在现代社会中，不存在没有文化追求的旅游，同时，缺乏文化内涵的旅游难以延续。旅游目的地的社会文化系统以其独特的文化资源、自然资源强烈地吸引着旅游主体，展示其文化魅力。

---

① 于光远：《旅游与文化》，载《瞭望》1986年第14期，第35—37页。

2017年，我国国家标准《旅游资源分类、调查与评价》对"旅游资源"的定义为"自然界和人类社会凡能对旅游者产生吸引力，可以为旅游业开发利用，并可产生经济效益、社会效益和环境效益的各种事物和因素"。旅游资源是旅游产业赖以生存和发展的重要基础，是丰富的历史文化、民族文化、革命文化等文化的集中体现。《中国大百科全书·人文地理学》在"旅游文化"条目中指出："旅游与文化有着不可分割的关系，而旅游本身就是一种大规模的文化交流。从原始文化到现代文化都可以成为吸引游客的因素。"一个国家或地区的旅游吸引力，主要源于其旅游资源的特色，而这种特色在很大程度上取决于旅游资源的文化含量及其独特性。

按旅游资源的成因分类，可将旅游资源分为自然旅游资源和人文旅游资源两大类。首先，就文化与自然旅游资源的关系而言，大好河山孕育文化，文化辉映大好河山，二者相得益彰。此外，许多自然旅游资源虽然本身不具有文化属性，但要将自然旅游资源转化为旅游产品，必须通过旅游开发这一文化手段来实现，如众多的名山胜川在古代成为著名佛寺、道观的建造之地，孕育了丰富多彩的宗教文化。因此，自然旅游资源同样也具有一定的文化特性。其次，就文化与人文旅游资源的关系而言，许多文化创造的产物都是人文旅游资源，略加开发就可以成为富有吸引力的旅游产品。无论是实物形态的文物古迹，还是无形的民风民俗，都是人类生产和生活活动的产物，无疑都属于文化的范畴。人文旅游资源的开发潜力很大程度上取决于文化的吸引力。人文旅游资源的深度开发和鉴赏，需要对其独特的文化进行解读。无论是自然旅游资源还是人文旅游资源，都以其独具当地特色的文化内涵吸引和激发起旅游者的旅游动机。旅游资源与文化相关的特性有以下两点。

（一）美学观赏性

旅游资源与其他资源最为显著的特征之一是具有观赏性。旅游活动，本质上不仅是一种经济活动，而且是一种文化活动；它是指通过具有一定文化观念和精神需求的游客（旅游主体）的游览观赏活动，满足其以精神文化需求和享受为基础的综合性活动。旅游者购买旅游产品并非因为其中包含了设施和服务等劳动的价值，而是因为旅游资源具有观赏价值、历史价值、文化价值、艺术价值等美学价值。无论是何种类型的旅游，旅游者

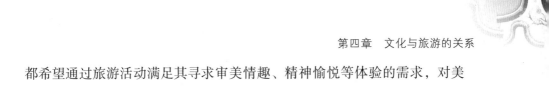

都希望通过旅游活动满足其寻求审美情趣、精神愉悦等体验的需求，对美进行发现、感知和体会，从而获得思想上的启迪、感情上的陶冶和精神上的满足，让心灵有所寄托。

(二) 民族文化性

世界上每个国家、每个民族都有自己独特的文化。一个民族在理解一种旅游资源的价值时，可能会产生不同于其他民族的认知。一种自然存在或社会现象能否成为旅游资源，会因为民族文化的差异而有所区别。文化的差异是旅游资源吸引力的源泉，就旅游资源而言，与旅游者的文化背景、生活习惯和居住环境差异越大，特色越鲜明，内容越丰富，其吸引力就越大。一个具有独特民族文化与文化遗产的国家或地区，相当于在旅游市场中拥有了发展的筹码。例如，云南省最具特征的文化是丰富的民族文化。云南有傣族、白族、哈尼族等51个民族，民族文化特色是其最大的旅游特色。旅游者到云南旅游，能体会到多种少数民族的节庆文化，如傣族的泼水节、苗族的花山节、彝族的火把节。得天独厚的多元民族文化，为云南文化旅游的发展提供了丰富的资源。

岭南地区自古便是中西文化交流的窗口，在两种异质文化的交流过程中形成了独具特色的岭南建筑文化。世界遗产开平碉楼与古村落就是其中的杰出代表。开平现存的碉楼大多建于民国初期，建碉楼的本意是御贼和躲避洪水，且多由华侨在侨居国请人设计，因此建筑风格和形式多种多样。典型楼群包括马降龙碉楼群、自力村碉楼群、锦江里瑞石楼等。开平碉楼是中国社会转型时期主动接受外来文化的重要历史文化景观，它不仅反映了侨乡人民艰苦奋斗、保家卫国的一段历史，同时也是一条别具特色的艺术长廊。

珍贵的遗址建筑文化和碉楼背后荡气回肠的家族历史是开平碉楼对旅游者的最大吸引力。独特的侨乡风情、中西结合的建筑、深厚的文化底蕴、优美的田园风光，使开平碉楼华侨历史文化街区成为众多影视剧组的取景拍摄地。《东山飘雨西关晴》《让子弹飞》《一代宗师》等一系列影视作品都在开平碉楼进行过取景拍摄。

二、文化需求激发旅游动机

在有了闲暇时间和可自由支配收入的情况下,个人要成为旅游者还须有旅游动机和旅游需求。旅游者外出旅游有物质需求,但更深层的是有精神文化需求,旅游行为过程的文化属性是占主导地位的。旅游本质上是文化之旅、精神之旅,是感知文化、品味文化、鉴赏文化、体验文化、享受文化的经历,是愉悦身心、陶冶情操、增长见识、提升境界、净化心灵的文化体验。

在旅游活动过程中,旅游者置身于与自身文化背景相似或不同的文化环境之中,客观上会受到有形和无形的文化熏陶。常言道:"不到长城非好汉。"旅游者登长城,就是在探寻中华悠久文化,感悟华夏灿烂文明。旅游者游览名胜古迹、观赏名山大川、体验风土人情,时刻都在感触文化脉搏、追寻文化底蕴、汲取文化精髓。

越来越多的研究表明,文化是旅游者出游的重要动机。各种文化因素不同程度地发挥着旅游动机刺激源的作用,如各民族文化、地缘文化被人们视为旅游活动中期待了解的对象。旅游者出于满足文化需要的动机,通过对旅游目的地的文化载体与文化事项的文化解读、认知和领悟而获得精神与文化享受。因此,旅游者的旅游行为可被理解为一种文化消费行为,旅游者既是文化的观摩者又是文化的参与者,旅游过程中最吸引人、最终给人留下深刻印象的是文化。

目前,大众化旅游局面的形成,是人类精神文明和物质文明已经达到一定程度的必然结果。在大众旅游时代,人们对旅游品质的需求不断提高,文化旅游日受青睐。文化旅游企业经营者要达到盈利的目的就必须提供一种能满足旅游者文化享受的旅游产品。旅游活动的文化品位是全方位的,体现在吃、住、行、游、购、娱等各个环节。

探寻厚重的文化底蕴是旅游者游览故宫的主要动机之一。随着《我在故宫修文物》《国家宝藏》等精品节目的热播,故宫成了"网红"。上述节目向公众真实、立体地展现了故宫悠久的文化内涵,拉近了故宫文物资源与公众之间的距离,引起了公众心灵的震撼与共鸣,越来越多的旅游者走进故宫,感受文物的生命力。

过去故宫的文化产品注重历史性、知识性、艺术性,但是,由于缺少趣味性、实用性、互动性而缺乏吸引力。故宫文化产品与大量社会民众消费群体，特别是年轻人的购买诉求存在较大距离。故宫一般性的旅游纪念品，已经很难满足博物馆观众不断增长的期望。近年来，故宫努力转变文物保护理念，扩大开放力度，将故宫文化通过文化创意产品的形式进入公众的生活中。故宫共研发文化创意产品近万种，文创产品的研发设计充分结合故宫文物藏品的文化元素，强调故宫文化创意的专属性格。例如，"动意盎然"系列领带的设计元素，源自院藏的郎世宁绘画作品《弘历射猎图像轴》中飞奔的白色骏马，图案形象姿态豪放、动态盎然，产品有浅灰、浅橘、蓝绿和紫灰四种颜色，融合了现代人对色彩的审美追求。

三、文化为旅游提供价值导向

党的十八大以来，习近平总书记指出，"文化自信，是更基础、更广泛、更深厚的自信"[①]，"坚定中国特色社会主义道路自信、理论自信、制度自信，说到底是要坚定文化自信，文化自信是更基本、更深沉、更持久的力量"[②]。中华民族要屹立于世界民族之林，离不开中华文化的积极引领；中华民族要实现振兴强盛，需要以文化自信、文化繁荣发展为支撑。

文化是民族生存和发展的重要力量。人类社会每一次跃进，人类文明每一次升华，无不伴随着文化的历史性进步。而中华文化是个博大精深的智慧宝库，无论是文学艺术、哲学思想、建筑工艺、民俗风情，还是治国理政、人格修养，都蕴藏着深厚的智慧和魅力，都可以提供很丰厚的文化积淀。学习和掌握其中的各种思想精华，对树立正确的世界观、人生观、价值观很有益处。

文化自信为旅游提供了价值导向，为旅游表达提供了核心内容。文化自信是一个国家、民族甚至一个政党，对自身文化价值的充分肯定，并对这种文化的生命力存有坚定的必胜信念。中国的文化自信可从三个方面为旅游提供价值与内容：一是体现着中华民族世世代代在生产生活中形成和传承的世界观、人生观、价值观、审美观等的五千年文明所凝聚成的传统

---

① 习近平：《坚定文化自信，建设社会主义文化强国》，新华网，2019年6月15日，见 http://www.xinhuanet.com/politics/leaders/2019-06/15/c_1124627379.htm。

② 同上。

文化，其核心的内容已经成为中华民族最基本的文化基因，这些文化可作为养生旅游、研学旅游、观光旅游、休闲旅游等的核心内容；二是脱胎于中华民族优秀文化传统，同时又在新形势下不断进行着再生再造、凝聚升华的革命文化，这些文化为红色旅游、研学旅游、体验旅游等的开展备足了素材；三是短短几十年的社会主义实践中，我们创造地承载着中国道路、中国模式、中国奇迹的社会主义先进文化，是开展休闲旅游、生态旅游、工业旅游、观光旅游、体验旅游、乡村旅游等的肥沃土壤。同时，承载了核心价值内容的旅游将不再是一潭死水，可使我们在寓教于乐中感受中华文化的强大。

中国的文化自信离不开对红色文化的自信。红色文化既包含着丰厚的传统文化内涵，凝聚着不朽的革命历史，又延续了改革创新的精神品质。红色基因为文化自信的系统化构建、传承打下了牢固的基础。延续红色基因是新时代增强文化自信的有效途径。在这一重要历史阶段，我们要以红色文化的发展为文化自信筑基，深挖红色文化资源，以红色旅游增强红色文化自信。

广东是一块具有悠久革命历史和光荣革命传统的红色土地。2019年春节期间，广东红色景区人头攒动，红色旅游热度高涨。例如，作为全省唯一全境域中央苏区的地级市梅州，全市拥有红色旅游景区（点）40多个，梅县剑英纪念园、大埔三河坝战役纪念园等重点红色旅游景区，吸引了全国各地的旅游者前去祭奠、踏青和旅游。旅游者在参观红色遗迹的过程中，接受革命传统教育，感受激情岁月带来的精神震撼，建构起健康的世界观、人生观和价值观。

红色旅游是当今精神文化消费的重要方式，也是青少年增强文化自信的实践渠道。广东通过研学旅游的方式，将省内的红色景区打造成学生的第二课堂，让学生接受红色文化的熏陶。红色旅游使青少年明白今天中国的过往历程，自觉从革命历史中汲取文化自信的智慧和力量，从而在清醒的认识中坚定文化自信。

四、文化促进旅游经济发展

习近平总书记指出，旅游是综合性产业，是拉动经济发展的重要动力。同时，旅游是传播文明、交流文化、增进友谊的桥梁，是衡量人民生活水平的一个重要指标。目前,我国旅游产业发展势头强劲,对经济增长的拉动作用日益提高。2019 年,国内旅游人数 60.1 亿人次,国内旅游收入 57251 亿元。我国旅游产业的快速发展,得益于我国丰富灿烂的文化遗产和文化资源。一个地区的旅游产业是否具有开发潜力,决定因素是该地区的文化底蕴,文化内涵丰富的旅游地往往具有强大的市场竞争力和影响力。旅游活动事实上是一种文化活动,其将群众潜在的文化需求转变为现实文化消费,因此,旅游消费和旅游经营活动带有强烈的文化性质。全国多地正在将文化与旅游产业培育成战略性支柱产业,把文化旅游消费培育成为新的经济增长点,以满足人民美好生活的需要和实现经济的高质量发展。

南粤古驿道是广东省珍贵的历史文化资源,是历史上中原百姓进入广东和岭南进行商贸活动的主要路径。然而,随着交通工具和道路基础建设的发展,南粤古驿道逐渐被公路、铁路所替代,古驿道两旁的小城镇和乡村逐渐萧条衰落。据统计,南粤古驿道两侧各 5 千米范围内覆盖的贫困村有 1310 个,约占广东省贫困村总数的 60%。为此,广东省把发展南粤古驿道文化旅游作为重点工作内容,坚持古驿道修复利用与精准扶贫相结合。

南粤古驿道文化旅游的发展,带动了沿线农村经济社会发展,有效推动了贫困人口劳动致富。例如,2018 年,南粤古驿道定向大赛的首站湛江徐闻古港站接待游客 43600 人次。湛江把南粤古驿道活动与菠萝文化旅游节相结合,依托 46 多平方千米菠萝田园的恢宏景观,策划以菠萝为主题的系列活动,吸引大批海内外游客前来体验参与。湛江乡村民宿更是供不应求,如南极村、足荣村等民宿的假期入住率极高。

第二节 以旅游展现文化

旅游是文化创造性转化和创新性发展的有效载体,同时也是深度传播国家文化、向世界展示中国的最为生动有效的途径,其在传承、激活、弘扬、创新国家文化资源价值和构建国家文化竞争优势方面具有突出的作用。旅游发展的过程实质上是旅游对文化挖掘、优化、保护及传承的动态过程。

一、旅游促进文化交流与传播

旅游活动是文化交流和文化传播的重要途径，它为异质文化的融合提供了机缘。旅游产业的发展，以经济为动力，并通过经济的方式，极大地拓展了文化交流的范围，有助于不同文化群体间的相互了解，促进人类文化进步。无论是国内还是国外，促进文化交流都是推动不同文化相互借鉴、相互吸收、共同发展的重要途径。作为文化交流与传播的主渠道之一，旅游产业在其中发挥了独特而又重要的作用。

旅游活动是一种以不同地域、不同民族、不同社会及具有不同文化传统的人群之间的相互接触为根本特征的活动，超越了空间的局限，将旅游目的地与旅游客源地的人们及其社会文化环境联系在一起。旅游者外出旅游不可避免地会接触到东道社会的文化，同时也会影响东道社会的文化和居民，这促进了不同文化之间的交流和传播，是一种更深入、更持久的文化交流方式。旅游产业推动的文化交流不是少数精英之间的文化交流，而是国民全方位参与其中的文化交流。这种文化交流不预设主题、不先入为主，是不同文化群体之间平等的交流。更为重要的是，这种交流是面对面的交流，是旅游客源地和目的地居民之间的互动式交流。作为文化传播主要导体的旅游者，在跟当地居民的直接和间接交往中，其意识观念、行为方式会逐渐渗透到目的地的社会文化系统中，对当地的文化形成冲击。而目的地文化系统以其独特的文化资源和自然资源强烈地吸引着旅游者，展示其文化魅力。

接触和了解异域社会文化，既是旅游的重要动机，也是旅游者访问异国他乡的客观结果。在旅游活动中，旅游者向往的是特色文化的体验，这对于特色文化的传承和传输有积极意义。旅游能够推动文化的交流和发展，通过使用具有文化内涵的旅游资源，让文化成为旅游产业的附属价值，随旅游产业的逐渐发展而扩大影响。同时，在旅游产业中，文化产品可以作为文化商品，成为旅游产品中独具特色的品牌亮点。例如，在意大利首都罗马，市内最著名的景点有圣彼得大教堂、古罗马斗兽场、圣乔瓦尼大教堂等。受到宗教文化的影响，教堂成了意大利最有特色的标志性建筑。此外，古罗马时期，王公贵族喜爱在斗兽场观看野兽决斗，这也成了罗马的特色文化，斗兽场成了旅游胜地，这就是文化对于旅游产业的附加价值。同时，公众通过对文化旅游资源的参观，能够对罗马文化有一定的了解，对于罗马文化而言，得到了良好的文化输出。

习近平总书记在党的十九大报告中提出："没有高度的文化自信，没有文化的繁荣兴盛，就没有中华民族伟大复兴。"[①] 一个国家、一个民族的强盛，总是以文化兴盛为支撑的，中华民族伟大复兴需要以中华文化发展繁荣为条件。旅游也为文化自信的快速传播提供渠道。为文化自信提供快速有效的传播渠道的原因主要表现在两个方面。首先，旅游人口基数大、范围广，流动速度快，传播速度更快。随着国民生活水平的大幅度提高和大众旅游的到来，旅游成为人们生活幸福的重要标志之一。据不完全统计，我国出国旅游人次超过3亿人次，国民人均出游次数已超过4次，微博、微信等自媒体中个人推送的旅游信息每天超过百万亿次，旅游已遍布祖国的每个角落，这为文化自信快速有效地植入民心提供了有力舞台。其次，旅游是一种通过实地感知与体验，从而对一个国家、一个地区有深度了解与认知的过程，相比电视、纸质媒体、说教等更具有说服力、影响力，获得文化认知的效果更加具体、深刻。

海上丝绸之路是古代中国与外国交通贸易和文化交往的海上通道。海上丝绸之路自秦汉时期开通以来，一直是沟通东西方经济文化的重要桥梁，而东南亚地区自古就是海上丝绸之路的重要枢纽和组成部分。习近平总书记基于历史，为进一步深化中国与东盟的合作，为双方乃至本地区人民的福祉而提出"21世纪海上丝绸之路"的战略构想，得到了众多国家的积极响应和支持。

2018年，联合国世界旅游组织发布的《21世纪海上丝绸之路：旅游发展机遇与影响力》报告显示，中国是海上丝绸之路沿线国家和地区旅游产业发展的重要引擎。2012—2016年，海上丝绸之路沿线国家和地区的游客人数从77.5万增长至近310万，其中，210万游客来自中国，占比约67.74%。海上丝绸之路旅游产业的发展增强了中华文化与周边文化的互

---

① 习近平：《决胜全面建成小康社会　夺取新时代中国特色社会主义伟大胜利——在中国共产党第十九次全国代表大会上的报告》，转引自祁述裕《党的十九大关于文化建设的四个突出特点》，人民网－理论频道，2017年12月1日，见http：//theory.people.com.cn/n1/2017/1201/c40531-29680137.html。

动,增进了中国与东南亚的文化契合度,富有成效地推进了中国与周边东南亚国家的文化交往。

广东濒临南海,地处亚太海洋交通要冲,秦汉以来一直是中国海上对外经济文化交流的前沿和枢纽地区,也是海上丝绸之路的重要起点,在东西方经贸往来和文化交流中发挥着十分重要的作用。广东省与东南亚地缘相近、文化相通、商脉相连。全球2000多万广东籍的华人华侨中,70%以上分布在东南亚。

岭南文化作为中华文化的重要组成部分,与东南亚关系较为密切,甚至有不同程度的共同性,容易为东南亚国家的民众所接受。近年来,广东文旅业界积极在海上丝绸之路文旅资源开发、项目建设、线路打造、宣传促销、客源输送、地接服务、邮轮游艇新业态等方面进一步加强与相关国家和地区的互利合作,并已在五个海上丝绸之路沿线国家设立广东驻海外旅游合作推广中心。

二、旅游推动文化建设

党的十八大报告提出,要全面落实经济建设、政治建设、文化建设、社会建设、生态文明建设"五位一体"总体布局。"五位一体"总体布局是对社会主义现代化建设的总体把握和战略部署,也是马克思主义中国化最新成果——习近平新时代中国特色社会主义思想的重要组成部分。其中,文化建设,指的是用先进的价值观武装国民,提供强有力的精神动力和智力支持,营造丰富多彩的新生活。要满足人民日益增长的美好生活需要,就必须加快推进文化建设,以社会主义核心价值观为引领,发展中国特色社会主义文化,加强思想道德建设和社会诚信建设,丰富文化产品和服务,推动社会主义文化繁荣兴盛,激发全民族文化创新创造活力,发挥文化引领风尚、教育人民、服务社会、推动发展的作用。

旅游产业对文化建设具有不可或缺的推动作用,主要体现在以下两个方面。

(一)旅游产业对形成和弘扬社会主义核心价值观具有独特作用

核心价值是一个社会共同认可和遵循的价值。传统文化和现代文明是社会主义核心价值观的主要表现形式，是国家软实力的核心组成部分，为旅游发展和目的地建设提供了必不可少的内容。

推动形成核心价值对于一个国家持续健康的发展具有重要意义。核心价值的形成除了教育，还在于国民通过现实的工作生活去感悟、去印证、去实践，因此，需要通过更多的渠道去促进社会主义核心价值的形成。以旅游的方式形成的核心价值观不是僵化地灌输，而是通过柔性影响，自然渗透式地帮助公众在旅游过程中形成共同的核心价值观。国家、集体的身份认同的构建和再建可在旅游活动中有所体现。例如，遗产旅游在民族建设和国家认同构建方面发挥了重要作用，公众在游览了祖国的壮美河山和名胜古迹之后，其民族自尊心和自豪感得到激发和增强，同时会自然而然地将对大好山川的热爱和对我国历史文化的热爱转移为对国家的热爱，而通过这样的方式形成的爱国主义价值观往往更为巩固和持久。

国家号召游客到具有国家意义的地方进行旅游，也是为了让游客与国家社会形成某种联系，从而增强国家认同。近年来，我国持续推动红色旅游高质量发展。红色旅游是传播中国共产党革命理念，展现其光辉历史的重要渠道，也是传播社会主义核心价值，推进中国特色社会主义健康发展的重要保证。在红色旅游的过程中，旅游者将个体生命与国家和民族命运紧密结合，通过基于社会现实的神圣性体验形塑红色记忆，感受到个体归属感和社会凝聚力，从而构建其社会身份认同。旅游者在参加红色旅游活动之后，对先辈革命和建设的历史有更深入的了解，可增进对中国共产党的认知和认同，产生与国家同在的爱国主义情感，有助于让爱国主义精神在其心中牢牢扎根，由此形成的向上的精神动力是其他教育方式很难替代的。

（二）旅游产业对提高公众文化素质具有突出作用

旅游可以开阔视野、增长见识，对于公众的身心发展发挥着积极的作用。特别是对青少年而言，更多地参与到旅游中来，有利于其全面健康的成长。目前，国家支持学生开展研学旅行，看重的正是旅游产业的这种突出作用。

近年来，随着旅游产业的发展，越来越多的中小学校将研学和旅行结合起来，到国内外参加形式多样的夏（冬）令营等活动，国家也出台了促进研学旅行发展的相关政策。2015 年 8 月，国务院办公厅发布《关于进一步促进旅游投资和消费的若干意见》，提出要"支持研学旅行发展，把研学旅行纳入学生综合素质教育范畴"；2016年12月，教育部等11个部门发布了《关于推进中小学生研学旅行的意见》，研学旅行受到教育界、旅游界和学生家长的普遍关注。

研学旅游是了解国情、社情，走进自然、亲近文化的重要途径。习近平总书记在多种场合多次强调，中华优秀传统文化是中华民族的"根"和"魂"，是中华民族的"精神命脉"，将对中华传统文化的认知作为研学旅行的核心要义，可增强学生对中华文化的认知和认同，有利于提高青少年的文化素质，从而提升国家的软实力。

三、旅游促进文化事业发展

发展文化事业的根本目的，是让更多人可以分享文化建设的成果，进而实现文化建设的目标。构建公共文化服务体系和建设优秀传统文化传承体系是文化事业发展中的两大任务，而旅游产业对这两个方面的文化事业发展都有不同程度的积极作用，具体表现在以下两个方面。

（一）旅游产业扩大了公共文化服务体系的覆盖范围

为推动社会主义文化大发展大繁荣，国家重视公益性文化事业建设，要求加强文化馆、博物馆、图书馆、美术馆、科技馆、纪念馆、工人文化宫、青少年宫等公共文化服务设施和爱国主义教育示范基地建设，并向社会免费开放服务。例如，博物馆、美术馆、纪念馆等公共文化设施作为重要的旅游产业与文化事业融合发展的资源，逐渐成为展示地方独特历史文化，提升地方文化旅游吸引力的重要载体。发展旅游产业，可以引导更多的外来旅游者享受当地的公共文化设施，有利于提高文化投入产出的效率。

（二）旅游产业促进了优秀传统文化的保护与传承

旅游是优秀传统文化保护和发展的多赢平台，其作为实现遗产地可持续发展中各主体一致需求与内发张力的有效对接工具，一方面使遗产文化保护呼声更强大，另一方面为各方开辟了新的发展路径和收益来源。

作为旅游吸引物的文化遗产现已成为带动地域发展的重要引擎，旅游发展是遗产地各个利益主体的共同需要。对旅游者而言，其为满足自身文化旅游需求也会积极倡导文化遗产保护与传承，颠覆传统的文化景观、遭受破坏的文化遗产和伪文化遗产地等将逐渐被新时代旅游者所厌弃；对遗产地居民而言，文化保护是族群生存和发展的基本要素，当原有的文化体系或文化信仰被扭曲、改变时，社区居民原有的文化认同会被逐渐消解；对旅游企业而言，保护遗产是获取商业价值的基本前提，其直接经济利益来自遗产地的文化遗产及社区供给的文化产品；对遗产地政府而言，其在文化保护中起到的重要作用及其态度将决定文化保护政策的落实程度，也决定了地方文化提升的层次与旅游产业的规模和质量。

旅游产业对优秀传统文化的保护并不是将其封闭起来的静态保护，而是以文化交流、互动的方式实现的动态保护。合理的旅游开发能保护优秀传统文化的活态性，同时也有助于旅游文化内涵的提升。随着旅游发展需要，优秀传统文化的物质和精神载体都可以得到挖掘、保护与传承，如历史建筑、服饰、饮食、民俗等。这些大量的文化遗产不仅随着旅游的开发而获得了新生，而且成为独特的文化资源。

四、旅游推进农村文化产业发展

习近平总书记在党的十九大报告中指出："实施乡村振兴战略。农业农村农民问题是关系国计民生的根本性问题，必须始终把解决好'三农'问题作为全党工作重中之重。"[①] 而文化产业兴旺是乡村振兴的突破点，旅游产业对推动农村文化产业发展发挥着重要作用，这一点在许多旅游产业发展较迅速的乡村有较明显的体现。近年来，蓬勃发展的乡村旅游在促进农业增效、农民增收，提升农民文化素质方面成绩显著。

旅游产业促进了农村优质文化资源的旅游化利用，使其转化为文化旅游产品。我国农业文明历史悠久，而且乡村文化资源积淀深厚，如各地不同的民间故事、手工、种植、歌曲、舞蹈、宗族祠堂、饮食服饰等与农民生活密切相关的各类活动和资源。乡村旅游通过对具有开发基础与潜力的资源进行梳理，找到切入点，挖掘其中的经济价值，并依托地域特色来打

---

① 习近平：《决胜全面建成小康社会　夺取新时代中国特色社会主义伟大胜利》，人民出版社2017年版，第32页。

造文化品牌，保留了乡村文化的本真与质朴，满足了旅游者对文化的追求。

  同时，旅游产业延伸了农村文化产品的销售市场，进而扩大了农村文化产业的规模。最典型的例子是手工艺品。在没有发展乡村旅游的时候，许多农村手工艺品大多是在区域内进行小规模的市场交换。随着乡村旅游的发展，大量的旅游者成了这些手工艺品的主要购买对象。例如，云南大理鹤庆的新华村，以精湛的手工艺生产加工各种具有浓郁地方民族特色的银饰品而闻名于世，新华村基本家家户户都在从事银器的生产制作。质量良好、设计风格多样，使新华村的手工艺品畅销国内外，该村仅仅每年向旅游者销售银器制品就带来超过1亿元的收入，在支持和改善了村民生活的同时，还让新华匠人的美名远扬。文化产品变成旅游产品，并走出国门、走向世界，可有效地提升我国文化的软实力，极大地推动民族文化的繁荣兴盛，更好地建设新时代中国特色社会主义文化强国。又如，南粤古驿道以其独特的文化魅力、良好的生态环境、精彩的乡村民俗活动、丰富多样的特色农副产品，深受旅游者青睐。2019年春节期间，大批旅游者前来南粤古驿道进行自驾游，游览古镇古村，品尝农家菜色，自摘农家蔬果，体验乡村文化旅游的乐趣，因而带旺周边村民商业销售市场，当地乡村商铺的经济效益得以提升。据统计，梅关古道景区春节假期共接待游客13.58万人次，旅游收入2716.50万元；西京古道景区接待游客32.72万人次，旅游收入6543.24万元；云浮郁南古水道接待游客13.64万人次，旅游收入3295.32万元。

第三节 文化与旅游融合发展

  文化与旅游具有天然的耦合性。随着经济发展水平的提升和自主旅游时代的到来，人们日益增长的优质旅游和文化需求与落后的旅游和文化生产力矛盾加剧，为满足人们日益增长的旅游和文化需求，实现文化与旅游的大发展大繁荣，加强文化与旅游的深度融合是一种有效途径。文化本身并不等于文化产品，也不是文化旅游产品。文化与旅游融合发展就是通过"文化+旅游""旅游+文化"的方式，结合市场的需求，将文化资源转变为能够产生社会效益、经济效益的文化旅游产品。旅游是展现文化、活化利用文化的有效形式,文化可以借助旅游者的旅游活动来实现空间维度上的传播与扩散,也能实现时间维度上的传承与创新。

一、文旅融合发展——新文化地理学的视角

新文化地理学起源于20世纪80年代,认为文化是社会成员自下而上建构并认同的一整套意义、价值与体验的系统。新文化地理学的宗旨在于诠释一种新的人-地观,即文化意义、社会关系与自然、景观、地方、空间等地理要素之间相互建构、相互生产的辩证关系。中国特色社会主义进入新时代,这样的社会经济基础为社会行为、生活方式和文化的形成限定了约束性和情境。在这一情境中,社会成员积极地运用自身的能动性,通过创建意义和价值系统,来调适社会变迁与发展的过程。

新文化地理学提出,权力结构中的统治阶层需要通过文化意义来维持既有的社会关系,而草根社会群体也需要通过意义和价值系统来适应、协商甚至抵抗生存状态。现阶段的文旅目的地缺乏真正的原创内容,大多数文旅项目是为了开发而开发,没有因地制宜地与当地城市发展密切契合,缺乏展望未来的眼光与规划,单纯照本宣科地利用文化作为噱头,缺乏对人文内涵的挖掘和打造。旅游者面对千篇一律的文旅目的地,渐渐产生审美疲劳乃至厌倦,导致文旅目的地的发展遭遇瓶颈。例如,成都龙潭水乡古镇就是一个典型的案例。龙潭水乡古镇位于成都市成华区龙潭总部经济城核心区域,由裕都集团耗费20亿元资金与四年光景打造和建设,于2013年正式开业,其目标顾客为成都及周边城市的游客。龙潭水乡古镇定位为成都的"清明上河图",实际上却看不到任何与之相关的内容。由于真正的文化灵魂不明确,并且产业业态规划混乱,与成都乃至西南地区关联度低,仅在开业运营4年后,成都龙潭水乡古镇就成了一座"空城",最初招商的50多户商家几近全部关门。龙潭水乡古镇借文化之名、行经济利益之实,结果是盲目模仿复制、兴筑了一个全无历史厚重感的伪文化古镇。

近年来,随着大众旅游的兴起与全域旅游的大力推进,旅游产业对国民经济的支撑和人民生活的改善作用持续增强,尤其是以文化旅游为代表的新型业态迅速崛起。文化与旅游产业已上升为国家新兴战略产业,成为

引领我国消费升级的主要引擎。同时，随着我国居民在精神经济方面的需求增长，走马观花的踩点式旅游已经无法满足新时代旅游者的需求，旅游者对文旅产品的质量要求也在不断提高，旅游被扩展成多样化、个性化的生活方式，富有文化内涵的文化旅游产品对旅游者的吸引力显著提升。旅游消费结构升级正朝着多样化、特色化、高端化的方向发展。目前，观光型产品依然是文化旅游项目投资的主体，针对自主游、深度游、高端游的文化旅游产品数量较为稀少。文旅产业的有效供给不足，无法满足当前快速变化的产品需求。

新文化地理学关注草根社会群体自下而上的文化实践。对于草根社会群体来说，文化意义同样是其赋权的一个重要途径，新文化地理学倾向于将音乐、宗教（民俗节庆）等具体的文化要素视为社会过程中不断建构的过程。音乐、宗教信仰等是草根社会群体表达意义或诉求的媒介，并以此改造或重构地方或区域的社会与文化系统。尤其是自媒体旅游时代，"网红景点"的出现恰好是很好的证明。在新旅游背景下，旅游者具有高度的表达欲望，热衷于自由地发表其对旅游目的地、旅游产品的评价；旅游者对旅游产品的文化需求，正是草根文化的体现。因此，旅游文化产品需要关注自下而上的声音，才能更好地融入市场，获得旅游者的青睐。

音乐节是近年来在中国迅速蔓延的一种文化地理现象，是一种涵盖了时间、空间、体验、主体等复杂要素的音乐实践，它在短暂限定的时间里创造出了动态、流动的声音景观。在大力发展文旅产业的今天，音乐节成为国内许多城市重点关注和大力打造的文旅产业。根据权威机构道略文化产业研究中心与199IT互联网数据中心的官方数据统计，我国户外音乐节的举办场次逐年上升。音乐节的举办，除了直接的经济效益，也为当地城市的文化建设、旅游购物、社会发展带来积极影响。音乐节属于节庆文化产业范畴，对举办地的酒店、物流、通信、广告、建筑、零售等多种产业的拉动作用非常明显，对举办地的知名度也有大幅提升的作用。

音乐节因其具有的吸引人流、推动经济、表达诉求的能力而成为地方的名片。2018年1月6日—7日，广州长隆欢乐世界举办的广州草莓音乐节成功吸引4万人前来观赏。大量观众的聚集，使这种因音乐而起的社会活动不仅成为一种人员的聚集，而且成为一种文化的聚集。音乐节是乐迷逃离日常生活、表达精神诉求的地方。在广州草莓音乐节现场，乐迷高举手臂，做出摇滚手势，并随着音乐和鼓点呐喊、摇头、蹦跳、环绕场地唱歌。音乐节现场自由开放的氛围激发了乐迷反叛性的话语和行为，乐迷在恣意享受音乐的过程中完成了自我重构——日常生活中的自己成为音乐节空间中自我的对比。乐迷完全沉浸于自我状态的身体行为，是乐迷作为创造性个体的文化表达，是能动性塑造自我、表达情感的产物。

文旅目的地为音乐扩展了边界，同时，音乐也为文旅目的地提供了新的获利方式。音乐节的举办给广州长隆景区带来了不一样的品牌形象和游客认知。在门票经济越来越弱的趋势下，音乐节与文旅目的地结合，能帮助传统型景区实现客群的迭代，吸引更多的年轻客群，延长旅游者在景区的停留时间，带动景区的二次消费，也能扭转景区淡季明显的盈收下降现状。

而景点名字在大众之间的流行称呼，就体现出草根文化强大的生命力。广州新电视塔景区俗名的建构便是很好的印证。

广州新电视塔是我国第一高的旅游观光塔，因其为广州的地标建筑，所以官方以城市命名，称之为"广州塔"。广州塔的原型是一个有着修长而苗条的身躯、美到极致的女性，其塔身头尾相当，腰身玲珑细长，柔美的风格完全契合了岭南水乡的文化气韵，因而人们平常都称它为"小蛮腰"。现在，几乎没人在口头上称它的大名"广州塔"，而是亲切地唤其为"小蛮腰"。相比而言，"小蛮腰"这个名字更形象，更接地气，使用得更为广泛。

新文化地理学着重探讨文化景观表象背后的深层文化意义。历史文化街区作为城市历史的主要承载体，是一种文化地理学意义上的文化景观类型，同时，具有建筑、文化、社会、历史多个维度的价值。位于成都的锦里古街就凭借对三国文化与川西民俗的现场化、动态化和商品化，充分满足了旅游者游览、购物和现场体验的多重需要，成为成都重要的文化景观与非物质文化遗产的有机承载。

锦里古街位于成都武侯祠大街中段，是西蜀历史上最古老、最具商业气息的街道之一，早在秦汉、三国时期便闻名全国。锦里作为成都武侯祠博物馆（三国历史遗迹区、锦里民俗区、西区）的一部分，于2004年正式对外开放。古街全长550米，现为集中展示巴蜀民风民俗和三国蜀汉文化的民俗风情街区，是成都首个以"历史文化"为主题进行综合开发的街区。

锦里古街布局严谨有序，酒吧娱乐区、四川餐饮名小吃区、府第客栈区、特色旅游工艺品展销区错落有致，浓缩了成都生活的精华，分别有茶楼、客栈、酒楼、酒吧、戏台、风味小吃、工艺品、土特产，充分展现了四川民风民俗的独特魅力。此外，古戏台将定期上演川戏的经典剧目，戏台前会定期放映坝坝电影，以特色小摊的方式举行民间艺人的展演（如糖画、捏泥人、剪纸表演、皮影表演、西洋镜等）；热闹非凡的民间小吃集市，让游人亲身体验川西古镇"赶场"的热闹场景；趣味十足的民间婚礼展示，游人可参与其中、乐在其中，而情侣甚至还可以在锦里举行婚礼仪式，体会一种独特的、传统的婚庆方式；民间音乐和戏剧表演、民俗服装秀更是长年不断，花样百出。其他诸如夜晚打更、采用花轿和滑竿等传统交通工具等多种古韵十足的特色项目，让锦里重现昔日川西古镇的生活原貌，被誉为"成都版清明上河图"。

锦里古街于2005年被评选为"全国十大城市商业步行街"之一，与北京王府井、武汉江汉路、重庆解放碑、天津和平路等老牌知名街市齐名，号称"西蜀第一街"。2006年，锦里又被文化部授予"国家文化产业示范基地"。"拜武侯，泡锦里"已成为成都旅游最具号召力的响亮口号之一。锦里形成了成都民俗旅游休闲文化的一个知名品牌。

身份认同是新文化地理学的重要研究对象之一。文化与旅游的关系起源于旅游者个体或民族和国家集体追求身份认同。旅游是一种获得对地方或世界的自我认识的方式，而文化能够让旅游具备身份识别的意义，并且逐渐演变成旅游者的身份符号。现代游客追求文化旅游体验的时候其实是在寻找某种身份认同。例如，文化遗产旅游地的旅游者在某种程度上是去寻找他们自己的根，寻找遗产地与自己的联系。对于旅游者而言，旅游是为了全面认识世界从而发现自我，而旅游体验和旅游过程中想象与践行的方式是旅游者自我构建的基础，更是在寻找个人与更大的社会群体之间的联系的身份。

然而，文化旅游的蓬勃发展不可避免地导致文化的真实性丧失。文化旅游的融合发展涉及旅游者、文化旅游企业、地方政府、目的地居民，以及专家学者、社会媒体等众多的利益相关者。由于身份角色与认同差异，故各利益相关者对文化旅游有着不尽相同的利益诉求，直接或间接影响着文化旅游融合发展的方向。而在旅游发展新常态背景之下，公众具有高度的表达欲望，越来越多的人习惯在微博、微信和旅游攻略网站等新媒体渠道自由发表其对文旅目的地和文旅产品的评价。

因此，文化和旅游的融合需要倾听社会自下而上的声音，协调好各利益相关者之间的关系。各利益相关者也要相互理解各自身份角色的需求，同时也要认同文化的创造性，通过文化与旅游的互动发展，增强文化自信，以满足人民不断增长的物质文化生活需要，真正实现文化与旅游的深度融合发展。

二、文旅融合发展——新时代背景下的视角

党的十九大报告指出："文化兴国运兴，文化强民族强。没有高度的文化自信，没有文化的繁荣兴盛，就没有中华民族伟大复兴。"① 要坚持中国特色社会主义文化发展道路，激发全民族文化创新创造活力，建设社会主义文化强国。这是在新的历史起点上，以习近平同志为核心的党中央对社会主义文化建设做出的重大战略部署。

新时代背景下文旅融合的趋势，一是文化的繁荣无止境、旅游的发展无"穷期"；二是文旅融合是规律使然。作为永生产业，这个产业大势向好、喜中有忧。改革开放40多年，中国旅游经过40余年的发展，已经走到了瓶颈，没有强有力的IP（知识产权）体系，没有全世界的广泛认知，中国的旅游很难走向世界。旅游古往今来有之，同中国改革开放相伴而生，随社会经济发展而荣，又在吃、住、行、游、购、娱当中放射性地发展。2009年，《国务院关于加快发展旅游业的意见》（国发〔2009〕41号）把旅游业定位为战略性的支柱产业和人民群众更加满意的现代服务业。这样一个定位，旅游产业从国家社会形态、经济形态的转型当中得到了前所未有的发展。②

中国从旅游资源大国走向旅游大国，目前正在迈进旅游强国。中国用30～40年的时间，赶上发达国家旅游产业100多年的历程，成为目前世界

---

① 习近平：《决胜全面建成小康社会 夺取新时代中国特色社会主义伟大胜利——在中国共产党第十九次全国代表大会上的报告》，转引自蔡利民《文化兴国运兴，文化强民族强》，载《光明日报》2018年6月7日第2版，见http：//epaper.gmw.cn/gmrb/html/2018-06/07/nw.D110000gmrb_20180607_1-02.htm。

② 参见《国务院关于加快发展旅游业的意见》国发〔2009〕41号，转引自石培华《国发〔2009〕41号文件解读之一：国务院关于加快发展旅游业的意见的重要突破和里程碑意义》，中国旅游研究院网，2010年4月21日，见http：//www.ctaweb.org/html/2010-4/2010-4-21-8-40-41842.html。

上最大的国内旅游市场和旅游出境国，一直站在世界旅游产业的第一梯队。"十三五"时期，文化产业规模不断扩大，文化产业增加值占GDP（国内生产总值）比重由2015年3.97%提高到2018年的4.3%。然而，这个数据在美国却是20%。在文化输出方面，中国的占比是落后于国家经济排位的。《2017—2022年中国文化创意市场发展前景预测及投资战略研究报告》指出，2017年全球文化创意产业的市场份额，美国占43%，欧洲占34%，亚洲、南太平洋国家占19%（其中，日本占10%，韩国占5%），中国和其他国家及地区仅占4%。差距巨大，但同时也为文化融合旅游发展提供了可能，因为旅游是我国文化输出最稳定的渠道。

文旅融合可为文化找到具有时代意义的推广渠道，增加消费市场，同时也为旅游产业找到了内容生产的源头，使旅游更具生命活力和可持续性。新时代背景下，旅游经过40余年的发展，在融合之路上率先打通了内容生产，中后端需要文化、旅游企业进行产业布局与衍生产品生产，形成良好的闭环。

习近平总书记在党的十九大报告中明确提出，"中国特色社会主义进入新时代"，为我国发展指出了新的历史方位。进入"新时代"，标志着我国社会的主要矛盾发生了变化，已经由人民日益增长的物质文化需要和落后社会生产之间的矛盾，转化为人民日益增长的美好生活需要和不平衡不充分的发展之间的矛盾。文化和旅游是推动高质量发展、创造高品质生活的重要领域，都是为了满足人民对新时代美好生活的需要。文化与旅游相生共兴、相辅相成，文旅融合发展是贯彻落实习近平同志关于"绿水青山就是金山银山"理念、"生态优先、绿色发展"方针的有效方式和途径。

我国是拥有5000多年历史的文明古国，又是充满发展活力的东方大国，旅游资源得天独厚，自然和人文景观异彩纷呈。以习近平同志为核心的党中央，在中国特色社会主义进入新时代的关键时刻，组建文化和旅游部，是从国家顶层设计上将"读万卷书"和"行万里路"有机融合，以满足人民对新时代美好生活的需要，这为文化事业、文化与旅游产业发展带来重大机遇，对于推进文化与旅游领域治理体系和治理能力现代化，推动文化事业、文化与旅游产业融合发展，提高国家文化软实力和中华文化影响力，具有重要现实意义与深远历史意义。

进入新时代，旅游与文化的深化融合将加速国内旅游特别是都市休闲和乡村旅游的发展，旅游活动更趋于日常化、休闲化和品质化。常态化的旅游、文化与休闲活动将成为未来较长一段时间内提升国民（尤其是青少年）的综合素养、传承红色基因、增强文化自信的主要方式。

目前，我国文旅产业的发展体量和市场规模已走在世界前列，但从产业发展质量和整体效益上看，仍处于发展初期。加快推进文化和旅游的深度融合需要解决以下三个主要问题。

（一）文化内涵挖掘的深度不够

我国拥有丰富的文化旅游资源，据不完全统计，可供观光的旅游景区有1万余处，而已开发并具有接待国内外游客能力的景区仅有1800余处，文化旅游资源数量众多的优势尚未得到充分发挥。同时，很多旅游景区的悠久历史文化尚未得到很好的彰显，景区特色定位不够准确、清晰，一些地方忽略了优秀文化在旅游产业发展中的核心地位，在优秀传统文化的创造性转化、创新性发展上存在短板，缺少满足人民日益增长的文化需求的个性化产品。

（二）文化旅游配套基础设施不够完善，不同地区存在较大差距

文化旅游基础设施，不仅涵盖传统意义上的旅游交通业、餐饮酒店业，也包括融入新技术的旅游信息化基础设施等。我国基础设施建设方面还存在很多问题，尤其在一些经济欠发达地区，由于缺乏相应的配套设施，故文化与旅游产业发展受到很大的限制，东部特大城市群和中西部大城市等基础设施完善的地方仍是主要的旅游目的地。

（三）产业发展资金不足，投融资渠道单一

发掘文化与旅游产业价值，要以文化为底蕴，以历史文物景观及文化活动观光服务为核心，这一过程需要大量的资金投入。我国目前文化旅游发展的主要资金来自政府投入，民营资本介入很少，融资渠道较为单一，在一定程度上制约了文化与旅游产业的长远发展。

近年来，传统的中国文旅业发生了很多变化，涌现出了旅游综合体、特色小镇等全新的概念，投资规模、表现形式和产业布局也有了很大的变化。新时代文旅产业的开发重点已从景区投资、大体量重资产转向更好地挖掘开发文化、思想、科学、技术、艺术等对文旅业具有促进作用的隐形

资产。由此,推动新时代文化和旅游深度融合发展,必须始终坚持习近平新时代中国特色社会主义思想,以人民为中心,以美好生活为新动力,重点解决人民对美好文化旅游生活的追求同文化与旅游产业发展不平衡、不充分的矛盾。尤其需要加大政策扶持力度,充分发挥统筹协调作用,以优质文化旅游为导向,围绕提供优秀文化产品与服务、优质旅游产品和服务这一中心环节,把新发展理念贯穿文化与旅游发展的各个方面,用文化的理念发展旅游,用旅游的方式传播文化,让文化、艺术、时尚、科技和绿色引领旅游走进新时代,丰富融合发展新形式,做到宜融则融、能融尽融,进一步增加文化和旅游的有效供给,提升文化与旅游的整体实力和竞争力,让旅游者、企业与社区居民在旅游发展中有更多切实的获得感。

第五章 岭南文化与旅游产业融合发展的互动机制

按照文化地理学的文化生态理解，岭南文化有其自身内部的规律和秩序，正是这些文化规律和秩序使其具有自身特征及内部的同质性。只有尊重岭南文化延续与发展的规律（也就是文化生态），才能维持其生态平衡。新时代背景下，岭南文化与旅游产业融合发展也要顺应其文化生态，结合实际发展情况，宜融则融、能融尽融，岭南文化与旅游产业融合既要尊重文化又要考虑市场需求。

由上可知，文化与旅游产业具有天然的耦合性和共同的现实需求基础，故此，近20年来，文化与旅游产业的融合发展一直是国内外相关学者的重要研究内容之一，研究成果涵盖文化与旅游产业的融合基础、内涵、动因、路径、模式、水平、效应和业态等多个方面。[①] 结合前人研究成果，从互动机制视角出发，在进行理论梳理与产业实践调研的基础上，深入探讨岭南文化与旅游产业融合发展的动力机制、运行机制、创新机制和融合模式。

第一节 岭南文化与旅游产业融合发展的动力机制

产业的融合发展离不开内外部各种因素的直接或间接促进作用，文旅融合发展亦是如此。在岭南文化与旅游产业相互交叉、相互渗透，逐步形

[①] 参见周春波《文化产业与旅游产业融合动力：理论与实证》，载《企业经济》2018年第37卷第8期，第146—151页。

成新的产品形式或新产业的动态过程中①，内外部众多力量发挥了重要的引导、调节、保障和整合等作用。基于对岭南文化与旅游产业融合发展过程的系统梳理，从政府引导力、市场调节力、融合保障力和环境整合力四个方面阐述岭南文化与旅游产业融合发展的重要动力，构建岭南文化与旅游产业融合发展的动力机制（见图5-1）。

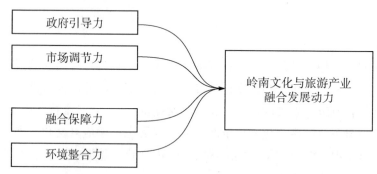

图5-1　岭南文化与旅游产业融合发展的动力机制

一、政府引导力

近年来，国家对发展文化与旅游产业都加大了政策支持力度，出台了一系列发展意见、规划。作为岭南文化与旅游的中心地区，广东省积极响应国家号召，在国家相关文化与旅游产业政策方针的指导下，结合广东省内具体实际情况，制定了一系列文化与旅游产业发展的相关政策，极大地引导和促进了广东省文化与旅游产业及双方之间的融合发展。

2009年8月，文化部和国家旅游局联合发布了《关于促进文化与旅游结合发展的指导意见》，其中特别提到，"文化是旅游的灵魂，旅游是文化的重要载体"，指出："加强文化和旅游的深度结合，有助于推进文化体制改革，加快文化产业发展，促进旅游产业转型升级，满足人民群众的消费需求；有助于推动中华文化遗产的传承保护，扩大中华文化的影响，提升国家软实力，促进社会和谐发展。"同时，提出了推进文化与旅游结合发展的十项措施，要求"各地要从构建社会主义和谐社会的高度，以'树形

---

① 参见赵磊《旅游产业与文化产业融合发展研究》，安徽大学硕士学位论文，2012年。

象、提品质、增效益'为目标,采取积极措施加强文化与旅游结合,切实推动社会主义文化大发展大繁荣"。①

2015年6月,原广东省文化厅、原广东省旅游局、中国人民银行广州分行印发《关于促进文化旅游融合发展的实施意见》,以改革创新、差异化发展和合理保护为指导原则,提出了六项基本任务,包括试点探索创建文化旅游示范区(镇、村),积极推动文化旅游产品多样化,提升旅游纪念品的创意和设计服务,努力打造高品质的旅游演艺产品,建立和完善文化信息的传播渠道,探索金融支持文化旅游融合发展新模式,等等,切实推进文化与旅游融合发展,促进广东文化强省和旅游强省建设。

2018年3月,根据《国务院机构改革和职能转变方案》,不再保留文化部、国家旅游局,新组建文化和旅游部。在国家政策层面上,文化与旅游真正实现了互通互融,这是国内文化与旅游产业融合发展的重要节点。

2018年10月,根据《广东省机构改革方案》,广东省文化和旅游厅正式挂牌成立,不再保留省文化厅、省旅游局,这也正式标志着广东省作为岭南地区的中心省份走在了文化与旅游融合的前沿。

根据上述几次重要文旅融合的政策实施文件与国家机制体制改革的梳理,在国家与地方政府层面,为文化与旅游产业融合发展提供了政策性指导和支持。

二、市场调节力

市场是配置资源的最佳方式,也是实现文化与旅游产业融合发展的重要动力。通过进一步细分,市场调节力又可以分为需求拉动力与供给推动力。当前,中国特色社会主义进入新时代,我国社会主要矛盾已经转化为人民日益增长的美好生活需要和不平衡不充分的发展之间的矛盾,而文化旅游正是人民群众对美好生活的向往,文化旅游的需求进一步扩大,同时,为了解决人民群众的迫切需要,市场供给进一步加大,二者共同推动了文化旅游的深度融合与繁荣发展。

---

① 参见文化部、国家旅游局《文化部、国家旅游局关于促进文化与旅游结合发展的指导意见》文市发〔2009〕34号,转引自蔡武《中国文化年鉴2010》,新华出版社2011年版,第134页。

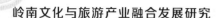

（一）需求拉动力

文化产业有着巨大的经济效益和社会效益，是21世纪全球最有前途的产业之一。而以文化为依托的旅游产业，作为新兴文化产业的重要组成部分，通过从无到有的发展，现已成长为最重要的第三产业之一。

同时，随着近几年我国经济的高速发展，人民生活水平的逐渐提高，人们可随意支配的收入和闲暇时间不断增多，生活观念和生活方式也发生了巨大变化。这些现象作用于旅游，直接导致了人们旅游动机的增强和旅游需求的提高。旅游的初级形式——静态的观光旅游已经不能满足人们日益变化的旅游需求，即产生越来越追求个性化、多样化、主题化、体验性旅游产品的消费心理。正是这种不断变化的旅游心理和市场需求，形成了旅游产业创新发展的原动力。① 因此，文化与旅游产业融合正是为了适应人们日益提高的文化旅游需求而产生的经济现象，人们对文化旅游需求的不断提高是推动两大产业融合的重要原因。

（二）供给推动力

如上所述，随着经济社会发展，消费者对于文化旅游产品和服务的需求结构也随之演进。为了契合市场需求，文化旅游企业依托产业关联特性，横向延伸产品服务的规模经济化链条，纵向整合文化与旅游产业链上的供应和服务部门，以供给高度细分的异质性商品与体验。在多元化消费偏好导向和范围经济驱使下，文化与文化旅游企业会识别产业价值链上的价值环节，并依据功能属性与内在联系对其进行解构、截取与重构，进而创新性地形成置换型、分拆型、拼接型、组合型价值链，实现两大产业的融合发展。②

与此同时，旅游供给侧改革也是一股重要的推动力量，在政府与市场的共同努力下，优化旅游供给体系，完善产业结构、产品结构，努力实现由旅游供给不足向供需基本平衡转变。抓住新的旅游投资与供给，让人、

---

① 参见辛欣《文化产业与旅游产业融合研究：机理、路径与模式——以开封为例》，河南大学硕士学位论文，2013年。
② 参见周春波《文化与旅游产业融合动力机制与协同效应》，载《社会科学家》2018年第2期，第99—103页。

财、物等不同形态的要素能够流动起来。

总而言之,消费升级需求导向下的文化与旅游产业链逐渐呈现出形态分化、功能置换与整合交融的演进特征,进而衍生出文化旅游新业态,进一步促进文化与旅游产业的深度融合。

三、融合保障力

融合保障力可以分为内部保障与外部保障。内部保障,主要是指文化旅游企业的最终目标是追求更高的经济利益;外部保障,是指文化与旅游产业的产业关联与市场地位。

企业作为文化与旅游产业融合的主体,对经济利益的追求是驱使其进行融合的内部原因。文化与旅游产业的融合,旅游因为文化的注入提升了旅游资源品位和内涵,扩大了旅游产品的数量和种类,从而增加了旅游收入,并促进了旅游产业的发展;文化与旅游产业的融合,使旅游成为文化发展的载体,旅游产业的介入扩大了文化产业的市场空间,通过强化文化内容的表现形式和艺术手法,将文化产品转化为文化商品,有效地实现了文化产业的价值增值。同时,文化与旅游产业融合能够产生范围经济并降低交易成本,这构成了两大产业对产业融合的狂热追求。

文化与旅游产业的产业地位和市场关联是二者能够融合的重要外部保障。文化与旅游产业作为21世纪的"朝阳产业",同属于国民经济当中具有重要地位的第三产业,而且基于二者的要素特征和活动表现,又都可以将其视为综合性产业。文化与旅游产业之所以能够融合,是因为二者之间存在融合前提:一是由于二者在产业之间(资源、市场和技术)存在一定关联,具有较强的产业关联性;二是由于具有产业融合的市场契合点,即产业由独立发展走向融合发展;三是二者现有业态及其融合后的新业态都能满足文化市场和旅游市场的消费需求。因此,这是两大产业融合的重要基础保障。

四、环境整合力

环境整合力,主要包括市场化改革和政府规制两个相互交织的层面。第一层面,市场化改革能破除产品与要素市场的垄断,达到中介和法制体系的完善。① 由此可知,市场化改革通过保障文化旅游市场的过程竞争性与要素流动性,也能推进文化与旅游产业的资源融合与市场融合。第二层面,政府依据产业现状建立的涵盖法律规制、公共服务供给、政策引导等的职能体系,可以增强文化与旅游产业的竞争力。②

综上所述,一方面,市场化改革创造更好的文旅融合大环境;另一方面,政府创新性地运用公共资源配置、市场准入规范、信贷扶持、政策配套等监管方式,也有利于文化与旅游市场经营创新,促进文化与旅游产业融合。进而论之,在文化与旅游产业市场化进程中,协同施展政府的多维调控与治理能力,有助于优化文化与旅游产业从边界模糊到要素多尺度融合的业态生成过程③,市场与政府协同构筑文化与旅游融合发展的有利环境。

第二节 岭南文化与旅游产业融合发展的运行机制

从不同的角度分析产业融合问题,会有不同的理解,文化与旅游产业融合发展亦是如此。关于岭南文化与旅游产业融合发展的运行机制,从原因与过程来看,二者融合是逐步从技术融合到产品和业务融合,再到市场融合,最后达到产业融合的实现过程,具体运行机制见图5-2。

一、技术融合

20世纪90年代以来,产业融合成为全球产业发展的浪潮,其重要原因就在于各个领域发生的技术创新和技术扩散。伴随着通信与信息技术的

---

① 参见王彩萍、徐红罡、张萍《市场化改革、政府干预与区域旅游业发展:从宏观视角来解读困境》,载《旅游学刊》2015年第3期,第44—52页。
② 参见郭宗海《我国旅游产业发展中政府的职能》,载《社会科学家》2010年第12期,第92—95页。
③ 参见周春波《文化与旅游产业融合动力机制与协同效应》,载《社会科学家》2018年第2期,第99—103页。

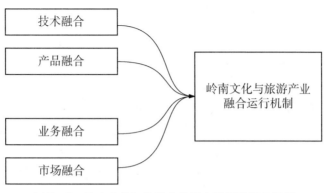

图5-2 岭南文化与旅游产业融合发展的运行机制

日益成熟和完善,各种新技术被广泛应用,再加上技术本身的扩散和溢出效应,催化了技术融合的发生。这种技术扩散与创新引发的技术融合,是产业融合的基础和重要内容。

对于文化与旅游产业来说,二者向消费市场提供的是精神愉悦体验性产品,科学技术因素在文化旅游产品的开发中不起决定性的作用,更主要的是一种推动,是文化与旅游产业融合发展运行机制中的重要一环。换句话说,技术创新和技术融合不是文化与旅游产业融合的内在原因,而是二者相互融合的重要催化剂。

《中国文化旅游发展报告2017》指出,随着大众旅游的兴起和全域旅游的大力推进,人们对旅游品质的需求不断提高,文化旅游日受青睐。越来越多的人走出家门,去体验不同地方丰富多样的特色文化,去追寻悠久历史所留下的沧桑痕迹。如果说以历史文化资源为依托的旅游开发是文旅产业的1.0版本,那么现阶段的文化旅游则是以科技、资本和创意为驱动的文旅2.0版本。

现阶段,知识经济已成为经济发展的重要力量,知识的更新与进步推动了技术创新步伐的不断加快,加速了新技术传播的速度,并且显著扩大了技术应用的范围,加深了技术融合的程度。具体到文化与旅游产业,它们对技术的变革有天然的适应性和吸收性,它们能够充分地享受信息技术的创新与进步带来的利益,同时,交通技术、视听技术和其他技术的发展也使文化与旅游产业的融合发展更加具备条件。比如,交通技术的进步突破了地域的限制,偏远地区旅游产品的开发能够引入发达地区的文化成果；视听技术的进步，为旅游产品中文化元素的注入提供了便利。

伴随着新媒体、自媒体技术的高速发展，"互联网+文化+旅游"已经成为不可阻挡的潮流趋势。2018年7月，第17届中国互联网大会在北京国家会议中心举行，大会的主题是"融合发展　协同共治——新时代新征程　新动能"，大会举办了中国互联网企业独角兽论坛、互联网金融论坛、新锐互联网企业家年会、"一带一路"互联网企业家论坛等20多场特色主题论坛。其中，文化和旅游论坛在"诗"和"远方"正式"联姻"后，首次亮相互联网大会，引发行业内外广泛关注。文化与旅游的碰撞在技术力量的驱动下，不仅衍生出大众全新的旅游模式，更是形成"诗"和"远方"的新风尚。

在以科技、资本和创意为驱动的文旅2.0版本时代，梳理岭南文化与旅游产业融合发展历程可知，技术的融合为文化与旅游的发展注入了强大的动力。互联网文化旅游、智慧旅游、数字文化旅游、大型实景旅游演艺、主题公园、主题酒店、历史文化名村名镇、数字博物馆等技术融合型文化旅游产品已逐渐成为岭南地区文化与旅游产业融合发展的重要载体和展示平台。

总之，技术的创新和进步为岭南乃至全国文化与旅游产业的融合发展搭建了一个平台，是二者融合发展的重要催化剂。

二、产品融合

产品层面的融合是文化与旅游产业融合的标志。利用文化资源和旅游发展元素开发出来的具有特色的旅游文化产品是两大产业融合形成的标志物。文化与旅游产业融合较为重要的环节是实现两个产业产出的融合，即产品融合。旅游产业产品具有非实物性，无法被人直接感知。旅游产业融合发展中，产品维度的融合正是利用了旅游产品的这个特点。旅游产品的非实物性使旅游产品具有了较强的可叠加性。旅游服务可以与有形的农业产品、工业产品等进行叠加，使旅游产品功能在实物载体上得到呈现；旅游服务也可以与其他服务产品进行组合，实现功能的丰富和扩展。文化与旅游产业进行融合化发展，融合后产生的新产品拥有更高的附加值、更综合的功能和价值，能适应市场上多样化、高度化的需求，也更具有生命力。

第五章 岭南文化与旅游产业融合发展的互动机制

产业融合的最终目的是开发出融合型产品,并推向市场,以满足新的市场需求。从这层意义上讲,融合型产品的出现是多个产业完成融合的标志。民俗节庆、文物古迹、文学戏剧等文化资源是进行旅游开发的重要资源依托,也构成了文化与旅游产业融合发展的基础。通过对这些文化资源的整合利用,开发出特色旅游文化产品,能够吸引游客,获得经济效益,同时也能够使历史文物古迹、民间艺术、民俗风情、传统技术等文化资源得以保护和延续,实现旅游开发与文化保护的双赢效果。这类富含文化元素与旅游开发要素的特色旅游文化产品,是文化与旅游产业融合形成的标志物。

具体来说,岭南地区文化与旅游产品的融合丰富了旅游产业的内涵和外延,主要表现在以下三个方面。

(一) 增加新的旅游地和旅游产品,丰富旅游者的旅游体验

深受市场喜爱且广泛传播的文化产品可以凭借其优秀的文化内容,通过不同的产业融合模式,开发出多元化的新景点类型。例如,创意生产基地旅游、相关文化创意主题的主题公园和展览、创意化旅游景区,带给旅游者全新的多元化旅游体验;为旅游和影视拍摄而创建的影视主题公园,呈现给旅游者一个人工虚拟的梦幻世界,使旅游者获得一种脱离现实的感官体验,原来没有旅游功能的人工或自然存在之物经特定技术建造和模拟而成的新旅游景点,带给旅游者于现实的场景中追寻剧情人物足迹、重温影视文化故事的体验。

以深圳华强方特文化科技股份有限公司为例,华强方特在"方特欢乐世界"和"方特梦幻王国"两个自有品牌主题乐园的基础上,开始在全国逐步打造"美丽中国·文化产业示范园"项目,该项目以中国文化为核心,包含"华夏历史文明传承主题园""复兴之路爱国主义教育基地""明日中国主题园"三大主题园区。美丽中国项目将集中展现博大精深的中华传统文化精华,弘扬中国人追求国家独立和民族富强、共圆民族伟大复兴之梦的时代精神,描绘一幅明日中国的美丽画卷,形成回顾中华民族过去、展示中华民族今天、宣示中华民族明天的美丽中国三部曲。凭借"文化+科技+旅游"的理念与根基,华强方特主题乐园综合运用激光多媒体、立体特效、微缩实景、真人秀等高新科技,以参与、体验、互动的创新展示方式给予中国故事更为多元和绚烂的表现手段。

(二) 改造和提升传统的旅游景点,深化旅游产品的内容

传统的旅游景点多是将原生态的自然景观资源或人文古迹加以修缮和保护并予以静态的展示,缺少吸引游客的文化内涵或互动参与的活动项目,利用现代技术将文化创意作品中的元素渗透进旅游资源中,把传统的旅游景点改造为富有文化创意内涵的旅游景点,将会丰富旅游产品的内容、增加吸引力,为传统的旅游景点带来新的生命力。

以传统博物馆改造为例,葛洪博物馆新馆位于广东省惠州市博罗县罗浮山朱明洞景区,总建筑面积3000多平方米。2016年9月4日,中国科学院院士陈竺,世界卫生组织驻华代表施贺德,诺贝尔奖获得者阿龙·切哈诺沃、克雷格·梅洛、马丁·查尔菲等专家为葛洪博物馆揭牌,牌匾由诺贝尔生理学或医学奖获得者屠呦呦亲笔题字。与传统博物馆不同,新馆主要以葛洪文化、罗浮山中医药文化为基础,以动画、VR(虚拟现实)、4D电影等声光电技术手段和300余件历史文物展示葛洪夫妇生平事迹、著作及其对医学的贡献,以实物或体验的方式将葛洪养生文化呈现在广大游客面前,让游客亲身体验,为科普中医文化知识提供平台,并用手绘的方式充分展示葛洪中医药文化。

(三) 文化旅游产品的融合,提升文化创意旅游纪念产品的内涵

文化创意产业的衍生产品,是指根据文化创意作品,除了核心产品以外的所有带有其特定文化创意元素的产品。旅游纪念产品是代表旅游目的地或景点特色的最直接的物质载体,是旅游消费中非常重要的一环,不但能激发旅游者的旅游热情,而且带给旅游目的地或景点更多的收益,因此,旅游纪念品实质上也是旅游景点的衍生产品。通过产业融合,使旅游产业和文化创意产业的核心产品相互融合为文化创意旅游产品后,两者的衍生产品也就实现了融合[①]。

2017年年底,在原广东省文化厅的指导下,广东省博物馆等9家全国首批文化文物单位文化创意产品开发试点单位联合发起组建了广东文创联盟。广东文创联盟由博物馆、图书馆、美术馆、文化馆等文化文物单位及

---

① 参见赵磊《旅游产业与文化产业融合发展研究》,安徽大学硕士学位论文,2012年。

社会相关机构、文化企业等 80 多家单位组成，集文创产品开发研究、设计、生产、销售、投融资于一体，迈出了文创开发工作创新性探索的第一步，也为广东文化旅游纪念品的开发涂上了浓墨重彩的一笔。

2018 年，在广东省文化和旅游厅等有关部门的大力支持下，广东文创联盟致力打造具有国际影响力的广东文创品牌，已与广州白云机场、广东新华发行集团等达成了资源优势互补合作协议，通过推进文创产品进机场、进书店、进景区，积极推动中华优秀文化传承、传播和发展。中外旅客经过号称"世界级巨无霸枢纽"的广州白云机场 T2 航站楼时，将有机会在"广东省博物馆体验馆"感受一次传统文化的魅力，体验一次全新的文化服务，并将文化带上旅程，带回家中。博物馆体验馆开放运营后，除了集中展示广东文创联盟部分成员单位的文创产品，还将引进广彩、广绣、端砚、石湾陶塑等部分广东优秀非物质文化遗产（以下简称"非遗"）项目，并通过不定期举办非遗项目现场展演及观众互动体验，以期更好地宣传推广岭南优秀的物质与非物质传统文化。

三、业务融合

业务融合的主体是企业与组织，自然而然也涵盖了组织融合，而技术融合、产品融合和市场融合，则是企业对产业融合的最终执行和实施。文化与旅游产业融合的直接结果便是导致大量企业或行业的出现，比如文化会展业、创意产业、动漫业、影视业等（见图 5-3）。

上述企业在业务和组织上的突出特点即融合了两大产业的特点且利用同一的运作平台，这种融合形式直接导致了企业组织内部结构的创新，使组织结构开始由纵向一体化向横向一体化、混合一体化与虚拟一体化转变。①

因此，正是企业层面的不断融合使产业边界模糊或消失，并通过市场融合改变传统的市场结构，使其发生更为复杂的变化。在这个过程中，有的企业结成联盟、加大合作，有的企业破产倒闭、合并重组。按照哈佛学

---

① 参见张海燕、王忠云《旅游产业与文化产业融合发展研究》，载《资源开发与市场》2010 年第 4 期，第 322—326 页。

岭南文化与旅游产业融合发展研究

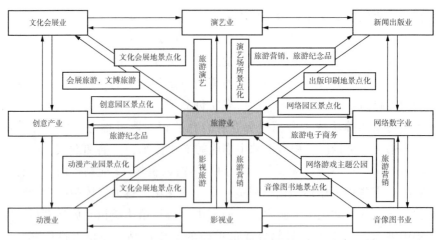

图 5-3 文化与旅游产业融合

（资料来源：参见辛欣《文化产业与旅游产业融合研究：机理、路径与模式——以开封为例》，河南大学硕士学位论文，2013 年）

派的产业组织理论，按照 SCP[①] 框架（"三分法"）对产业融合的分析，可以发现组织融合主要体现在产业融合对市场结构、市场行为、市场绩效这三个方面的影响和改变。融合的生产力必然带来融合的生产方式，新的组织形式也在这样的过程中演化而成。

这里的组织并不仅仅只是支撑两大产业运转的文化旅游企业和文化企业，还包括其他相关行业的企业力量。企业是市场经济的主体，技术融合、产品融合和市场融合最终都是在企业层面得以执行和实施，企业是产业融合产生和发展的载体。文化与旅游产业的融合发展，离不开大量从事文化与旅游产业、文物博物业、文化会展业、动漫业等业务的企业，它们的业务经营融合了两个产业的特点，它们的运作平台承载了新型融合产业的业务经营，是两大产业融合发展的市场载体。

进一步分析，企业间的竞争与合作不但是组织融合的重要力量，更是文化与旅游产业融合的重要动因。由于企业的本能是追求经济效益的最大化，而最大化的经济效益来源于市场和消费者的满意度。因此，企业在进行技术创新和产品研发时，需要不断地思考如何更好地满足消费者的需

---

① SCP（structure-conduct-performance），即从市场结构（market structure）、市场行为（market conduct）、市场绩效（market performance）来对某行业进行分析的工具。

要,只有这样,才能在不断变化的市场环境中谋求持续的竞争优势。文化与旅游产业融合是企业在激烈的竞争中互动发展的结果,企业之间改变了传统的竞争和行业观念,"竞合"和"跨界"的思想应运而生,形成了相互渗透、相互融合的关系。企业所有的行为都源自消费者的需求,所以说,如前所述,消费者文化旅游需求的提高是两大产业融合的重要原因,但没有企业为这些新需求所做的努力,深度融合也就无从谈起。

旅游产业融合发展的过程中的产业环境、市场环境、组织环境均发生着巨大的变化,这些变化对旅游组织的影响尤为深刻。文化旅游企业在充分考虑市场的供求条件和自身与其他企业关系的基础上,必须在产业融合的过程中对企业的战略选择和经营模式进行调整,采取新的竞合战略。许多文化旅游企业都围绕着产业融合的核心内容进行开放式经营,借助外界技术革新和政策条件的支持同别的企业建立开放合作的企业间关系。①

作为岭南文化和旅游的中心地区,广东省文化旅游企业走在了全国前列。2018年,广东省正式成立粤港澳大湾区文化创意产业促进会(简称"促进会"),广东省委宣传部、中央政府驻香港联络办公室广东部、中央政府驻澳门联络办公室广东部、香港特区政府驻粤办有关领导,以及来自粤港澳文化创意产业界的100多位产业领袖、权威专家、商界翘楚齐聚羊城创意产业园,共同探讨粤港澳大湾区文化与旅游产业的融合发展。截至2018年12月,广东省粤港澳大湾区文化创意产业促进会分会会员已达10134家,未来,促进会将联合粤港澳大湾区40多家最具影响力和实力的文化创意园区、文化创意企业、大型旅游集团,进一步整合大湾区文化创意产业资源和行业力量,加强文化产业示范基地、文创园区、文化旅游企业之间的合作,以切实的举措推动岭南地区和粤港澳大湾区文化与旅游产业健康发展。

(一)组建多元化旅游集团

旅游组织在经过扩张发展之后往往成为具有较强实力的大型旅游集团。为了适应产业融合的发展态势,多元化旅游集团将是旅游组织的发展趋势之一。例如,成都文旅集团的业务范围涵盖历史文化街区开发、古镇

---

① 参见尹华光、姚云贵、熊隆友《旅游产业与文化产业融合发展研究》,中国书籍出版社2017年版,第121页。

开发、主题乐园开发、综合旅游度假区开发、大型体育场馆运营、旅游网站运营、节庆展会运营、文化演艺、旅游纪念品开发等业务,开展多元化经营,"发展大旅游、形成大产业、组建大集团"的多元化旅游集团形象已基本成型。广东长隆集团作为中国旅游行业的龙头集团企业,在其发展过程中,业务范围逐步涵盖主题文化公园、主题豪华酒店、商务会展、娱乐休闲、历史文化街区开发、古镇开发、旅游网站运营、节庆展会运营、文化演艺、旅游纪念品开发等,开展多元化经营,"发展大旅游、形成大产业、组建大集团"的多元化旅游集团形象已基本成型。

(二)构建协作的企业战略联盟

在产业融合的背景下,市场竞争日趋激烈,如果一个企业不能处理好与其他企业的竞争合作关系,那么这个企业可能会停滞不前甚至会衰落。旅游产业融合涉及两个或多个产业,构建联盟已成为融合中的相关组织进入对方市场的重要方式,并成为组织快速成长的主要战略方式之一。

其实,构建企业战略联盟的实例不胜枚举。2018年12月,在国家大力提倡文化旅游与全域旅游发展的旅游产业发展新时代,"六祖故里"广东云浮新兴的8家旅游企业正式签订战略联盟,成立"大岭南文旅产业品牌联盟",并肩作战,抱团发展。"大岭南文旅产业品牌联盟"由新兴鼎盛文化产业投资有限公司作为发起单位,与新兴县8家知名旅游企业、云浮外地企业签订联盟,包括广东省新州六祖惠能文化研究会、禅泉度假酒店、广东翔顺酒店管理有限公司、广东天露山旅游度假区、龙山温泉酒店、荣熙假日酒店有限公司、新兴金水台温泉酒店、新兴悦天下温泉酒店、香港珠江旅游、肇庆街坊公众号、江门佰街旅游等旅游企业参与签约,这些企业抱团宣传,产品打包,分享信息,共同将新兴的资源与外界连通,扩大云浮的影响,助力广东乃至整个岭南地区文化旅游和全域旅游事业的发展。

因此,业务融合下企业和组织的融合与企业的竞争和合作行为也是两大产业融合的重要力量。

四、市场融合

市场层面的融合是在技术融合、产品融合和组织融合的推动下,文化与旅游产业突破各自的产业边界,旅游产业市场和文化产业市场出现交叉与渗透的融合现象,是较高层面的融合。产业的市场化运作、资本运营、品牌整合与培育、市场营销的创新是市场层面融合的主要表现。在文化与旅游产业的市场融合中,营销方式交叉渗透,文化产业中的文化传播渠道及新型的网络传递方式大量应用到旅游产业中,促使旅游产品的销售模式发生很大的改变,旅游消费方式的介入也使得文化产品的消费方式发生改变;市场运作方式的整合,将区域的旅游产品与文化产品统一在一个拥有较高市场知名度的品牌下,能够在很大程度上提高产品的知名度和竞争力,推动文化与旅游产业健康持续发展。

市场化进程使得企业从市场出发再回到市场,在此过程中,通过资源、技术及产品和业务的渗透延伸来形成融合发展的业态是市场融合的主要力量。市场竞争的日益激烈导致各地旅游产业发展形成具有相当规模并发展成熟的旅游目的地。各相关产业和企业纷纷将竞争领域转战到各个细分市场,通过瞄准旅游市场寻找发展契机便成为企业增强自身核心竞争力的重要举措,由此发展形成的商务旅游、公务旅游和会展旅游等形式,便是文化产业以具体细分市场为融合路径,与旅游产业融合发展的文化旅游业态。

这种市场层面的融合为两大产业的融合发展及旅游文化产业的形成与发展提供了巨大的市场推动力。[①]

第三节　岭南文化与旅游产业融合发展的创新机制

产业融合的本质在于创新,文化旅游融合创新包括两个方面的内容:一是对旅游地文化本身的创新,即文化内涵自身的不断丰富、扩展、创新;二是旅游地文化内涵的外化创新。旅游地文化创新是文化自身的变化和发展,文化内涵的外化创新通常是指其产品形式(主要是产品组合)的

---

① 参见辛欣《文化产业与旅游产业融合研究:机理、路径与模式——以开封为例》,河南大学硕士学位论文,2013年。

创新,这两方面相互作用、相互影响,共同促进文化旅游的发展。①

文化与旅游产业创新机制,是指为实现创新,文化、旅游产业构成要素相互融合,并在一定时空和形态范围内构成不同层次的稳定的结构模式。这其中,文化与旅游产业创新的成功发展应包括宏观层面的系统化发展、中观层面的规模化发展和微观层面的要素化发展,上述三个层次研究涉及文化与旅游产业创新构成要素、系统功能与运行机制这三个最为重要与关键的研究内容。②

据上所述,经过梳理可知,岭南文化与旅游产业融合发展的创新机制主要包括融合理念创新、组织管理创新、融合要素创新与融合业态创新四个方面,具体可见图5-4。

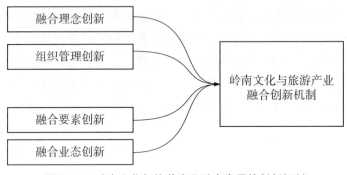

图5-4 岭南文化与旅游产业融合发展的创新机制

一、融合理念创新

从内容结构上看,文化旅游是文化和旅游两方面,文化与旅游产业融合发展的创新机制当中,融合理念创新应当占据首位。根据前述文化旅游融合创新的内容可知,文化创新是文化旅游融合创新的核心环节,文化创新的性质和本质决定了文化旅游融合创新具有区别于其他创新形式的

---

① 参见宋振春、纪晓君、吕璐颖等《文化旅游创新体系的结构与性质研究》,载《旅游学刊》2012年第2期,第80—87页。

② 参见杨春宇《文化旅游产业创新系统理论研究——多理论视角下的研究进程、评述及展望》,载《技术经济与管理研究》2018年第2期,第105—108页。

特性。

　　首先，文化创新是基石和源头。文化旅游融合创新虽然涉及产品和技术创新的层面，但它主要以文化创新为基石和源头。旅游地文化是吸引旅游者的核心要素，旅游产品的开发也是以文化为核心的文化与服务要素的结合。文化因素的变化，自然会导致文化旅游产品整体的改变。所以说，没有旅游地文化的创新与发展，就没有文化旅游产品的出现。当然，服务要素（如服务组织、服务技术等的创新）也可以形成新的文化旅游产品，但如果服务要素没有文化因素的支撑，文化旅游产品的创新就容易成为无本之木和无源之水，丧失活力。从总体上说，文化旅游融合创新更多地依赖于文化的发展和创新，具有非技术创新的特性。

　　其次，文化旅游融合创新的社会性和公共性。文化在一般意义上讲，可以理解为社会的生活方式，因此，文化旅游涵盖了范围广大的活动，其中包括历史旅游、民族旅游、艺术旅游、博物馆旅游等。[1] 这些活动依赖于各类资源，也涉及经济与社会生活的各个领域和各个层面，因此，文化旅游融合创新必须体现社会性、文化性、公共性，才能确保经济、社会、生态利益均衡目标的实现。

　　再次，文化旅游融合创新是一种社会形态的创新。文化体现着社会人群的价值观念，文化的特性影响着社会的形态。因此，文化创新必定表现为与之相匹配的社会形态的创新，两者互为表里。实现文化旅游融合创新，不仅需要技术创新的辅助，而且更强调社会协作过程，需要系统整体地考虑，将各利益相关者和协作参与者紧密结合并进行职责和功能定位。所以说，文化旅游融合创新与发展的过程，也是社会形态重构与创新的过程。同时，社会形态的变化对文化旅游融合创新有着很强的反作用，相关社会形态的创新或改善是推动文化旅游融合创新的重要动力。

　　最后，创新与参与性、体验性的一致性。在文化旅游活动中，旅游者作为旅游主体，借助旅游中介等外部条件，通过对信仰、精神、知识、艺术、语言、风俗、习惯、历史、传说等旅游客体的某一类或几类旅游资源的观察、鉴赏、体验和感悟，而得到一种文化享受，体验旅游活动中的文

---

[1] 参见［加］鲍勃·麦克切尔、［澳］希拉里·迪克罗斯《文化旅游与文化遗产管理》，朱路平译，南开大学出版社2006年版，第6页。

化内涵。① 文化旅游融合创新的目的是更好地适应旅游者的需要，所以，文化旅游融合创新应体现旅游者的参与性、体验性。但旅游者又不是完全被动的因素，在参与和体验的同时，会对旅游地文化的发展变化产生影响。从某种意义上说，文化旅游融合创新也是旅游者参与和体验的结果。②

二、组织管理创新

对岭南文化旅游融合创新能力的提升来说，如何使创新体系符合文化旅游融合创新的性质要求至关重要。文化旅游融合创新体系存在于一定的社会环境之中，是一种客观存在，有自身的运行逻辑，但适宜的管理对于改善体系的效率还是非常必要的。在文化旅游所涉及的内容中，如文化遗产、文化节庆、景区景点、文化服务等各个方面的管理都有一些创新的研究和尝试，提出了许多具体的经营管理模式，甚至是国家文化遗产管理的体制模式等。虽然这些探索对改善文化旅游管理有非常重要的作用，但从提高岭南文化旅游融合创新体系效率的要求来看，还必须从宏观管理方面采取有针对性的措施。

首先，树立科学的文化旅游融合创新理念。对于文化旅游融合创新，要有总体观念，要与社会全面发展结合起来。因此，文化旅游融合创新要与社会系统发展水平相适应，与社会文化和经济发展水平协调一致。从旅游与发展的"全面发展的分析框架"③来看，文化旅游融合创新是社会创新的子系统，要注意社会文化和经济领域成果对文化旅游融合创新的支撑作用，以文化创新与发展作为文化旅游融合创新的基础和前提。只有在社会文化繁荣发展的基础上，文化旅游融合创新才有不竭的动力。要注意文化旅游融合创新的社会文化效益，坚持文化旅游发展的社会性、文化性及公共性。因此，要从思想观念上重视文化旅游融合创新的复合性，严格区分文化创新和文化旅游产品创新两种构成内容的不同性质，并注意两者的平衡与协调。

---

① 参见任冠文《文化旅游相关概念辨析》，载《旅游论坛》2009 年第 2 期，第 159—162 页。
② 参见宋振春、纪晓君、吕璐颖等《文化旅游创新体系的结构与性质研究》，载《旅游学刊》2012 年第 2 期，第 80—87 页。
③ 白廷斌、Geoffrey Wall：《旅游与发展：一个分析框架的形成与演变》，载《旅游学刊》2010 年第 4 期，第 13—19 页。

第五章 岭南文化与旅游产业融合发展的互动机制

其次，建立适宜的文化旅游融合创新管理体制。长期以来，我国理论界对于文化旅游管理体制（如遗产旅游）等问题的探讨陷入了市场化体制和公共管理体制的对立中。实际上，从文化旅游融合创新体系特征来看，文化旅游融合创新本来就包括文化价值和市场价值两个方面的内容，因此，文化旅游融合创新管理应兼顾两个方面的需要，探索建立适应社会文化创新和文化旅游资源产品化的复合管理体制，并在文化旅游发展实践中根据不同的对象采取适当的政策。在中国的现实条件下，政府可以对文化旅游融合创新采取必要的管理措施。大致来说，对于文化创新活动，应本着促进社会文化发展的原则，给予充分的支持与鼓励；对于文化旅游产品创新活动，应尊重市场经济规律，放松管制，并提供必要的服务；而对于文化创新与旅游产品创新的整合，相关政府部门应起到有效的协调作用（见图5-5）。

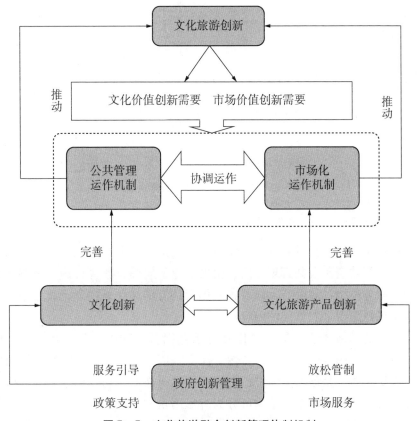

图5-5 文化旅游融合创新管理体制机制

（资料来源：参见宋振春、纪晓君、吕璐颖等《文化旅游创新体系的结构与性质研究》，载《旅游学刊》2012年第2期，第80—87页）

三、融合要素创新

基于对文化旅游融合创新体系实践形态的考察和对文化旅游融合创新性质的认识,从文化旅游融合创新体系运行过程和机制来分析,其基本框架主要由两大部分构成,即参与创新的主体及创新主体相互作用的网络体系(见图5-6)。

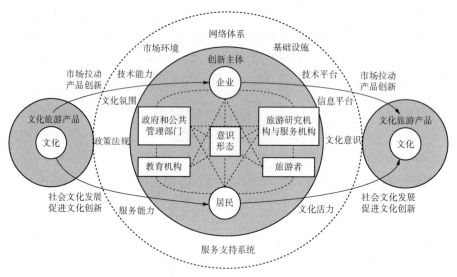

图5-6 文化旅游融合创新体系结构

(资料来源:参见宋振春、纪晓君、吕璐颖等《文化旅游创新体系的结构与性质研究》,载《旅游学刊》2012年第2期,第80—87页)

创新主体,是指具有社会实体结构、直接承担创新功能的实体性创新要素,包括政府和公共管理部门、相关企业、居民、教育机构、旅游研究机构与服务机构、旅游者,以及各主体所持有的文化旅游理论、思路、价值观等思想意识形态方面的内容。

创新的网络体系,是指文化旅游融合创新活动中的各种行为相互作用,以及所处的政治、经济、自然、社会等诸方面环境因素相互交织而形成的有机整体,是创新主体进行创新活动和面临的一切外部条件的网络性功能综合体。网络体系的结构可分为有形因素和无形因素。有形因素,是指具有社会实体结构、支持创新活动而不具有直接创新功能的实体性创新要素,诸如围绕信息、知识、资金、人才、技术等有效流动所必需的社会基础设施、技术支持平台、图书资料、信息平台、仪器设备及其他服务系统。无形因素，不具有社会实体结构，是无形存在的支持创新活动而不具有直接创新功能的非实体性环境要素，诸如市场环境、文化氛围、文化活力、政策法规、创新投入、文化意识、技术能力、服务能力等。创新主体与网络体系中的各种因素互相作用，能够形成不同的功能结构和体系，共同影响整个创新体系的效率。

四、融合业态创新

综合前人的研究成果，文化旅游业态可以总结为文化与旅游行（企）业以创新为主要手段，为满足不同的文化旅游消费需求而进行的相应要素组合所形成的不同经营形态的综合体。文化旅游业态创新是文化与旅游产业应对不断增长的大众化、多元化消费需求及日益激烈的市场竞争的必然结果。

从文化旅游业态的内涵中可以看出，文化旅游业态的概念本身就包含着创新的理念和思想。根据"创新理论"鼻祖熊彼特（Joseph Alois Schumpeter）关于创新的定义，文化旅游业态创新是把一种从没有过的关于生产要素的新组合引入文化与旅游产业生产体系中，以提高资源配置效率和获得超额利润的过程。这种新组合包括新产品的开发、新市场的开拓、新生产要素的发现、新的生产经营过程的引入和新组织形式的实施。

文化旅游业态创新是在传统旅游产业六大要素的基础上，以旅游产品、经营方式和产业组织形式的创新为主线，重新组合资源和要素，引入新技术、推出新产品、开辟新市场的过程。文化旅游业态创新意味着把原来单一、粗放型的低端业态转变重组为复合、集约型的高端业态。文化旅游业态创新可为岭南文化与旅游产业的发展注入新的活力，促进岭南文化与旅游产业的深度融合。

与此同时，岭南文化与旅游产业融合发展离不开文化旅游业态创新体系的构成要素。文化旅游业态创新体系的构成要素，是指参与、影响文化旅游业态创新活动的要素主体，通过不同方式对文化旅游业态创新体系的运行产生作用。[①]

---

① 参见苏甦《旅游业态创新体系构成要素及动力机制探析》，载《时代金融》2012年第15期，第210、216页。

(一) 文化旅游企业创新

在文化旅游业态创新体系中，唯有文化旅游企业是以满足旅游市场需求为根本目的的。文化旅游企业是文化旅游业态创新的决策主体、投入主体、实施主体、受益主体和承担风险主体，因而也是业态创新中最活跃的要素。文化旅游企业的创新理念、创新能力直接决定了文化旅游业态创新体系的创新绩效。

(二) 大学与研究机构创新

大学和科研机构是创新的知识库，它们是从事科学研究、知识创新、技术开发及传播知识的主体，在文化旅游业态创新体系中扮演着重要的角色。作为专业的研究机构，他们有着一整套严谨、科学的方法和对国内外旅游业发展趋势的深刻认识，他们对于引领旅游行业的发展和提高旅游新产品开发的成功率起着重要作用。

(三) 文化旅游消费者创新

文化旅游消费者不仅仅是文化旅游业态创新成果的使用者，也是文化旅游业态创新思想的信息来源，在文化旅游消费者与文化旅游企业的交互过程中，他们可以帮助企业发现市场机会，形成创意。与此同时，文化旅游消费者的价值维度、需求特征也是推动文化旅游企业进行业态创新的重要动力源，因此，文化旅游消费者也是文化旅游业态创新活动重要的影响力量。

(四) 中介组织创新

创新是一个多主体参与、相互作用的复杂过程。文化旅游企业在创新过程中，会遇到自身难以解决的问题，需要社会化的技术与经济服务体系为其提供支持和帮助，这就离不开专门从事中介服务的中介机构。中介服务组织对于提高各要素之间的协作能力和效率起着重要作用。

(五) 政府创新

市场在激励创新方面具有自我组织、自我加强的作用，但市场并非总能有效地配置资源以激励文化旅游业态创新，这就需要政府从整个区域的角度，制定相关创新政策来协调体系内的文化旅游业态创新活动，引导文

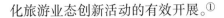

化旅游业态创新活动的有效开展。①

第四节　岭南文化与旅游产业融合模式

《辞海》中对"模式"的解释是：可以作为范本、模本的式样。人们的认识从具象实物模型向抽象理论模型发展和变化，与此相适应，各种管理制度和社会结构的存在形式，都可以称之为模型或者模式。模式可以看作"系统内部或系统之间各相关要素之间的组合方式以及运作流程的范式"。模式主要包含三个要素：目标、功能及机制。通常来讲，产业融合模式就是"产业针对特定对象进行的具有某种特色的融合方式和融合特点的概括性描述"。

对于文化与旅游产业来说，由于文化与旅游产业融合的类型多样，且产业运作过程繁杂不一，因此，文化与旅游产业融合的发展模式也不尽相同。本节主要从产业融合与发展融合两个不同的角度对岭南文化与旅游产业的融合模式进行分析。

一、产业融合角度

如前所述，与产业融合的本质相同，文化与旅游产业融合是一个动态的复杂过程，并且其实现要受到很多因素的影响和制约。因此，可以从供需主体之间的相互作用、组织实施的不同主体和不同组织方式等角度，对岭南文化与旅游产业融合的发展模式进行归类总结。

根据岭南文化与旅游产业的核心价值特征、融合互动方式和融合程度大小，从产品、服务过程、市场等不同角度，将两大产业融合的发展模式分为产业互动融合模式、产业重组融合模式、产业延伸融合模式、产业渗透融合模式等（见图5-7）。

---

① 参见苏甡《旅游业态创新体系构成要素及动力机制探析》，载《时代金融》2012年第15期，第210、216页。

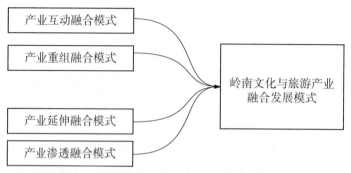

图5-7 岭南文化与旅游产业融合发展模式

（一）产业互动融合模式

产业互动融合模式，是指"文化与旅游产业在一定空间范围内，通过产业规划的一体化、发展的一体化、产品的一体化、服务设施的一体化、市场的一体化和管理的一体化等手段，实现产业你中有我、我中有你的一体化融合发展"①。

目前，实现文化与旅游产业互动发展模式的主要代表性样本是建设文化旅游融合发展示范区。

以广东省为例，2015年，广东省政府出台《广东省人民政府关于促进旅游业改革发展的实施意见》（粤府函〔2015〕351号），提出优化省内旅游布局，加快形成功能结构完善、区域优势互补、资源要素聚集的发展格局；鼓励省内文化特色突出、旅游产业化程度高、发展基础好的地区，以建设文化与旅游产业园、文化旅游特色区为抓手，提高文化与旅游产业规模经济效益。2015年5月，经广东省政府同意，原广东省文化厅会同原广东省旅游局、中国人民银行广州分行，联合印发《关于促进文化旅游融合发展的实施意见》（粤文市〔2015〕76号），提出"试点探索创建文化旅游示范区（镇、村）""积极推动文化旅游产品多样化""提升旅游纪念品的创意和设计服务"等六项措施，对推动文化旅游融合发展起到了重要作用。2015年10月，原广东省文化厅与原广东省旅游局联合制定《广东省文化旅游融合发展示范区创建办法（试行）》（粤文市〔2015〕171号），

---

① 辛欣：《文化产业与旅游产业融合研究：机理、路径与模式——以开封为例》，河南大学硕士学位论文，2013年。

具体部署和指导各地市开展文化旅游融合发展示范区的创建工作,通过示范区的创建,带动、引领全省文化与旅游产业提质增效,实现转型升级。

2016年,在各单位自愿申报的基础上,经各地市文化、旅游部门联合推荐,原广东省文化厅会同原广东省旅游局联合组织专家评审、公示,潮州市"潮州古城文化旅游特色区"、韶关市南雄"珠玑古巷·梅关古道"、梅州市"百侯名镇旅游区"、云浮市"六祖故里旅游度假区"等8个旅游区被认定为首批"广东省文化旅游融合发展示范区"。2018年,广东省文化和旅游厅主办的2018年全省文化系统文化产业工作会议在珠海举办,会议公布了第二批共6个"广东省文化旅游融合发展示范区",分别为广州市沙湾古镇、深圳市甘坑客家小镇、珠海市海泉湾度假区、汕头市前美古村侨文化旅游区、汕尾市陆河世外梅园和梅州市曼佗山庄。

文化旅游融合发展示范区是资源、技术、市场、功能、业务在地理空间上的集聚形成的具有鲜明特色的功能区域,它通过培育扶持和催生壮大具有自主创新能力和核心竞争力的大型文化企业集团,来充分发挥集聚效应和孵化功能,从而为提高岭南文化产业整体发展水平注入强大的动力。因此,文化旅游融合发展示范区是文化与旅游产业互动融合发展的最佳载体。

(二) 产业重组融合模式

产业重组融合模式,是指"发生在具有紧密关联的不同产业之间,使得原本各自独立的产品或服务在某一共同利益的刺激下,通过重新组合的方式融为一体的整合过程"[①]。

文化与旅游产业的重组融合是实现区域文化与旅游产业融合发展的首要路径,具体而言有两种实现方式:一是文化旅游在内容上的融合,这是文化旅游重组融合的初级形式;二是文化与旅游产业在商业模式上的融合,这是文化与旅游产业融合的高级内容。产业重组式融合最突出的表现就是通过节庆和会展两大产业活动的重组方式来实现两者的融合,主要借助于各种节庆展会设施平台吸引大量人流、物流与信息流,从而带活举办地的旅游经济。

---

① 辛欣:《文化产业与旅游产业融合研究:机理、路径与模式——以开封为例》,河南大学硕士学位论文,2013年。

由此可见，在产业重组融合这一模式下，依托节庆展会作为平台，将文化与旅游两大产业的资源、产业活动进行重组与整合，打造各种文化创意体验旅游活动或项目，并创造全新的文化与旅游产业形态，从而通过有效地销售和传播文化旅游产品，提升举办地的旅游形象，推动两大产业的快速、健康和可持续发展。

（三）产业延伸融合模式

产业延伸融合模式，是指"在存在产业功能互补的产业之间通过延伸的方式实现产业之间的融合"[1]。通过延伸式融合，原有产业能够被赋予新的附加功能和更多的市场竞争力，以此形成新的融合型产业体系。因此，产业延伸模式融合要求人们将目光投向文化与旅游产业所能覆盖的范围之内，还要尽可能多地向对方产业部门延伸拓展，以丰富文化与旅游产业的内涵，扩大文化与旅游产业的市场供给水平。因此，在实现文化与旅游产业更好地发展的路径选择上，可以根据文化与旅游产业的产业特殊性，不断寻求文化与旅游产业间的延伸融合发展。

这类发展模式是通过产业延伸的方式来实现两大产业的延伸融合，主要是文化创意产业将其产业价值链延伸到旅游产业，凭借文化创意产品的强大吸引力重新建造出不同文化创意主题的公园，以专门从旅游效益中获得经济收益为主要经营方式，这是文化创意产业与旅游产业融合的最佳方式。

纵观岭南文化产业延伸趋势，如前所述，岭南文化大体分为广东文化、桂系文化和海南文化三大版块，以三大版块为核心，经过长期发展，形成了众多文化产业，而文化作为一种旅游吸引物，在市场的促进作用下，文化产业逐步延伸至旅游产业，从而形成了独具地方特色的广东文化与旅游产业、桂系文化与旅游产业、海南文化与旅游产业，并有望成为地方重要的经济增长点和支柱性产业。

（四）产业渗透融合模式

产业渗透融合模式，是指"文化与旅游产业相互向对方渗透融合从而

---

[1] 辛欣：《文化产业与旅游产业融合研究：机理、路径与模式——以开封为例》，河南大学硕士学位论文，2013年。

形成新的产业形态的发展模式"①。根据渗透的方向性，可以从文化产业向旅游产业渗透融合和旅游产业向文化产业渗透融合两个角度来进行阐释。

1. 文化产业向旅游产业渗透融合模式

文化产业向旅游产业渗透融合模式，是通过文化产业向旅游产业渗透融合的方式来实现两大产业的融合，其具体表现形式即旅游演艺。这种融合发展模式已在多地获得成功，并且相对成熟。

旅游演艺是文化与旅游产业渗透融合的重要表现形式，具有拉动旅游产业升级的作用。具体来说，这种产业渗透融合模式有两种实现方式：第一，从实现方式的角度来看，主要是两大类型企业采用特定的表现手法、制作手段和虚拟现实技术，集中表现为以知名旅游景区或景点为依托，将文化元素渗透到传统旅游产品和旅游产业当中，形成你中有我、我中有你的产业融合状态，从而使原本属于本产业边界内的产业价值链活动渗透到对方的产业领域内。

文化产业向旅游产业渗透融合模式的实现具有以下特点：这类融合发展模式通常所依托的旅游景点，本身已经具有一定的旅游产业基础和旅游影响范围，但往往因盈利模式单一，对门票收入依赖过大，不利于旅游产业的可持续发展。以文化产业的介入为手段，通过与旅游产业的渗透融合，在增加众多文化创意项目的基础上，形成了全新的旅游发展模式，因此，从形式上增强了旅游景点的文化内涵和旅游吸引力，从根本上改变了旅游收入结构单一的尴尬局面，形成了多元化、多极点的旅游增长方式，彻底改变了旅游发展模式。

文化产业向旅游产业渗透融合模式给两大产业带来的变化是，文化产业因旅游内容的注入而变得生机勃勃，并可借助著名旅游景点的知名度而取得更好的市场效果；旅游产业则因文化内容的注入而变得丰富多彩，并可借助文化创意产业的传播渠道而得到广泛的推广。

2. 旅游产业向文化产业渗透融合模式

旅游产业向文化产业渗透融合模式，表现为旅游产业向文化产业逐渐渗透融合，在渗透融合中，旅游产业因占据主导地位而主动向文化产业延伸发展。这种渗透融合模式主要表现在赋予文化产业园区和文化产品生产

---

① 辛欣：《文化产业与旅游产业融合研究：机理、路径与模式——以开封为例》，河南大学硕士学位论文，2013年。

基地等以旅游功能,并以此为空间载体发展旅游产业,以两大产业功能互补为基础,从而实现两大产业的融合发展。

文化产业园区是集文化创意产业生产、学习与研发于一体的文化产业集聚区,它是文化创意产业的空间载体。文化创意产业园区的功能主要表现为文化创意产品的设计(研发)、制作、交易、衍生产品开发和人才培训等方面。

文化产业园区虽然将文化产业发展服务作为初级目标,但是,因为具有浓厚的文化气息和丰富多彩的现场表演,同时,多种多样的艺术品、工艺品生产过程随处可见,对游客产生了强烈的吸引力,所以其本身也是个特殊的旅游景点。文化产业园区基于这种特点,通过旅游产业向文化产业延伸发展,将旅游吸引力充分发挥和创造出来,进而实现旅游功能。这种融合直接带来两方面的效果:一是增加文化产业园区的经济收益,加快资金回笼;二是吸引大量游客到来,聚集人气,提升知名度和美誉度。

文化产业园区通过地域空间与旅游景点抽象渗透、交叉和重叠,以文化创意产业经济活动为特色,形成文化创意体验区,具备演示、销售、服务、体验等多种功能,将其产业活动延伸到旅游产业,拓展和增强旅游功能,以此形成了集文化创意产业研发与生产和旅游服务与体验于一体的产业渗透融合发展模式,并发挥示范效应。

在体验性经济时代背景下,旅游产业向文化产业渗透的这种融合发展模式因能满足旅游者不断变化的旅游需求而备受市场青睐,因此,出现了全国各地大量兴建文化创意产业园区的狂热现象,以期采用这种融合发展模式,形成品牌和示范效应,解决文化与旅游产业发展的瓶颈,从而促进文化与旅游产业的转型升级并向高级化产业形态发展。[①]

综上所述,上述四种文化与旅游产业融合发展模式各具特点:产业延伸融合模式因阻碍因素较小、资金要求不高而最容易实现,但是,需要以政策推动为前提和先决条件;产业互动融合模式最难实现,因为这种发展模式不仅需要政策的推动,还需要依托于良好的旅游发展基础和足够的资金及技术保障,其中,最难形成的是具有地方特色的文化与旅游产业一体化发展氛围;而产业渗透融合模式与产业重组融合模式的难易程度居于上

---

① 参见辛欣《文化产业与旅游产业融合研究:机理、路径与模式——以开封为例》,河南大学硕士学位论文,2013年。

述两者之间,但这两种融合发展模式对资金和技术的支持及管理模式的创新等方面的要求较高。

二、发展融合角度

任何事物在发展的过程中都存在与其他事物主动、被动及相互的碰触来发展自我的现象。文化与旅游产业在各自发展的过程中都有自我模式,但是,彼此融合的过程中存在着不同的发展模式。旅游产业中的旅游服务跨越文化产业之间的产业边界,从而改变、融合产业链,形成旅游新业态的过程,称为文化与旅游产业的主动融合;文化产业中的要素跨越文化与旅游产业之间的产业边界,从而改变旅游产业,形成新业态的过程,称为文化与旅游产业的被动融合;旅游产业与文化产业融合过程中,同时出现文化与旅游产业的主动融合和被动融合,称为文化与旅游产业的交互融合。文化与旅游产业的主动融合意味着旅游产业主动改变文化产业,文化与旅游产业的被动融合则体现了文化产业想要改变旅游产业的动机,文化与旅游产业的交互融合则是体现旅游产业与文化产业相互改变的过程,是二者发展的内在动力驱使。①

经过梳理可知,从发展的角度来看,岭南文化与旅游产业融合模式大致可以分为三种:文化与旅游产业主动融合模式、文化与旅游产业被动融合模式和文化与旅游产业交互融合模式,具体见图5-8。

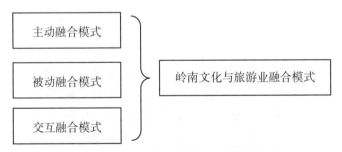

图5-8 岭南文化与旅游业融合发展模式

(一)文化与旅游产业主动融合模式

文化与旅游产业主动融合模式,是指旅游产业主动地有意改变文化产

---

① 参见朱海艳《旅游产业融合模式研究》,西北大学博士论文,2014年。

业的过程。该模式主要是指旅游产业的要素跨越旅游产业与文化产业的产业边界,基于共用的资源基础,而改变文化产业的过程(见图5-9)。

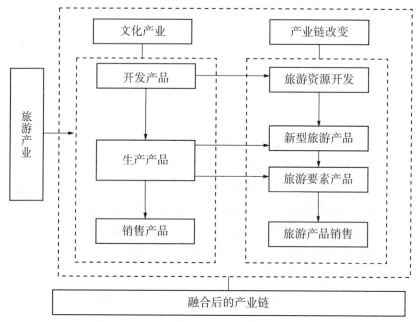

图5-9 文化与旅游产业主动融合模式

(资料来源:参见张海燕、王忠云《旅游产业与文化产业融合发展研究》,载《资源开发与市场》2010年第4期,第322—326页)

文化与旅游产业主动融合模式是旅游产业主动改变文化产业的过程,但是,这种改变过程需要依赖一种来自旅游产业、代表旅游产业特征的要素。这一要素就是促使旅游产业主动与文化产业进行融合的本质。旅游产业的无形要素主要体现为旅游服务。旅游服务跨越了旅游产业与文化产业的产业边界,并在文化产业链上得以应用和推广,从而出现了旅游产业对文化产业的主动融合。旅游服务在文化产业中的应用和扩散,还需要基于一定的应用平台,旅游服务作为一种无形要素,只有基于旅游资源这一有形要素,才能实现旅游功能的拓展。因此,文化产业需要具备能够使旅游服务得以应用和实现的平台,该平台主要表现为对游客具有吸引力的旅游资源,当旅游服务应用到该资源中就转化为旅游产品,从而实现旅游产业对文化产业链的改变。

旅游产业无形要素应用到文化产业链以后,首先产生了一种新型旅游产品,这种基于文化产业资源的旅游产品拓展了现有旅游产品的类型,同时也改变了文化产业原有产品的功能。在该新型旅游产品的基础上,逐渐衍生出旅游相关配套服务,满足游客在吃、住、行、游、娱、购等方面的需要,从而产生了组合旅游产品。随着旅游产品功能的丰富和壮大,文化产业的产业链也随之发生改变。在开发环节开始注重对旅游资源的广泛和深入开发,产品销售环节也主要以游客为主。

文化与旅游产业主动融合模式的结果最初表现为基于文化产业资源的旅游产品。随着旅游产品数量的丰富和功能的拓展,文化产业的产业链逐渐发生变化,原来的产业功能逐渐弱化,而旅游产业功能逐渐强大。文化与旅游产业主动融合的最终结果为兼具文化与旅游产业的产业链,它是一种以旅游产业链为主的新型文化旅游业态,属于大旅游产业的范畴,产业功能兼具旅游功能和文化产业功能,并以旅游功能为主。

(二) 文化与旅游产业被动融合模式

文化与旅游产业被动融合模式,是指文化产业有意或无意地改变旅游产业链的过程。此融合过程主要是文化产业的要素跨越产业边界并基于共用载体应用到旅游产业中的创新过程(见图5-10)。

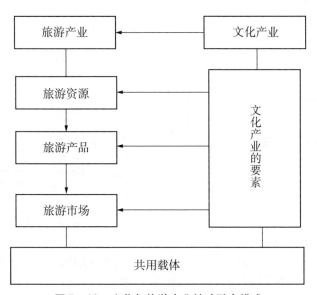

图5-10 文化与旅游产业被动融合模式

(资料来源:参见张海燕、王忠云《旅游产业与文化产业融合发展研究》,载《资源开发与市场》2010年第4期,第322—326页)

文化与旅游产业的被动融合主要表现为文化产业对旅游产业改变的过程,其融合的动力来自文化产业而非旅游产业。文化产业的某一要素通过跨越其与旅游产业的边界基于应用载体在旅游产业链得以应用和扩展,从而促使文化产业对旅游产业的带动融合。

文化产业的无形要素在旅游产业链中的应用主要带来了对旅游产品文化内涵的挖掘和提升,而旅游产业的无形要素在文化产业链中的应用则拓宽了文化产品的展示平台。总体而言,文化与旅游产业被动融合的结果主要取决于带动旅游产业进行融合的文化产业的要素特征及文化要素在旅游产业应用的具体模块。

(三) 文化与旅游产业交互融合模式

文化与旅游产业交互融合模式,是指旅游产业与文化产业相互改变产业链上的要素的过程。这一过程主要是旅游产业跨越产业边界去改变文化产业,同时,文化产业的要素也跨越其产业边界应用到旅游产业的创新过程中。文化与旅游产业交互融合是主动融合和被动融合的综合(见图5-11)。

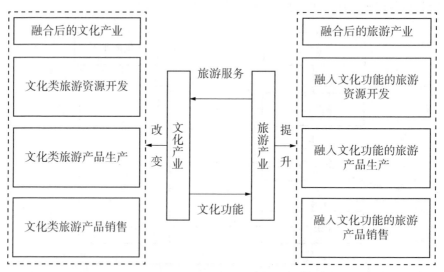

图5-11 文化与旅游产业交互融合模式

(资料来源:参见张海燕、王忠云《旅游产业与文化产业融合发展研究》,载《资源开发与市场》2010年第4期,第322—326页)

第五章　岭南文化与旅游产业融合发展的互动机制

文化与旅游产业交互融合体现了旅游产业与文化产业间相互改变的过程，二者互动融合的动力同时来自旅游产业与文化产业。尤其是旅游产业的旅游服务及文化产业的某一要素跨越旅游产业与文化产业间的边界，基于共同载体使旅游服务和该要素同时得到应用和发展，从而促进旅游产业与文化产业的互动。

旅游产业利用资源平台将旅游服务功能应用到文化产业当中，进而产生了文化旅游产品。随着该新型产品及其衍生旅游产品的丰富和发展，文化产业链的其他环节也随之发生了改变，并逐渐发展成以文化类旅游资源开发为导向、以文化类旅游产品系列生产为基础、以游客为主要产品销售对象的文旅产业链。文化产业将其文化功能应用到旅游产品当中，从而提升旅游产品的文化内涵，满足游客更高层次的文化需求。随着文化旅游市场的发展，在对旅游资源的开发上逐渐开始注重对其文化内涵的发掘和提升，其产品的销售对象不仅能满足游客观光游览的基本需求，也能满足游客寻求知识体验的高层次需求，进而丰富旅游产品的内涵。

在旅游产业与文化产业的交互融合中，旅游产业改变文化产业的创新结果，表现为文化旅游产品的生产及基于此而逐渐形成的文化与旅游产业新业态。文化产业改变旅游产业的创新结果，主要表现为：旅游产品开发上注重对其文化内涵的挖掘，旅游产品生产上注重对其文化内涵的提升，旅游产品销售上能够满足游客对文化的需求。[1]

---

[1] 参见朱海艳《旅游产业融合模式研究》，西北大学博士学位论文，2014年。

第六章 岭南文化与旅游产业融合发展的实践

第一节 旅游助力南粤古驿道文化遗产活化

活化利用南粤古驿道是积极响应落实习近平总书记"留住历史根脉,传承中华文明"①"让收藏在博物馆里的文物、陈列在广阔大地上的遗产、书写在古籍里的文字都活起来"②重要指示的具体举措。如何活化利用南粤古驿道文化遗产,旅游在其中发挥了重要的作用。

一、南粤古驿道文化概述

(一) 广东古驿道时间简史

广东古驿道主要集中在粤西北地区,起源于秦汉时期,至今已有2200多年的历史。自秦朝将岭南纳入国家版图以来,岭南地区的古驿道交通系统经历了秦汉时期的初具雏形,到唐宋时期的成熟完善,再到明清时期形成完善的古驿道网络系统。

1. 秦汉时期

秦始皇开凿灵渠前后,即公元前214年,即开通了潇贺古道、漓江—西江古驿道,在翻越五岭(大庾岭、骑田岭、都庞岭、萌渚岭、越城岭)攻打岭南时开辟了顺头岭秦汉古道、城口湘粤古道、宜乐古道、茶亭古

---

① 《留住历史根脉 传承中华文明——习近平总书记关心历史文物保护工作纪实》,新华网,2015年01月09日,见http://www.xinhuanet.com//politics/2015-01/09/c_1113939176.htm。
② 《习近平谈世界遗产》,载《人民日报》(海外版)2019年6月6日第9版,见http://paper.people.com.cn/rmrbhwb/html/2019-06/06/content_1928991.htm。

道、阳山秤架古道等；汉代以海上丝绸之路始发港徐闻港、古广信地区（封开、梧州）为核心，开通了西江古驿道、高雷古驿道；东汉时期，修建了沟通岭南和中原的重要通道西京古道（东线）等。以上这些都是岭南地区所开辟的最早的古驿道的代表。

2. 三国两晋时期

三国两晋时期，新增粤北南雄乌迳古道和梅州蕉岭松溪古道，加强了岭南地区的广东、江西、福建三省之间的联系。

3. 唐朝时期

唐朝时期，主要开通了梅关古道和潮惠上路两条古驿道，加强了粤北地区与中原及粤东、福建之间的联系。其中，梅关古道是张九龄上书唐玄宗要求修岭道，玄宗应允后，由其负责扩展梅岭古道而成。由此，梅关古道便成为南北往来的公文传递，官车、商贾及海外贡使进京的要道；潮惠上路则是通过东江接龙川，再水陆转运，接梅江、韩江到达潮州，这一古驿道加强了广州与粤东、闽赣之间的联系。

4. 宋朝时期

宋朝时期，为了加强广州与粤东、临安之间的联系，南宋绍兴二十九年（1159年），林宅主持对潮惠下路的大规模修整；绍熙年间（1190—1194年），转运使黄枪兴建多座庵驿，至此潮惠下路取代潮惠上路成为粤东地区东路的主要驿道。

5. 元朝时期

元朝时期，开通由肇庆转阳江到达雷州、海南、广西廉州的肇高雷廉（琼）路，主要是为了加强中央与粤西南的联系。开通韩江—汀江古道，加强潮州北部与福建汀州、江西兴隆等地的联系。

6. 明清时期

明清时期，新增南江口到信宜、高州驿道。至此，广东古驿道网络系统形成。

（二）南粤古驿道概念的提出

2016年，广东省人民政府开展南粤古驿道的修复保护和活化利用工作，提出"南粤古驿道"的概念。南粤古驿道，是指1913年前在广东省辖区内运用传统技艺修建的用于传递文书、运输物资、人员往来的通道，包括驿道（官道）和民间古道。南粤古驿道是由水路和陆路组成的通道网络，除通道本体外，沿途还包含附属设施（关隘、门楼、驿站、驿亭等）和水工设施（古桥、古码头）等相关历史文化遗存。迄今发现的广东省境内的古驿道及附属遗存大约 202 处。"南粤古驿道"这一概念中，"南粤"体现了空间维度，"古驿道"体现了时间维度，有利于文化辨识和记忆。

南粤古驿道是一种线性文化遗产。国际古迹遗址理事会（ICOMOS）通过的《文化线路宪章》指出，线性文化遗产是拥有特殊文化资源集合的线形或带状区域内的物质和非物质文化遗产族群。南粤古驿道将一些原本不关联的城镇或村庄串联起来，构成链状的文化遗存状态，真实再现了历史上人类活动的移动、物质和非物质文化的交流互动，并赋予自身作为重要文化遗产载体的人文意义和文化内涵。

二、南粤古驿道文化与旅游融合发展

（一）政府层面——倾力打造

1. 规划先行

2016 年，广东省人民政府启动南粤古驿道的修复保护、活化利用的工作，南粤古驿道从沉寂中再次发声，古为今用，焕发新的生机。2017 年，广东省住房和城乡建设厅组织编制《广东省南粤古驿道文化线路保护利用总体规划》，开始推动南粤古驿道线路的建设工作；设计制作南粤古驿道标识系统，编制了《古驿道交通连接线标识系统设置指引》，提升南粤古驿道与现代道路连接的安全性和便捷性；积极严格按照《南粤古驿道保护与修复指引》，采用生态施工手段，科学开展一系列古驿道修复保护工作，保护好历史遗存的真实载体和南粤古驿道沿线生态格局。

2. 南粤古驿道旅游线路推广

原广东省旅游局从旅游市场需要及旅游线路推广的角度，策划推出台山古驿道"海口埠—梅家大院"段、汕头樟林古港、香山古道珠海段、南雄梅关古道、乳源—西京古道、饶平西片古道、郁南南江古水道、从化钱岗古道八条南粤古驿道示范段，率先与旅游市场建立联系，扩大南粤古驿道旅游的知晓度。

3. 南粤古驿道旅游活动品牌打造

广东省政府推出系列旅游活动，如重点打造南北通融文化遗产线路、葛洪与中医药文化遗产线路、汤显祖岭南文化遗产线路、驿道古酒文化遗产线路、瓷器文化遗产线路、香山古道群英故里文化遗产线路、西学东渐文化遗产线路、《世界记忆》侨批和银信文化遗产线路、红色之旅文化遗产线路等特定主题的文化之旅；结合南粤古驿道沿线的旅游、文化、体育等资源，丰富旅游发展业态，推出一系列南粤古驿道文化旅游节庆活动；筹办多场南粤古驿道定向大赛、南粤古驿道体验赛事，按照国际标准逐渐将其打造成国际知名赛事，其中，南粤古驿道定向大赛与骑行、房车营地等更多的元素结合，丰富赛事形式，提升国际化水平。以上措施，皆致力于将南粤古驿道文化遗产打造成广东省响亮的文化品牌。

4. 多样的宣传推广形式

广东省政府举办南粤古驿道文化创意大赛，设计一系列旅游纪念品、乡村特色农产品包装、景观小品等；举办"艺道游学·中国南粤古驿道少儿绘画大赛"，带领各地的孩子及其家长行走南粤古驿道，深入体验和发掘南粤古驿道沿线文化；举办南粤古驿道摄影大赛，各级政府、摄影协会面向公众举办了一系列摄影、采风、征文等南粤古驿道推介活动，挖掘了更多精彩的古驿道故事；拍摄南粤古驿道相关纪录片，《西京古道》《罗浮仙境》等历史文化纪录片呈现了南粤古驿道深厚的文化底蕴。

5. 新时期南粤古驿道的符号表征

历史上，南粤古驿道是中原人入粤的民族迁徙之路、军事之路、商旅之路和文化融合之路。新时代背景下，南粤古驿道转换功能、转换角色，成为展现岭南特色历史文化的文明传承之路，户外运动、健康休闲之路，南粤古驿道沿线乡村振兴、旅游扶贫的经济富民之路；同时，开发南粤古驿道沿线红色旅游资源，使其成为红色文化学习之路；开发南粤古驿道文化资源，使其成为驿道游学的研学之路。

（二）市场层面——反馈响应

南粤古驿道在2016年再次走入世人视野，在广东省委、省政府的重视及坚定领导下，创造性地拓展南粤古驿道保护利用工作，使其成为涵盖文物保护、生态平衡、体育健康、文化旅游、经济发展乃至精准扶贫的综合性项目，以南粤古驿道保护利用工作为主线抓手，充分整合体育、农业、文化、旅游、生态等不同产业发展的资源要素，结合广东省政府一系列宣传和推广，市场层面也有一定的反馈响应。例如，2018年举办的南粤古驿道文创大赛连州站,共收集了全省17所院校的74个创意方案,包括广东外语外贸大学的《盘瑶萌狮微信表情IP设计》、广东轻工职业技术学院的《文化馆展厅设计》《连州文化馆剧场改造》等,收获市场好评。下一步,古驿道文创作品将结合市场需求,联合企业将部分优秀作品推向市场,带动当地经济发展,助推乡村振兴。

(三) 学界层面——研究贡献

2016年开始,社会各界开始关注南粤古驿道,学术界的研究贡献主要集中在南粤古驿道线性文化遗产、南粤古驿道时空演变、南粤古驿道保护与利用、南粤古驿道与体育运动、南粤古驿道与乡村旅游融合、南粤古驿道与研学旅游融合、南粤古驿道与红色旅游融合等方面。

1. 从南粤古驿道线性文化遗产角度

香嘉豪、张河清等(2018)以"一带一路"为背景,探索南粤古驿道线性文化遗产旅游开发研究。张翔(2017)基于线性文化遗产理念,通过对江门台山古驿道"海口埠—梅家大院"段的保护利用工作及实施机制进行分析,在线性文化遗产的保护方面为南粤古驿道的未来发展提供了参考。王蕾蕾(2019)采用层次分析法,构建南粤古驿道线性文化遗产的旅游价值评价体系,并从"文化基因图谱"的视角对南粤古驿道文化基因进行了初探。

2. 从南粤古驿道时空演变角度

陆琦、林广臻(2017)以南粤古驿道在唐宋时期的重要作用及重要影响为背景,分析了唐宋时期南粤古驿道的空间轴向关系,揭示了古代南粤地区发展的空间特征,再以此关系为线索,探析了南粤古驿道对州府城市的形成与发展作用,这为研究古代南粤地区发展提供了一个有益视角。郭昊羽(2017)通过对六个时期的历史剖析,呈现出今日广州市域范围内古驿道的时空演变过程,了解其在区域发展中的角色与相关文化遗产,以期使广州古驿道的特点和价值得到初步体现。

3. 从南粤古驿道保护与利用角度

马向明、杨庆东(2017)将南粤古驿道的活化利用经验运用到广东绿道的升级中:切合公众文化需求的历史文化线路——南粤古驿道的复兴,为广东绿道的升级展示了另外一个新方向,即一种8字形交织伸延的双径组合的慢行径,其新的组合布局方式更加适合绿道新功能的承载和使用者体验的多元化。王轩(2018)通过对人文景观要素现状进行分析,从设计利用出发，实现古驿道人文景观元素的活化利用。李隽（2018）发现我国历史线路构建经验虽然较为匮乏，但2016年广东开展的南粤古驿道线路建设在充分学习借鉴国际经验的基础上，创造性地提出了多元协同建设的新模式，标志着我国历史线路建设踏出了新的一步。

4. 从南粤古驿道与体育运动角度

王长在（2018）发现，南粤古驿道定向大赛具有将定向运动与古驿道文化传播相结合、实现体育资源与古驿道资源深度融合、推动定向运动的开展、为乡村体育旅游树立典范等正向社会价值，但由于该赛事举办时间不长，尚存在社会组织参与受到束缚、赛事服务方式不兼容性、发展方向有冲突等问题，因此，为南粤古驿道定向大赛的可持续开展探寻了以下措施：理顺赛事的发展方向与顺序，提升赛事的国际化水平，挖掘赛事的特色服务。王长在、柴娇（2018）通过实地考察等方法对南粤古驿道定向大赛与乡村文化旅游的融合情况进行分析，发现融合发展的过程中存在赛事和文化旅游配套不足、市场化程度不高、产业融合程度不深等问题，需要更加注重基本资源和功能融合、强化支撑层面的市场和产业价值链整合、深化品牌和文化融合的发展，以推动南粤古驿道定向大赛与乡村文化旅游的深度融合发展。吴磊、张新安（2017）运用文献资料、问卷调查和专家访谈等方法对南粤古驿道定向运动赛事的现状进行了调查与分析，结果显示：赛事品牌开始凸显；参赛者以学生、户外俱乐部会员为主，兴趣爱好和赛事优惠政策是参赛者的主要动机；同时，过分依赖政府资金和赛事配套设施严重不足是影响赛事的主要因素。对此，应制定南粤古驿道定向运动赛事可持续发展的对策。

5. 从南粤古驿道与乡村旅游融合角度

吴晓松、王珏晗和吴虑（2017）在西京古道周边地区发展现状的基础上，分析了西京古道开发利用对其周边乡村转型发展的前瞻效应、回顾效应和旁侧效应，总结了西京古道的开发利用驱动乡村转型发展的机制，为南粤古驿道沿线周边乡村把握南粤古驿道活化利用的契机，实现转型发展提供借鉴。朱雪梅（2017）结合韶关市丹霞山丰富的旅游资源背景，认为在原古道的基础上增补绿道能加强石塘村与丹霞山的联系，同时，基于文化线路理论，可将古道沿线串联的古村融入其中，更大范围地带动周边地区发展，让散落在大地上的遗产活起来、乡村富起来。陆琦、蔡宜君（2018）通过对南粤古驿道及其沿线村落文化特点的比较，特别是将村落形态、建筑风貌及构件特征作为基本要素进行对照，梳理文化线性发展融汇下的村落特征，展现多元文化兼收并蓄的独特乡村景观。肖宇、蔡穗虹、邱衍庆和张砚婷（2018）以"道""道与村""道兴村"三重递进关系为主要结构，从认识南粤古驿道入手，剖析南粤古驿道的总体情况，进一步论述南粤古驿道与乡村地区在战略上的共生关系、经济上的互补关系和空间上的联动关系。

6. 从南粤古驿道与研学旅游融合角度

邢照华（2018）认为，依托南粤古驿道可大力开展"研学游"活动，这是一个新的切入点，南粤古驿道与"研学游"之间可以"合璧""嫁接"，既能体现国家最新的青少年素质教育要求，又能促发一种混合型的新景观。

7. 从南粤古驿道与红色旅游融合角度

许瑞生（2018）基于毛泽东同志的《寻乌调查》，利用历史地图资料，结合当前遥感影像数据、道路地名信息及相关历史资料等，运用GIS（地理信息系统）技术对历史资料进行还原处理，从交通区位、经济地理与区域文化等方面，对20世纪30年代寻乌与南粤的区域历史地理关系进行研究，其研究结果对理解寻乌与南粤的区域历史地理关系及当前的区域发展规划和政策制定具有较强的指导作用，也为当前的南粤古驿道活化与开发提供了一条"《寻乌调查》红色之旅"路线。

由上可知，当前学界关于南粤古驿道的研究深度尚待加强，大多数研究把南粤古驿道与乡村旅游、体育赛事、红色旅游等结合在一起，少部分学者把南粤古驿道与时下旅游市场反响较好的研学旅游结合起来，对南粤古驿道旅游的发展和活化缺乏系统、深入的探讨。有关乡村旅游与南粤古驿道融合研究，只是简单地把南粤古驿道沿线的古村落连接起来，对古村落保护和利用缺乏更具广度和深度的考量。有关体育赛事与南粤古驿道融合研究，仅停留在基础表象，未对其背后的文化内涵进行深挖。

三、南粤古驿道文化与旅游融合之解读

（一）文化景观之解读

美国地理学家索尔在1925年发表的著作《景观的形态》中，认为文化景观是人类文化作用于自然景观的结果，主张用实际观察地面景色的方

法来研究地理特征,通过文化景观来研究文化地理。文化景观,是指居住于该区域的某种文化集团为满足其需要,利用自然环境所提供的材料,基于自然景观叠加生成自身所创造的文化产品[①]。这里包含了重要信息:一是区域(地理空间),强调文化地理区的形成;二是某种文化集团(人),而且是具有一定话语权的人;三是体现尊重自然环境;四是具有一定的主观能动性(依据需要、生成、创造)。文化景观具有时代性、继承性、空间性、区域性、民族性和功能性。

1. 南粤古驿道文化景观的时代性和继承性

南粤古驿道文化景观是特定历史时代的产物,带有创造、生产这一文化景观的不同历史时代的特点。南粤古驿道文化景观的产生在时间上存在先后顺序,并且不同历史时期所产生的南粤古驿道文化景观也不尽相同。同时,每一个时代的南粤古驿道文化景观都有其现实意义和存在价值。一方面,人类的活动具有延续性,这要求由人类活动所塑造的南粤古驿道文化景观对人类的生产生活具有长期稳定的存在价值;另一方面,虽然南粤古驿道文化景观的初始功能具有时代性,而且随着某一个时代的结束,其初始功能会发生转变或者逐渐消失,但是,可以通过挖掘南粤古驿道文化景观在新时代背景下的功能,赋予其新的价值意义,并因为这种新价值而得以承继。

(1)历史时期。南粤古驿道这一文化景观是居住于岭南区域(南粤大地)的文化集团(历朝历代统治阶层)为满足当时历史条件下的发展需要,利用南粤大地的山川河流等自然环境所提供的基础,在自然景观的基础上积极发挥人的主观能动性,开山辟路、遇水搭桥,顺应自然环境生态肌理,叠加生成自身所创造的文化,使南粤古驿道具有了文化的生命力。

(2)新时期政府层面的传承。南粤古驿道文化遗产线路这一文化景观是在新时代背景下,广东省政府为响应落实习近平总书记"让收藏在博物馆里的文物、陈列在广阔大地上的遗产、书写在古籍里的文字都活起来"[②]这一重要讲话精神,展示岭南地域文化特色,提升广东历史文化遗产在"一带一路"沿线国家和地区中的影响力,活化利用南粤古驿道,让历史

---

① 参见刘国谱《地理景观教学的基本策略》,载《地理教学》2007年第11期,第6—8页。
② 《习近平谈世界遗产》,载《人民日报》(海外版)2019年6月6日第9版,见http://paper.people.com.cn/rmrbhwb/html/2019-06/06/content_1928991.htm。

文化遗产在新时代焕发新的生机。历史上的民族迁徙之路、军事之路、商旅之路和文化融合之路，在新时代背景下具有新的表征意义，是文明传承之路、健康休闲之路、乡村振兴旅游扶贫之路、红色文化学习之路、研学之路等，人们自上而下地赋予南粤古驿道新的文化符号、新的文化意义，具有文化实践性和意义建构性。

（3）新时期旅游者层面的认知。新时代背景下，关于南粤古驿道文化景观，旅游者也有自己的认知，这是社会成员自下而上地通过社会行为、社会互动、旅游实践所建构的意义、情感、身份认同、价值等，与社会结构、社会关系、权力关系存在相互的辩证关系。旅游者自下而上地赋予南粤古驿道文化景观的意义、情感，也蕴含了对其的再认识与再定义。例如，在旅游者心目中，南粤古驿道文化景观是一种旅游吸引物，是一个旅游目的地。旅游者对南粤古驿道文化遗产景观的理解和认知达不到自上而下所定义的高度。旅游者认为，南粤古驿道文化遗产景观是广东省政府新推出的旅游景点，他们关注的是旅游的娱乐性、旅游交通的便捷性等。

2. 南粤古驿道文化景观的空间性和区域性

空间性是确定文化要素中何为文化景观的关键尺度。南粤古驿道文化景观是依附在自然环境之上的人类活动形态的再现，然而，任何自然环境都占有一定的空间，南粤古驿道文化景观所处的空间位置具有相对的稳定性。同时，南粤古驿道文化景观的存在又以区域为依托，其物质文化景观因其实体性而必定要占有特定的区域，其非物质文化景观也要以区域为载体才能显示其存在。广东省政府主要负责部门经过实地勘察，结合旅游市场的需要及广东文化发展的需要，推出8条南粤古驿道文化遗产主题线路和11条重点打造的南粤古驿道文化遗产线路。南粤古驿道文化景观是从地理空间、区域的维度结合当地历史文化，进行空间的划分，各区域的文化景观不同，因而赋予的文化内涵也不尽相同。

3. 南粤古驿道文化景观的民族性和功能性

南粤古驿道文化景观的民族性主要是由于地理环境区域差异的影响而形成的，所以与区域性紧密相连。不同族群（百越人、客家人、瑶族等）在不同的自然地理环境中形成具有自己族群风格的生产生活方式、思想价值观念，从而塑造出各种形式的族群文化景观。文化景观的文化物质实体不仅被刻写了话语与文化意义，同时在意义与符号的生产和交换中扮演着重要角色。文化景观的非物质文化实体，如价值观、意识形态等，也被赋予了话语与文化意义。

伴随着南粤古驿道的开通，南粤古驿道沿线形成了族群聚落，如客家围屋这一建筑，就体现了汉民族文化与岭南文化的融合，既保留了汉民族文化元素，也吸收了岭南文化元素，形成了新的民族文化景观。这一新的民族文化景观（客家围屋等）在新时代背景下又被赋予了新的功能、旅游意义，成为展现、传承岭南文化的载体。

南粤古驿道的驿道本体是文化景观的文化物质实体，其最初的交通运输功能、军事功能与商贸功能在新时代背景下逐渐弱化和消失，但是，新时代又赋予其新的意义与符号，其旅游功能、文化记忆功能、旅游扶贫功能进一步突显。

新时代背景下，南粤古驿道的活化与利用离不开旅游的助力，二者的融合发展取得了一定的效果。南粤古驿道文化与旅游融合发展之初，官方组织宣传的旅游活动主要集中在文化旅游品牌的塑造和文旅融合的南粤古驿道定向越野大赛之中，我们知道，通过物质产品的使用和消费，可以建构阶层身份或群体的认同。所以，现阶段，南粤古驿道文化与旅游融合的旅游产品的使用和消费主要是户外运动爱好者、古驿道文化研究者、康体旅游者，其建构的身份和群体认同的宽度不够。南粤古驿道文化旅游产品的设计及宣传推广，相较于古驿道定向越野的市场效果而言相对较弱，未吸引到大众旅游者、研学旅游者、文化旅游者等其他相关旅游群体的认同。

4. 11 条南粤古驿道文化遗产线路的具体解读

本书结合南粤古驿道相关资料，按照文化景观的特点提出 11 条南粤古驿道遗产线路。一是一路通南北，岭南始开蒙，即南北通融文化遗产线路（见图 6-1）；二是岭南，盛曲来，即汤显祖南行文化遗产线路（见图 6-2）；三是稚川移居，中医道教起源，即葛洪—中医药文化遗产线路（见图 6-3）；四是瓷芳华，大国风范，即瓷器文化遗产线路（见图 6-4）；五是一封家书，寄乡愁，即侨批和银信文化遗产线路（见图 6-5）；六是酒有一盏，不尽相同，即驿道古酒文化遗产线路（见图 6-6）；七是齐汇羊城，中西文化共繁荣，即西学东渐文化遗产线路（见图 6-7）；八是英才汇聚，开拓希冀，即香山古道群英故里文化遗产线路（见图 6-8）；九是"一带一路"海上丝绸之路远洋，即广东海上丝绸之路文化遗产线路；十是红色足迹，革命精神，即红色之旅文化线路；十一是客家精神，代代相传，即客家文化遗产线路。

图 6-1 南北通融文化遗产线路

图 6-2 汤显祖南行文化遗产线路

第六章　岭南文化与旅游产业融合发展的实践

图6-3　葛洪—中医药文化遗产线路

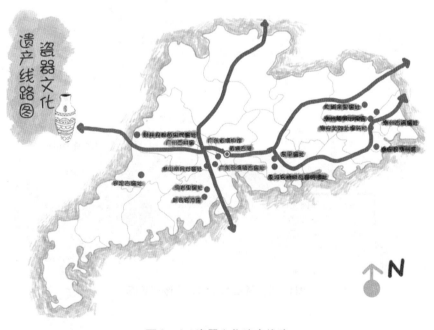

图6-4　瓷器文化遗产线路

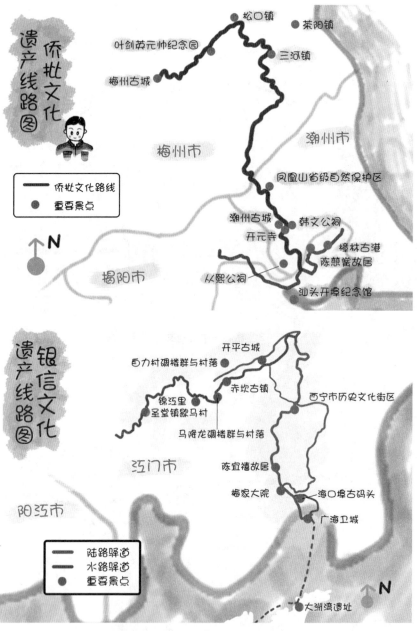

图6-5 侨批和银信文化遗产线路

第六章　岭南文化与旅游产业融合发展的实践

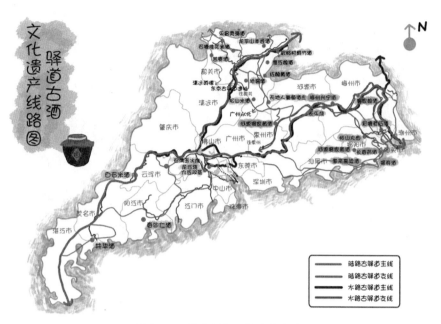

图6-6　驿道古酒文化遗产线路

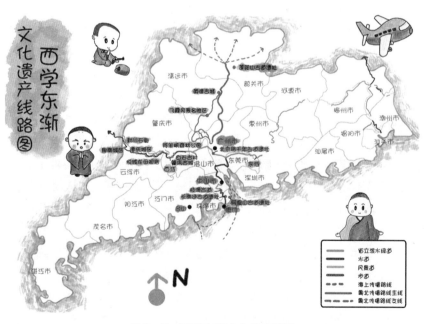

图6-7　西学东渐文化遗产线路

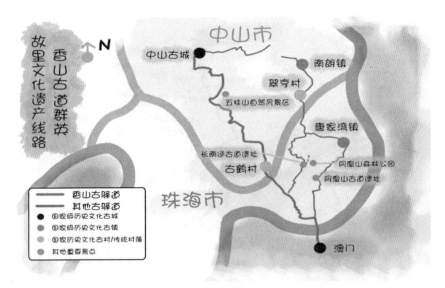

图6-8 香山古道群英故里文化遗产线路

（1）文化景观空间性。11条南粤古驿道文化遗产线路在南粤大地之上纵横交错，形成了独特的文化景观，是岭南文化景观空间性的集中体现（见图6-9）。例如：最早开通发南北通融古驿道是国家统一的要道，其开凿经历了秦汉、唐宋、明清时期，形成了稳定的空间位置（见图6-1）；汤显祖南行文化遗产线路则是从北至南，贯穿南粤大地（见图6-2），以汤显祖这一文化名人的历史足迹，串联起南粤古驿道的文化景观空间，跨度大，不同的空间性特点极为明显。

然而，11条南粤古驿道文化遗产线路是人们在新的历史条件下，根据南粤古驿道不同历史阶段及其文化作用而策划出来的打上了人文烙印的文化景观区域。南粤古驿道不再是客观的，已经成为一种人们将文化区域或地方"表征"出来的区域形式。

（2）话语权大小。对南粤古驿道文化景观具有话语权的是广东省政府，广东省政府最先发起南粤古驿道的保护与活化利用，在11条南粤古驿道文化遗产的活化利用过程中起主导作用，并将"南粤古驿道文化遗产线路，细分为11条文化主题线路"。例如，南北通融文化遗产线路是秦汉时期开辟的岭南与中原沟通的重要通道，加强了中原与岭南的交流，是广东

第六章　岭南文化与旅游产业融合发展的实践

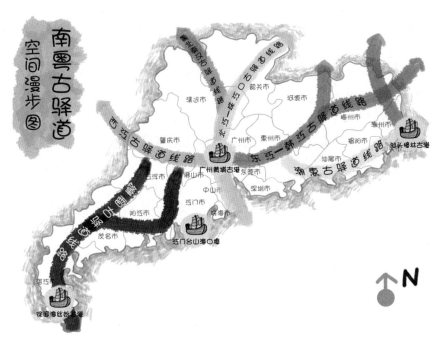

图6-9　南粤古驿道空间分布

由蛮荒之地被辟为华夏领土的"开端"。旅游者在11条南粤古驿道文化遗产线路中的话语权相对较弱，他们是11条南粤古驿道文化遗产线路文化与旅游产业融合发展的市场检验者。在自媒体发达的今天，旅游者的口碑与评价是影响其可持续发展的重要因素。当地居民在11条南粤古驿道文化遗产线路中的话语权也相对较弱，他们是11条南粤古驿道文化遗产线路文化与旅游产业融合发展的直接受益者，是古驿道旅游目的地形象的重要塑造者，理应具有话语权。

（3）尊重生态环境。尊重生态环境包含两层含义：一是自然环境，在新时代旅游背景下，在南粤古驿道文化景观与旅游产业融合的实地调研的基础上，充分地尊重古驿道沿线的自然环境，对部分古驿道的修复与保护注重科学性和专业性；二是文化生态环境，如南粤古驿道呈现南北跨越、东西贯通的特征，其沿线物质文化、非物质文化整体的价值要大于其各部分的价值之和。尊重文化生态环境就是尊重南粤古驿道各个要素的完整保护，确保现有的古驿道本体及相关遗存不受破损、不遭挤占，同时，不为了追求完整、华丽而改变文物原状，已经完全损毁的古驿道遗址，不得在原址重建。

(4) 人的主观能动性。人们给南北通融古驿道赋予了文化意义的同时，也蕴含了对它的再认识与再定义。在新的历史时期，人们充分发挥主观能动性将南粤古驿道文化与旅游产业相融合。例如，人们赋予南北通融古驿道以"一路通南北，岭南始开蒙"这一文化符号，打造4条精华旅游线路，分别是"打通南北大动脉——秦汉古道精华段""文人骚客南下之路——连州丰阳—东坡古道精华段""古代进京高速——西京古道（乐昌精华段）""文人宦游之路——乳源大桥镇古道核心环"，串联古驿道沿线旅游景点（区），举办文化旅游活动、传统节庆活动等。又如，稚川移居，中医道教起源——葛洪—中医药文化遗产线路，将道教养生文化与葛洪、中医药文化联系起来，更与时代名人屠呦呦做跨越千年的时空对话。现代人将11条南粤古驿道文化遗产线路不同的特定的文化景观的意义、价值、情感等通过文化旅游线路表征出来，使南粤古驿道的旅游活动得以实现，从而实现文化与旅游产业的融合。

(二) 地方依恋之解读

1. 南粤古驿道地方依恋的形成

地方是承载主观性的区域。段义孚在《空间与地方》中论述空间如何成为地方，空间被赋予文化意义的过程就是空间变为地方的过程。这个过程可以说是"人化"的过程，人与某个空间建立起来的联系使人建立起"地方感"。地方依恋起源于国外环境心理学，国内地方依恋研究起步较晚，首次将地方依恋引入中国的是黄向和保继刚，2006年，他们从旅游学的角度首次引入这一概念，其论文中将"place"翻译为"场所"而不是"地方"，并从游憩的角度建立了旅游地场所依恋的研究框架①，提出地方依恋是用于解释某些地方与人之间存在一种特殊依赖关系的理论工具。"地方依恋"这一概念构建了地方依赖和地方认同的结构，认为人对地方既有感情上的依赖又有功能上的依赖。

地方是依恋发生的基础，依恋是对地方有了认知以后情感的反映。古驿道散布于广东省各区域，"南粤古驿道"这一概念的提出限定了其空间，

---

① 参见黄向、保继刚《场所依赖（place attachment）：一种游憩行为现象的研究框架》，载《旅游学刊》2006年第9期，第19—24页。

这一空间又被赋予了特定的文化意义，使空间变为地方，使人建立起地方感。南粤古驿道这一地方需要人（主体）用体验到的情感和情绪去感知，进而构成特定的地方依恋，南粤古驿道具有了意义和身份。例如，南粤古驿道是连接文化的纽带，是海外侨胞家国情怀的体现。南粤古驿道的地方意义和身份在于其由内陆辐射岭南，由岭南辐射海外，再经由海外辐射内陆，是一个文化交流的文化环。南粤古驿道就像活力奔腾的大动脉，源源不断地将物流、人流、文化在其中往来输送，形成了广东多民族、多民系文化发展的轨迹；同时，彰显了海外侨胞深厚的家国情怀。南粤古驿道是连接文化的纽带，是广东宝贵的历史文化资源。南粤古驿道的出现有助于推动南北经济发展、政治交往和文化交流，纵横交错的古驿道犹如人体之血脉，南粤大地各地方社会及经济的发育端赖其输液滋养；另外，也推动了中原文化在岭南的传播，并由此走向世界。伴随着南粤古驿道的出现，岭南文化与中原文化碰撞出绚烂的火花，岭南文化与中原文化"驿"脉相承。南粤大地与中原人、本地人、海外侨胞等之间建立起了情感的联结，具有了身份认同感。

2. 南粤古驿道地方依恋的分析

本书采用 Scanell 的三维框架理论，从人、地方、心理过程三个维度进行分析。此框架理论吸纳了众多关于地方依恋概念的共性，把地方依恋所包含的诸多元素组织协调起来。[①] 本书结合研究对象，将这一框架理论消化和创新。首先，地方依恋包含对实体环境层面的机能需求，继而发出功能性的地方依赖。南粤古驿道地方依恋包含两个时期：一是历史时期，体现人们对南粤大地实体环境层面的通路、通商需求，进而出现地方依赖；二是当今时代，南粤古驿道的功能发生了转换，文化功能、文化价值、文化意义、旅游功能较为突出，进而出现符合时代背景的地方依赖。其次，地方依恋包含对心理、精神上的情感认同和归属感，进而发出情感性的地方认同。人们对南粤古驿道有心理上的认同和精神上的归属感（例如，与南粤古驿道和海上丝绸之路相连的侨批和银信文化遗产，是对家、国的念念不忘，是海外侨胞在精神上的归属），进而对地方倾注情感，所以南粤古驿道不仅仅是有形的商贸之路，更是传递情感和寄托情感之路（见图6－10）。

---

① 参见周慧玲、许春晓《旅游者"场所依恋"形成机制的逻辑思辨》，载《北京第二外国语学院学报》2009年第1期，第22—26页。

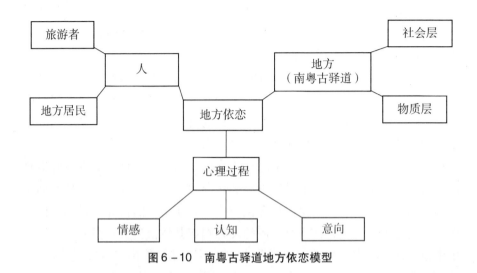

图6-10　南粤古驿道地方依恋模型

（1）人这一维度。对南粤古驿道地方依恋主体——人这一维度的研究，主要从旅游者和当地居民两个层面展开。

1）南粤古驿道沿线地方居民对它的情感联结较为深厚，同时也较为复杂，本书通过地方居民的经历和感受（这种经历和感受具有时空上的传承性与延展性）来揭示人们对南粤古驿道的联结程度。地方居民层面的依恋更能体现人与地之间的关系，是能唤起共同记忆的地方，其地方依恋更强。例如，乳源—西京古道，也叫西京路，因历史悠久堪称古京城通往岭南地区的"高速公路"，从而得名。西京古道沿途村庄密集，分布众多古桥梁、古凉亭、古村宅、古民居等。其中，乳源段保留较完整的有梯云岭段和猴子岭段，梯云岭段约2.5千米，猴子岭段约2.5千米。主要景观有古凉桥、古凉亭、观澜书院、古民居等。其中，古凉桥包括大富桥、通济桥，通济桥至今240多年；古凉亭包括"小梅关"亭、梯云亭、象兑亭、官止亭、心韩亭、乐善亭、仰止亭、寿得亭、纳凉避雨亭等。乳源—西京古道沿途的古文化遗存，是旅游、考古、科研、挖掘客家历史文化不可多得的珍贵实物资料，也是青少年爱国主义教育基地。对乳源当地居民来说，西京古道承载得更多的是地方居民的发展希望，当地居民希望利用古驿道遗存、遗迹等文化来发展旅游产业，使西京古道在当代能为地方居民带来经济效益，同时带来文化自信，并使文化得以传承与保护。新时期背景下，地方居民对南粤古驿道的地方依恋受到政府层面和旅游者层面的双重影响，地方居民的地方依恋随着其文化认同与空间复杂互动的变化而发生改变。

2）旅游者对南粤古驿道的情感联结不深且灵活，笔者通过对旅游者的旅游经历和感受（这种经历和感受更具有时代性与旅游的目的性）来揭示人们对南粤古驿道的联结程度。旅游者层面的依恋，体现在分享旅游经历、给予旅游之后的情感表达（包括正向的情感表达、负向的情感表达和中立的情感表达）、赋予地方的符号意义等，这也说明地方依恋可能以共同价值观、信仰为基础。例如，乳源—西京古道于旅游者而言，两者之间更多的联结是旅游之后的情感表达，西京古道素有"古代高速公路"的美誉，以"高速公路"这一现代词语来表达，便于引起情感上的共鸣；南雄梅关古道于旅游者而言，则是赏梅之地。旅游者对南粤古驿道地方情感的联结更多地受到政府层面的影响和旅游动机的影响。

（2）地方这一维度。南粤古驿道地方依恋客体——地方这一维度，是比较重要的一个维度，分为社会和物质两个层面的依恋。社会层面的地方依恋，主要从南粤古驿道在旅游助力下所呈现的多元化的地方意义和地方功能的变化中体现；物质层面的地方依恋，主要从南粤古驿道及其周边环境在旅游助力下影响旅游设施、旅游场所等方面体现。

1）社会层面。地方最重要的贡献或作用在于其为人或群体提供一种安全感，一种在家或有家可归的感觉，一种掌控着自己命运的感觉。① 奥特曼等认为，地方的文化意义是通过人们赋予特殊空间或地方情感意义而形成的象征关系，这种地方为个人或群体理解环境并与之建立联系提供了基础。②

在旅游高度商业化的发展逻辑下，南粤古驿道文化在旅游的助力下，地方意义趋向于多元化。南粤古驿道原始真实的地方意义在逐渐模糊，地方被打扮成特定的旅游符号被售卖。南粤古驿道文化被塑造成文化遗产主题旅游线路，各主题线路被赋予不同的文化标签。例如，汤显祖岭南行文化遗产线路贯穿南粤大地，经过多个地方，每一地方的文化意义因历史的不同，而被再次细化和定义标签；汤显祖初次踏上岭南之地所经过的"梅关—乌迳古道"精华段，被人们赋予"远谪伊始，缘结岭南"的文化意

---

① Steele F. *The Sense of Place*. Boston: CBI Publishing Company Inc., 1981, p.7.
② Altman I, Low S M. *Place Attachment*. Philadelphia: Plenum, 1992, p.87.

义,这些地方如此运作的意义是便于在旅游市场层面宣传与推广。

南粤古驿道穿越时空,在当今社会发展环境下,特定的地方功能发生了转换。尤其是 2016 年以来,旅游介入南粤古驿道文化的生产和再生产,使南粤古驿道的文化基因在新时代背景下呈现新的作用。南粤古驿道最原始的基本功能已逐渐衰退甚至消失,但其旅游功能、康体功能、休闲功能却在与旅游的融合过程中,逐渐凸显并成为主导。例如,古驿道的信息传递功能转变为旅游功能、定向越野康体功能,文化信息的传播之路转变为旅游发展带动乡村振兴之路,人文活动(传统节庆等)趋向于旅游化和舞台表演化,传统文化基因逐渐弱化,并呈现出新的基因表现形式,这是南粤古驿道为了适应社会环境变化而产生的变异。这既是生物体繁衍的基本规律,也是南粤古驿道文化演变发展的内在反应。

2)物质层面。主要从南粤古驿道及其周边环境在旅游助力下影响旅游设施、旅游场所等方面研究。《南粤古驿道保护与修复指引》规定,要在对南粤古驿道沿线所有历史文化遗存保存现状进行全面调查和价值评估的基础上,对南粤古驿道及与其遗产价值关联的自然和人文景观构成的环境统一进行保护,保护好历史遗存的真实载体和南粤古驿道沿线的生态格局。确保现在的南粤古驿道及相关遗产,不遭受破损、不遭到挤占压,不允许为了追求完整、华丽而改变文物原状。已经完全损毁的,不得在原址重建。[①] 南粤古驿道旅游开发严格遵守指引的规定,旅游设施增加及旅游场所的划定与修建的空间较小。

(3)心理过程这一维度。从南粤古驿道地方依恋的心理过程这一维度来看,它联结了地方依恋的主体(地方居民和旅游者)和客体(地方),主要从情感、认知和意向三个方面分析发展南粤古驿道旅游对地方依恋主体内心感受的影响。南粤古驿道地方依恋的心理过程着重强调主体(地方居民和旅游者)要以对南粤古驿道的情感为基础,建构和联结地方意义,形成促使主体与地方亲近的认知,最后通过行为来表达自身与此地的亲近之情。

1)情感、认知和意向都对南粤古驿道居民地方依恋心理的形成过程产生了影响,其中,情感对南粤古驿道居民地方依恋心理形成过程的作用

---

① 参见广东省住房和城乡建设厅、原广东省文化厅《南粤古驿道保护与修复指引》,2016 年 10 月颁布。

第六章 岭南文化与旅游产业融合发展的实践

较为显著，这是由于地方居民长期生活在这一空间，南粤古驿道的文化意义对地方居民心理层面的影响比较深刻和长远，甚至他们也成为南粤古驿道文化的一部分。地方居民居住的时间越长，对南粤古驿道的认知就会越深，他们见证了南粤古驿道在历史长河中曾经的辉煌和重要地方之间的联通意义，产生了较强的自豪感，并形成了浓厚的归属感（情感）。地方居民经历了南粤古驿道由盛而衰，到在新时代背景下再次焕发生机这一过程，南粤古驿道转换身份，重新走入人们的视野，并且此次转换首先从政府层面进行组织。在新时期，这是对南粤古驿道文化的再次认同和肯定，于地方居民而言，南粤古驿道是兼具历史记忆和时代使命的独特的文化凝结，地方居民的认同度较高（认知）；南粤古驿道地方居民愿意向旅游者展示南粤古驿道历史文化，愿意主动推荐南粤古驿道旅游线路，但是，目前具备旅游接待条件的南粤古驿道数量有限，并且配套旅游基础设施相对缺乏，这导致地方居民在充满自豪感地展示历史文化的同时，也很遗憾缺少能够吸引旅游者前来的展现南粤古驿道文化的旅游活动。南粤古驿道地方居民内心是渴望旅游产业与驿道文化融合发展，提高地方经济效益和振兴乡村的（意向）。

2）情感、认知和意向对南粤古驿道旅游者地方依恋心理的形成过程产生了影响，但是，情感对南粤古驿道旅游者地方依恋心理形成过程的作用相对地方居民而言较小。旅游者并未长期生活在这一空间，南粤古驿道的文化意义对其心理层面的影响比较弱，他们作为旁观者，甚至是站在对立面去凝视南粤古驿道文化，这里的凝视带有心理和权力的意味。南粤古驿道历史文化带给旅游者的自豪感和地方的归属感不明显，旅游者的情感是复杂的（情感）；旅游者感受到更多的是在新时代背景下转换身份之后的南粤古驿道文化，接触到更多的是政府层面宣传和组织的旅游活动。旅游者在旅游活动开始的前期，通过搜集南粤古驿道文化和旅游的相关信息、资讯和旅游游记，初步建立起对它的认知，并在南粤古驿道文化旅游活动过程中和旅游活动完成之后，通过自媒体真实地表达其情感。这样的表达又会影响潜在旅游者对南粤古驿道文化的认知，旅游者层面的认知具有传递性和双重性（认知）；旅游者是否愿意到此旅游，是否愿意主动宣传南粤古驿道历史文化，是否愿意主动推荐南粤古驿道旅游线路，取决于市场上对南粤古驿道旅游形象的组织和宣传，取决于对南粤古驿道文化的认知程度，更取决于其旅游过程的满意度。展现南粤古驿道文化的旅游活动和旅游产品越丰富,就越能吸引旅游者(意向)。

四、南粤古驿道文化与旅游产业融合之效果

从供给方分析营销活动中南粤古驿道的旅游投射形象,从需求方探究旅游者对南粤古驿道的旅游感知形象,分析投射形象和感知形象的偏差度,进而衡量南粤古驿道文化与旅游产业的融合效果。

笔者利用互联网和第三方网络平台,搜集 2016 年 6 月至 2018 年 12 月南粤古驿道旅游投射形象数据,数据主要来自南粤古驿道官方网站和官方微信公众号、广东省文化与旅游厅官网、广东省住建厅官网等。南粤古驿道旅游感知形象数据来自 2018 年 Alexa 排名网站上旅游 OTA(国内在线旅游平台)最新排名,选择旅游者常用网站(如携程旅行、马蜂窝网、去哪儿网、大众点评、百度旅游)的旅游游记。对搜集到的数据进行剔除、整理,运用 ROST Content Mining 进行数据处理。

(一)组织方投射与旅游者感知对比

1. 主题特征词对比

运用 ROST Content Mining 内容分析软件,处理 TXT 文本,提取高频特征词且根据词性分类统计。合并出现的简化词或同义词,如"驿道""古驿道"均合并到"南粤古驿道"词条下。笔者经过数据处理,提取用于南粤古驿道旅游投射形象和感知形象的主题高频特征词,表 6-1 中排名前 20 的主题特征词,包括名词、动词和形容词,包括南粤古驿道的城市文化、餐饮美食、酒店住宿、旅游活动、公共交通、特产购物及休闲娱乐等,涵盖南粤古驿道旅游营销组织宣传的多个要素,体现文本的有效性。

由表 6-1 对比可知,旅游投射形象与旅游感知形象主题高频特征词差异较大。旅游投射形象侧重于南粤古驿道整体宣传,而旅游感知形象则是落实到某一条具体的古驿道;旅游投射形象的动词集中在宣传、举办、越野、创意、打造等,而旅游感知形象的动词集中在旅游、购票、出行等与旅游活动密切相关的词语上;旅游投射形象名词集中在南粤古驿道各项相关活动中,而旅游感知形象的名词集中在不同古驿道的名称、周边景区景点之名;旅游投射形象的形容词集中在首次、成功、新的功能等方面,而旅游感知形象的形容词集中在最美、古老、非常舒适、极不便利等表达旅

表6-1 旅游投射形象与旅游感知形象主题高频特征词

旅游投射形象						旅游感知形象			
名称	频度	名称	频度	名称	频度	名称	频度	名称	频度
保护利用	50	研学旅游	75	参与	35	旅游	96	繁荣不再	86
规划建设	45	驿道讲堂	58	创作	42	好玩	89	年代久远	95
规范和标准	20	画说驿道	37	制作	40	古朴	91	破败	83
户外体育	60	驿道"三师"	49	红色旅游	60	历史	88	荒芜	81
徒步骑行	46	驿道田园志	30	乡村振兴	96	厚重	92	历史悠久	89
定向大赛	50	交通设施	40	乡村旅游	90	自然	94	历史痕迹	90
体育+旅游	50	重温	50	古村落	97	原生态	99	美景	93
8条示范段	80	发现	70	摄影大赛	82	不方便	80	走路小心	85
8条文化主题线路	90	传承（代际传承）	60	绽放异彩	88	古道重修	85	淳朴	89
11条重点线路	80	启航	90	最美	98	热情好客	86	美食	64
文创大赛	67	备受追捧	60	古老	99	景区稍显单调	89	门票	40
宣传主题片	62	首次	89	海上丝绸之路	82	变化比较少	76	教育意义	50

（资料来源：样本数据整理，截取排名调研前40的高频词汇）

游者内心情感的字眼上。这说明旅游投射形象注重南粤古驿道的打造、建设和保护利用，以及整体宣传；旅游感知形象注重南粤古驿道是否具有旅游吸引力、旅游美食、旅游便捷性等方面。

2. 语义网络构建

笔者采用 Net Draw 功能，绘制南粤古驿道旅游投射形象语义网络关系图，直观反映各特征词之间的关联度，发现南粤古驿道营销组织对其旅游形象策划的规律。南粤古驿道旅游投射形象语义网络关系由多组节点和弧线构成。节点，代表南粤古驿道旅游形象的组成要素；错综复杂的弧线，代表两者之间的关联度；核心区，则代表南粤古驿道旅游形象要素在营销组织中的受重视度。图6-11中，各个节点，代表主题形象认知要素；节点密集和复杂程度，代表主题形象认知要素的关联程度；核心部分面积大小，表示旅游者活动体验中的认知程度。

由上可知，南粤古驿道旅游形象的策划和营销效果呈现"核心—边

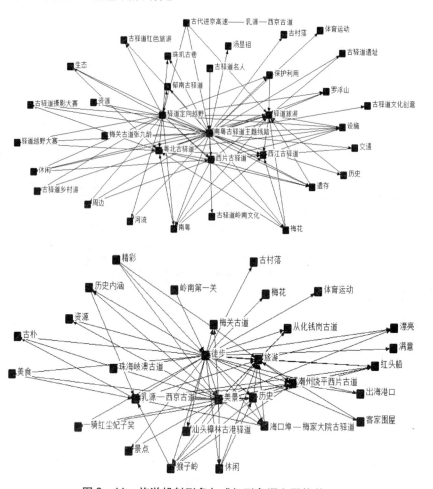

图 6-11 旅游投射形象与感知形象语义网络关系

缘"层级式扩散特点。核心层,以"南粤古驿道主题线路""驿道定向越野""驿道旅游"为中心呈圈状分布,其周围扩散着表示位置的"粤北古驿道""西江古驿道"等地理属性词,表示南粤古驿道文化的"梅关古道张九龄""古驿道名人""古驿道岭南文化"等特征词,还涉及与南粤古驿道旅游相关的"资源""风景区"等专有名词;边缘层,由"南粤""历史""遗存""体育运动""汤显祖""生态""休闲"等南粤古驿道特殊属性元素组成;外围,散布着"驿道越野大赛""古驿道摄影大赛""古驿道文化创意""古驿道乡村游""古驿道红色旅游""古代进京高速——乳源—西京古道"等旅游形象元素。图 6-11 大体上反映出,南粤古驿道旅游投射形象具有以"南粤古驿道文化主题线路"为核心,以"文化"旅游、"乡村"旅游、"休闲健康"旅游为重点,以"罗浮山""珠玑古巷""古驿道遗址"等人文景观和"梅花""河流"自然风光为要素的圈层式扩散结构特征。

旅游者在南粤古驿道旅游活动体验中的主题认知呈"核心—边缘"层级式扩散(见图6-11)。核心层,以"徒步""美景""旅游""历史"为中心圈状分布,其周围扩散着"梅关古道""乳源—西京古道""汕头樟林古港驿道""潮州饶平西片古道"等表示地理属性和文化属性的次中心特征词;边缘层,由"猴子岭""梅花""岭南第一关""出海港口""红头船""客家围屋""一骑红尘妃子笑""古村落"构成,具体到旅游者对要素认知的评价;在边缘层的外围,还扩散着"景点""历史内涵""美食""古朴"此类与旅游体验有关联的词,反映出旅游者对南粤古驿道旅游形象的主题标签认知。

3. 情感传达形象和情感评价形象分析

对文本情感倾向的测量,一方面,是为了分析组织方营销宣传网络文本的信息正面和负面传播效果,进而衡量其情感传播程度的恰当性;另一方面,是旨在研究旅游者的游记和点评中直抒胸臆的语言色彩,细致评测出其对南粤古驿道旅游体验满意程度,二者匹配度关系到南粤古驿道旅游形象完善的路径选择。对样本进行处理,并测试样本情绪指数,见表6-2。

表6-2 情感形象对比分析

情绪	情感			
	投射情感形象		感知情感形象	
积极情绪	一般	90.20%	一般	61.20%
	中度		中度	
	高度		高度	
中立情绪	—	9.46%	—	22.10%
消极情绪	一般	0.34%	一般	16.70%
	中度		中度	
	高度		高度	

(资料来源:转引自谢颜君[①],数据有修改)

[①] 谢彦君:《基础旅游学》(第2版),中国旅游出版社2004年版,第218页。

通过表 6-2 可知，旅游情感形象对比呈以下几种特点。

（1）南粤古驿道旅游投射形象与旅游感知形象，在总体上均传递积极情绪，但是，旅游投射形象的积极情绪大于旅游感知形象所传递的积极情绪。南粤古驿道组织方宣传的积极情绪占比为 90.20%，旅游者在游记和点评中传递出旅游感知形象的积极情绪占比为 61.20%，两者有一定的出入。

（2）南粤古驿道组织方投射形象中立情绪占比为 9.46%，旅游感知形象传达出的中立情绪占比高于南粤古驿道组织方投射的形象，占比为 22.10%，二者差距较大，可见旅游者对南粤古驿道旅游体验的感知一般，旅游者对其态度一般。

（3）在投射形象中，消极情绪几乎可忽略不计，而旅游感知形象的消极情绪占比却达到 16.70%，这在网络文本处理中也有体现，如"遗憾""单调""没意思"等消极词汇的出现，二者之间的差距来源值得管理者关注和探究。

因此，南粤古驿道旅游营销及推广效果与旅游者实地体验效果存在显著差异，应引起重视。旅游者对南粤古驿道某些旅游服务环节产生怀疑和不满，虽然整体感知情感形象是积极的，但高度积极的感知情感形象占比有待提高。与此同时，由于在自媒体时代，细微负面情绪的扩散都会破坏南粤古驿道的旅游感知形象，故政府管理部门必须对相关消极评价高度关注。

（二）小结

1. 供需双方在认知上存在错位

从以上分析可知，官方自上而下的文化定义与旅游者自下而上的文化感知存在错位。南粤古驿道官方投射形象与旅游者感知形象存在错位；旅游者对南粤古驿道整体形象感知不高，与官方宣传的旅游形象有差异；对比游记，发现旅游者对南粤古驿道的感知形象发生变化，这也从侧面反映出官方组织宣传及打造旅游线路有了一定的成效，也得到了市场的认可。感知形象上，梅关古道游记最多，西京古道次之，其他古驿道游记甚少，原因是梅关古道已是 AAAA 级景区、知名度高。一方面是组织方积极地投射，正向地引导形象，另一方面是市场（旅游者）不高的回应；造成偏差的原因主要是组织方投射的旅游形象偏向官方形象，同时，配套的旅游产品和专题旅游线路的缺失,造成旅游者心向往之,却无法落实。

2. 多方参与

新时期,南粤古驿道主题文化景观的符号意义,不仅仅是功能上的,也体现了其背后的社会关系。笔者认为,南粤古驿道这一文化景观如何被不同的社会群体刻写上一定的象征性意义,南粤古驿道背后的社会关系又是怎样的,这些意义如何表达、建构权力关系或身份认同,这些均是值得探讨的。南粤古驿道组织方对南粤古驿道文化景观的理解,是南粤古驿道背后隐藏的社会关系,表达的是南粤古驿道新时代的意义(即旅游功能、旅游扶贫、乡村振兴等意义),建构的是旅游者的身份认同。

3. 核心要素

南粤古驿道文化与旅游融合的核心要素,是要让地方性空间成为旅游发展的核心吸引力,旅游的意义并不仅仅停留在基于空间保留的回忆中,而是存在于一定的空间与事件、空间与人、空间与社会之间的关系之中(新时代背景下,南粤古驿道重新走入历史舞台,并在这一空间保留的回忆中,与新时代空间中的人、社会、事件发生联系,如讲好侨批和银信的故事),由此才能体验旅游的全部价值。

第二节 民族传统古村落(千年瑶寨)文化与旅游互动发展

一、民族传统古村落(千年瑶寨)概述

聚落,是指区别于都邑(城)的居民点,现已扩大为人类生活地域中的农村、城镇和城市。传统,则是指历代传承下来的具有本质性的模式、模型、准则的总和。这里体现了动态性、主客体的双向作用和不同的形态。传统聚落,即传统古村落,是在一定地域内发生的社会活动和社会关系,具有特定的生活方式,并且是由共同的人群所组成的相对独立的地域生活空间和领域。传统聚落作为环境、生产和生活的综合体,是一种最直观的文化景观。民族传统古村落所具有的建筑形态、民居材料、建筑技术和雕刻工艺等是其文化、意识形态的表征,其具有的深层

次的文化内涵等待我们去解读。

（一）瑶族和连南瑶族

瑶族具有悠久的历史，我国的瑶族主要分布在广西、湖南、广东、贵州和云南等省（自治区）。瑶族一般都世居深山，"无山不有瑶"，这是为了躲避长期以来的封建统治者的民族迫害和民族歧视。秦汉以来，瑶族和南方一些少数民族被统称为"蛮"，后又被称为长沙"武陵蛮"或"五溪蛮"。瑶族的名称最早见于《梁书·张缵传》："零陵、衡阳等郡，有莫徭蛮者，依山险为居，历政不宾服。"《隋书·地理志》载："长沙郡又杂有夷蜒，名曰莫徭。自云其先祖有功，常免徭役，故以为名。"这里的"莫徭"指的就是瑶族。瑶族经过长期的迁徙，到隋唐时期，已有一定数量的先民进入粤北地区居住。

据史料记载，连南南岗（包括其他八排瑶族）的祖先被认为是秦汉时期长沙"武陵蛮"的一部分，瑶族最早居住于洞庭湖以北，后来，因为战乱和受歧视而逐渐向湘、粤、桂三省边境迁移。隋唐、宋朝时期，瑶族分多路逐渐向广东省内迁移，而明朝时为最盛。据说连南八排的瑶族是经过湖南道州、江华等地迁来的，定居连南旺埂（黄埂）后，繁衍千年至今，开枝散叶，形成我国最大的排瑶（排，在连南指的是大的寨子）聚居地。连南瑶族自治县位于广东省西北部，东北与连州市交界，东南与阳山县相连，南接怀集县，西邻连山壮族瑶族自治县，西北与湖南省接壤；全县总面积1306.7平方千米，总人口17万多，其中，瑶族人口占53%，是广东省少数民族人口最多的自治县，是全国唯一的排瑶聚集地，是世界经典名曲《瑶族舞曲》的故乡。

（二）民族传统聚落千年瑶寨

千年瑶寨（民族传统古村落），位于广东省清远市连南瑶族自治县三排镇，始建于宋代，至今已有1000多年的历史。千年瑶寨，是国家AAAA级景区、中国历史文化名村，同时，也是广东十大最美古村落之一。瑶寨寨门海拔808米，宋代城墙内占地面积0.11平方千米，鼎盛时期有排瑶700多栋1000多户7000多人，被称誉为世界瑶族首领排。

千年瑶寨历史悠久，反映了连南瑶族甚至中国瑶族古老悠久的瑶族传统文化。现居住在千年瑶寨的瑶族群众，主要有邓、唐、盘、房四个氏族。他们在明代时就建立了民主选举的"瑶老制",并形成了神圣而严厉的"习惯法",严格管理山寨。千年瑶寨保留着古典的建筑民居群落、原始的竹笕供水系统、集体议事场所、瑶老制、古盘王庙、玩坡山、龙文化、太平天国遗迹等。现在仍保留了200余人和368幢明清时期的古宅及寨门、寨墙、石板道等。

瑶族一般住在半山腰,易守难攻。千年瑶寨依山而建,房屋层叠,错落有致;石板道纵横交错,主次分明;周围山势险要,溪水奔流,群峰叠嶂。千年瑶寨历史上曾依靠山势险要,数次成功地抵挡官兵和其他敌对势力的进攻。据专家考证,千年瑶寨是全国乃至全世界规模最大、古老、最有特色的瑶寨,堪称世界建筑奇观,人类群居风水宝地。

(三) 千年瑶寨民俗文化

连南瑶族经过上千年的传承,积淀下了丰富的文化资源。千年瑶寨是瑶族文化的代表、瑶族文化的缩影,是岭南文化的一部分,更是中华文化的瑰宝。

1. 独特的传统民俗节庆

庆祝节日是瑶族群众生活的重要组成部分,如具有瑶族特色的传统开耕节、尝新节、开唱节、盘王节等民族传统节日。这些古朴独特的节日带给千年瑶寨富有活力的气息,也是这座寨子悠久历史文化的见证和延续。瑶族同胞能歌善舞,瑶族"耍歌堂""长鼓舞"均被收入国家级非物质文化遗产名录,独具特色的瑶族婚俗、连南瑶族服饰刺绣也被列入广东省非物质文化遗产名录。连南也被授予"广东瑶绣之乡"称号。

2. 朴素的自我管理民主制度

千年瑶寨共有邓、唐、房、盘四大族,各自有各自的专属居住区域。瑶族的惯例是不同的姓不能住在同一个区域,这从宋元时期就已经开始实行了。当时,四族瑶族群众依山势将全寨分为三条"龙"——东"龙"为唐姓所居,中"龙"为邓姓所居,西"龙"为盘、房和部分唐姓所居,由此构筑了千年瑶寨古老而独特的社会组织——龙组织。与龙组织相对应的是瑶族群众创立的村寨管理方式——瑶老制。这是由德高望重、办事公道、会说汉语、善于外交的瑶族老人组成的属于当地居民自己的管理机构,以"习惯法"处理寨内重大事务,若瑶族老人不能达成统一意见,则召集全排男性讨论决定——这便是古老、朴素而相对公允的自我管理民主制度。清道光十二年（1832年），清王朝在连南排瑶地区设置瑶长、瑶练，原来的瑶老制被取代，瑶长就是人们常说的瑶王。至中华人民共和国成立，瑶长、瑶练制度传了六代。千年瑶寨至今还保留着过去瑶王居住的屋子——瑶王屋。瑶王屋的位置在半山寨子的中部，屋前有宽敞的平台，视野最为开阔，可以远望群山，屋内的陈设平常。

3. 走向世界的瑶族音乐文化

20世纪50年代，作曲家刘铁山先生在千年瑶寨采风时，有感于粤北瑶族同胞载歌载舞欢庆节日的场面，以当地传统歌舞鼓乐为素材创作了《瑶族长鼓舞歌》，后由茅沅先生将该曲的部分主题改编为管弦乐，最终完成了这首管弦乐作品经典——《瑶族舞曲》。《瑶族舞曲》自首演至今，国内外各大乐团常有演奏，已传遍世界各地。2014年，千年瑶寨景区举办首届"柠檬世界音乐节"，唤醒了隐蔽在百里瑶山深处的八排瑶族，重新点燃了这个古老民族能歌善舞的激情，原生态瑶歌与流行音乐的融合，使瑶族音乐焕发出新的活力，瑶族音乐文化正在走向世界。

二、民族传统古村落（千年瑶寨）旅游发展历程

（一）业界——旅游发展历程

1. 政府主导阶段

千年瑶寨一直"养在深闺人未识"，自2002年起，由连南县政府投资，广东省政府拨款，开启了对千年瑶寨的修缮工作。经过一年的修缮工作，千年瑶寨在保留历史原貌和民族特色的基础上，在寨脚拓展了歌堂坪广场，铺平了寨中大街小巷的道路，兴建了观景六角亭，并设有瑶族风味餐厅和特产商店。修缮后的千年瑶寨于2003年国庆期间正式对外开放。

在中国社会主义体制下，旅游资源所有权归政府管理，千年瑶寨的所有权归连南县政府所有。在此阶段，对千年瑶寨的开发，连南县政府一直处于核心位置。在2002年千年瑶寨的修缮工作中，连南县政府先后投资1000多万元，广东省政府拨款400多万元。同时，连南县政府还请旅游专家对千年瑶寨的修缮工作进行科学规划，投资基础设施建设，修建通往千年瑶寨的公路，改善交通环境，为今后千年瑶寨的可持续发展奠定了基础。

广东省政府在积极开发千年瑶寨的旅游资源价值的同时，由于单纯追求经济效益的增长，又难免带来一些环境保护方面的负面影响。

2. 企业介入阶段

千年瑶寨于 2014 年被评为国家 AAAA 级景区。同年，广东千年瑶寨旅游开发有限公司于连南瑶族自治县工商行政管理局登记成立。自成立起，该公司隶属于三奇控股集团，是经广东省工商行政管理局及连南瑶族自治县核准成立的企业。该公司主要致力于连南千年瑶寨景区的保护，瑶族文化的挖掘、保护与传承，百里瑶山（盘王峰）、瑶族民俗农耕文化等项目和瑶族风情小镇（街）、瑶族风情酒店，以及民族工艺品、农副产品的开发、经营和管理。该公司在企业文化建设方面的方针策略是：作为瑶族文化的保护者、发扬者，作为瑶族文化的开发经营者，保护、传承、发扬瑶族的民族文化。瑶族文物文化保护是一件大事，关乎瑶族民族文化精神的延续。瑶族作为中华民族的一个民族历史个体，有着强大的生命力，在当今经济建设的大潮下，其悠久的历史得以保存至今，实属不易。为弘扬和发展瑶族文化，该公司把现有占地 0.106 平方千米的千年瑶寨景区，扩大至占地 1.867 平方千米的瑶族文化保护区，加大对文物古建筑的修缮维护工作，对瑶族民俗文化的传承及宣传，面对全国市场及海外市场，把以千年瑶寨为核心的瑶族文化打造成世界性的旅游资源。该公司在经营方面，尤其在市场推广方面，投入大量的人力和财力，包括电视、报纸和互联网等多媒体广告投入，成立营销中心，组建营销队伍到珠三角乃至全国进行市场推广等；同时，全面导入 CIS（企业形象识别系统），并且经国家市场监督管理总局（原国家工商行政管理总局）正式注册了"南岗瑶寨"商标；取得了良好的社会效益，提升了知名度和美誉度，为千年瑶寨景区乃至连南瑶族自治县地方旅游事业的快速发展奠定了良好的基础。

（二）学界——关注千年瑶寨

1. 从旅游资源及开发角度

詹淼鑫（2016）梳理了新中国三个时期的少数民族文化政策，探讨了少数民族文化政策在广东省连南瑶族自治县的实践情况，并对进一步完善少数民族文化政策进行思考。李想（2015）从资源观理论和传承理论的角度研究了不可移动的民族文化旅游资源传承对民族地区旅游经济绩效的促进作用。范哲（2016）针对广东千年瑶寨旅游开发有限公司对千年瑶寨的旅游开发,提出应活化民族文化,建设文化传承基地,展现生动的、动态的瑶寨。许秋红、单纬东(2012)以资源观理论为基础,研究异质性活文化资源战略对旅游经济持续竞争优势的影响,认为人、物和情境综合体的民族活文化资源,是具有异质性的资源,在进行民族文化资源的开发过程中,要认识到异质性资源自身的特点,只有民族文化资源保持原有的特色,保持其活力和生机,才可能具备可持续的旅游经济竞争优势。

2. 从少数民族文化政策角度

廉盟(2015)分析了千年瑶寨建筑的特点及形成因素,指出瑶族村寨的整体布局、单个民居的建筑,都体现了因地制宜的实用性及鲜明的民族特征和宗教伦理的精神需求。邱茂慧(2010)从人文地理学空间角度,运用多目标分析法,通过 GIS 技术将千年瑶寨与广东其他 5 个富有岭南特色的旅游建筑景点的竞争力进行空间分析研究。郑力鹏、郭祥(2009)介绍南岗古排的历史概况、村落形态、建筑类型与特点等,揭示了南岗古排这一典型瑶族村落与建筑的基本情况及其民族文化特色。

3. 从文化传承及文化符号角度

王腾飞(2012)提出从饮食、服饰、风俗娱乐、建筑和称谓等方面整合排瑶传统文化符号的建议,为连南瑶族自治县经济的可持续发展提供参考。沈青(2014)提出,依托民族资源,做好千年瑶寨景区规划设计,要注意对少数民族文化的保护,做好文化传承工作。施用和、陈昕(2007)介绍了千年瑶寨"耍歌堂"的发展历史,提出通过对瑶族原生态歌舞的发掘保护和整理提炼,促进民族文化与旅游事业的发展。

关于岭南传统古村落千年瑶寨的研究成果相对不多,发表刊物级别不高;研究内容主要集中于旅游资源,尤其是文化资源的开发与利用,以及千年瑶寨的选址、布局形态和演变历史等方面,研究视角相对陈旧。从人文地理学的角度对千年瑶寨进行研究的成果甚微,研究深度不够。从文化基因角度,尤其是对文化基因的挖掘、提取、活化利用等方面的研究几乎为空白,这为本书进行千年瑶寨文化基因解码及活化利用研究提出了难题,同时也提供了较大的发挥空间。

三、民族传统古村落(千年瑶寨)文化与旅游互动之解读

(一) 空间生产之解读

空间,是文化地理学的核心概念之一,包含生产生活空间、社会空间和文化空间三个层次。空间,既是人类社会运作的先决条件又是人类行为的社会产品,并随着历史演变而重新解构和转化。伴随着社会学中的空间转向、人文地理学的文化转向和地理学中的社会转向,空间不再是一种简单的几何状态,而成为一种可供分析、解读的文本。

列斐伏尔(Henri Lefebvre)在《空间的生产》中对空间问题进行了哲学的反思,提出以"生产实践"为基础的三维辩证法:空间实践①,包含生产和再生产,以及每一种社会形态的特殊场所和空间特性,相当于马克思主义中人与自然直接发生关系的物质生产实践过程;空间的表征,与生产关系紧密相连,与知识、符合、代码等有关,即对应于任何社会中占主导地位的、被设想和构建出来的、被作为"真实的空间"的空间,是凌驾于空间实践之上的结构,类似于生产关系、上层建筑等概念;表征的空间,则是一种再现性的、人们生活其中经历和体验空间的本真性的空间,既是对"空间的表征"的超越又是对"空间实践"的回归。

1. 空间的文化冲突

在空间生产与再生产过程中,会发生"空间的文化冲突",即在文化传播和文化传递过程中,两种或以上不同规范文化的接触、碰撞而产生的文化对抗现象。地理学对文化的研究不再是将文化作为空间行为的对象,而是深入文化本身,探讨文化对空间的建构与塑造。例如,最初政府主导千年瑶寨旅游开发阶段,首先对千年瑶寨进行物质文化上的修缮工作,使千年瑶寨文化景观更具旅游欣赏价值,这体现了少数民族文化对千年瑶寨这一旅游空间的建构,千年瑶寨从居住空间转变为具有文化意义的旅游空间。千年瑶寨民族文化和其他环境要素[例如,为使旅游空间更符合旅游

---

① 参见陆扬《社会空间的生产——析列斐伏尔〈空间的生产〉》,载《甘肃社会科学》2008年第5期,第133—136页。

者（市场）的需求，在保留历史原貌和民族特色的基础上，拓展歌堂坪广场、兴建观景六角亭、建设瑶族风味餐厅和特产商店］共同促进，使文化这一抽象的空间转换为具体的、异质的、变化的地方。（见图6－12）

图6－12　空间文化冲突示意

在千年瑶寨民族文化与旅游融合发展的过程中，空间文化冲突是在所难免的。千年瑶寨发展至今，瑶寨民族文化已经成为旅游的核心吸引物。主流文化和旅游者自身文化认知与瑶寨民族文化在旅游发展进程中产生空间文化的冲突。如果旅游者在不了解瑶寨文化民俗时，会做出对其理解的偏差，甚至带有权力的凝视去看待这种文化差异。千年瑶寨民族文化与旅游市场主流文化冲突的存在，是使抽象空间转化为具体地方、异质性地方博弈的必经过程。旅游者到异质文化旅游目的地是为了寻求独特的旅游体验，这为其接触瑶寨当地居民的日常生活创造了机会。像千年瑶寨这种具有民族特色的寨子，它有相对明确的边界，拥有作为居住空间、精神意义空间和神圣空间的民居、祠堂和神庙等各类建筑。一些旅游者喜欢走到偏离传统旅游景点的地方去猎奇，参观原生态的文化吸引物，或者进入当地居民家以期获得更为真实的文化体验。在这个过程中，旅游者可能未经同意就把当地居民或者当地居民的日常生活景象当成自认为的商品化的旅游吸引物。值得注意的是，怀揣好奇心和没有恶意的旅游者擅自进入非旅游区，有可能会招致当地居民的反感和文化冲突。

2. 文化表征权力的冲突

（1）文化表征权力的冲突概述。在空间生产与再生产过程中，会发生文化表征权力的冲突。表征，就是将人们的内心真实表达出来的外在事物，具有文化实践性和意义建构性。人类以精神符合为介质，通过精神生产实践，对空间进行再叙事、再想象、再隐喻和再塑造。例如，千年瑶寨对山神、水神、树神、雷神、雨神、虫神、谷神、风神等的崇拜，主要通过祭祀活动和设立禁忌进行实践。千年瑶寨的瑶语发音"hang hong"意为"留柴"，意思是砍柴亦应留余地，不可将山林尽数砍伐。

人类通过精神生产实践，赋予空间以意义和文化内涵，进而创造出符号化的文化表征空间。例如，为了吸引旅游者、迎合旅游市场需要而对神话传说进行再创作。"耍歌堂"最原始的目的是纪念和祭祀瑶族群众始祖盘王，在仪式过程中，还有祭祀各姓氏始祖的"抢公"和"告祖公"，作为人生过渡礼仪的"起法名"和"过九州"，以及既娱神又娱人的"耍歌堂"歌舞展演等。当下的"耍歌堂"作为千年瑶寨最盛大、最具民族特色的民俗旅游展演活动，更具有文化旅游的意义。

文化景观所具有的空间尺度和所承载的地方意义，不仅体现出透过景观观察地方的社会政治过程，同时也充满了权力、话语的政治分析。在文化表征的过程中，冲突产生的根源是三个层面的关系：一是权力的拥有者，如国家、地方政府、旅游投资者等，在旅游开发进程中拥有决定性的景观表征权力。千年瑶寨这一段独特的文化空间在其发展过程中，清晰地感受到来自国家、地方政府和旅游投资者的话语权。二是权力的流动过程，文化表征过程中自上而下与自下而上之间的矛盾。在千年瑶寨旅游开发过程中，当地居民的声音、当地居民的存在感相对较弱，政府赋予千年瑶寨更多的称号，如"国家AAAA级景区""中国历史文化名村""广东十大最美古村落之一"等，提出"按照'保护传统古村落、打造生态旅游'的发展战略思路，打造'中国瑶族第一寨'旅游品牌"，这些称号和发展战略的定位恰好说明了文化表征过程中自上而下的主导性。三是权力的下放，即赋予当地居民更多的权力。例如，千年瑶寨主要的开发工作最初是由政府负责，如今由千年瑶寨旅游开发有限公司负责千年瑶寨主要的旅游运营工作，这在一定程度上体现了权力的下放，但是，距离权力下放至当地居民还有很长的路要走。

（2）地方空间的符号化。旅游快速发展的今天，千年瑶寨这一地方性空间已经成为广东旅游重要的文化标签和符号。这一地方空间的独特性是旅游目的地的地方特性的体现，很难被其他地方模仿与取代。旅游者对千年瑶寨这一地方空间的符号定义与政府官方所赋予的符号定义不同，通过对千年瑶寨网络游记的分析可知，旅游者更多地使用"特色的民族文化、年代感、历史悠久、过度商业化、旅游基础设施不全"等符号定义,这些符号定义是在新时代背景下,少数民族文化与旅游融合发展的结果,是旅游者(市场)根据自身的认知对千年瑶寨"再地方化"的解释,也从侧面反映了旅游者(市场)对千年瑶寨的认知。旅游者对这一空间的符号化的表达有正有负,更多的是从体验旅游、文化旅游产品是否符合市场价值和市场规律判断。同时,旅游者对已经具有知名度的千年瑶寨与南岗瑶寨感知不明,同一地方出现不同的名字,影响空间符号的传播与理解。

3. 资本空间再生产中的阶层冲突

空间不在一个中性的领域,空间的生产必然涉及复杂的社会经济与政治过程,这是构成资本空间和社会阶层的充分条件。资本空间生产,实质上是形成资本运动、阶层流动和制度调控三种空间生产机制。资本运动作为社会空间的特征之一,其主要表现为资本主义的城市化,也就是资本的城市化,即社会阶级和特殊利益集团通过控制土地与建筑物等空间的主要特征来塑造和影响城市空间形态与组织的过程。一方面,空间再生产是实现资本积累的途径;另一方面,资本积累对城市空间塑造产生了一定的作用与反作用。资本的介入使千年瑶寨的旅游发生了较大的变化。民族文化旅游产品更加丰富,千年瑶寨景区面积也因为旅游接待的容量进一步扩大,公司把现有占地0.106平方千米的千年瑶寨景区,扩大至占地1.867平方千米的瑶族文化保护区中,加大对文物古建筑的修缮维护工作,将瑶族民俗文化的传承与宣传,面向全国市场及海外市场,把以千年瑶寨为核心的瑶族文化打造成世界性的旅游资源。

旅游产业介入千年瑶寨民族传统聚落文化并对其产生了影响。这一影响已然存在。在新时代背景下,一些神圣私密的宗教仪式等文化空间转变为文化展演空间。千年瑶寨从熟人空间转变为陌生空间,从村民生活空间、封闭神秘空间转变为旅游者休闲、体验、消费空间。

(二)"再地方化"与"去地方化"之解读

现代语境下,尤其是在新时代旅游产业的发展中,少数民族文化常常处于弱势地位,受到主流文化的影响。在旅游产业发展的今天,少数民族文化因其独特性和丰富的内涵成为吸引外来游客的核心旅游资源。旅游产业的快速发展给民族地区的文化带来不同程度的改变,如民族传统文化的保留与复兴、民族传统节庆的保持与再包装、民族族群文化的认同及对自身身份认同的重兴等。旅游的发展为民族传统古村落（千年瑶寨）的瑶族文化提供了一种简单易行、易于传播的现代语境下的生存方式。民族传统古村落（千年瑶寨）文化与旅游产业的互动发展，为瑶族地区民族文化带来了"再地方化"和"去地方化"共同交织的局面。一些瑶族的文化景观在旅游发展中通过文化与旅游互动的方式得以建构与重构，进而得以保留和复苏；同时，也必然会有一些文化景观在文化与旅游互动中出现"去地方化"的现象，呈现具有时代业主的新的地方意义。

1. "再地方化"

"再地方化"是英国人类学家托马斯（Philip Thomas）在1998年首先提出的，他在对马达加斯加乡村的研究中发现，当地用于民居的主要建筑材料都不是本地产的，有许多甚至是国际市场上的标准化产品。因此，托马斯认为，地方出现了通过消费外来材料的"再地方化"过程。[①] 托马斯的"再地方化"其实是针对海曼（Josiah Heyman）于1994年提出的"去地方化"概念的回应。海曼在研究墨西哥有关地区的建筑时指出，外来的、标准化的建筑材料逐渐取代地产材料的过程，标志着本土文化的流失。他用"去地方化"来指涉这种现象。

千年瑶寨的瑶族当地居民对当下盘王节展演形式的认同，就是文化的"再地方化"。旅游之所以具有魅力，更多的是差异性文化的吸引，这种差异对于千年瑶寨而言更是昭昭在目，比如，旅游者与当地居民的差异，现代文化、现代生活方式与民族传统文化、传统生活的差异，等等。旅游者用自身的方式来感受对于他们而言新奇而有变化的生活，但这种生活对于千年瑶寨当地居民而言则是平凡而日常的；中心与边缘的差异，如美国著名华裔作家谭恩美2008年在美国《国家地理》杂志发表长文《时光边缘的村落》，对地扪村的古朴与特色大加赞美。游客是从生活与世界的中心来到时光的边缘。这种差异正是千年瑶寨在旅游发展进程中体现的价值。千年瑶寨民族传统聚落旅游开发的动机不是为了体现价值，而是为了瑶寨的经济发展。无论是政府部门，还是当地居民、千年瑶寨公司等，发展旅游产业的根本目的是发展经济和获得利益。但是，进一步追溯又会发现，

---

① Thomas P. Conspicuous construction: Houses, consumption and "relocalization" in Manambondro, Southeast Madagascar. *The Journal of the Royal Anthropological Institute*, 1998, 4 (3), pp. 425—446.

千年瑶寨的当地居民在旅游发展中获得了经济利益，同时，也在旅游发展的进程中认识到了文化差异的价值，从而获得了民族文化的自觉感和自豪感。在旅游发展进程中，千年瑶寨的当地居民对习以为常的古朴的日常生活方式有了对价值和尊严的再认识。对于千年瑶寨而言，旅游者的到来，是一种经济行为；旅游者体验千年瑶寨当地居民的日常生活、感受千年瑶寨的文化又是一种文化行为。当日常生活中的民族特色文化能够通过旅游开发而体现其经济价值的时候，当地居民对日常生活中的民族特色文化的认识就会上升到一个新的层面；当从经济行为的认识转到文化行为的认识的时候，价值和尊严感就获得了。

显然，在旅游开发的进程中，民族文化再次得到市场的认可，带来了经济效益，这就会推动千年瑶寨的当地居民对自己的日常生活中的民族文化进行重构。而这一文化建构的过程就是千年瑶寨"再地方化"的过程。根据社会交换理论，从旅游产业发展中获得经济利益的个体更倾向于把旅游发展所带来的影响（包含正负双向影响）看作积极的事物，因而在未来的旅游发展中会报以支持的态度。任何地方的"再地方化"，都是直接包含经济要素的，是适应经济发展的"再地方化"，这也是地方出现"再地方化"的直接动力。

（1）节庆活动的"再地方化"。瑶族盘王节，又叫盘王还愿，是瑶族群众纪念其始祖盘王的盛大节日，迄今已有1700多年历史。每年农历十月十六日前后，瑶族群众都要举办隆重的"耍歌堂"活动来庆祝盘王节。"耍歌堂"，是连南八排瑶族群众纪念祖先、追忆历史、庆祝丰收、酬谢还愿、传播知识和群众娱乐的民间盛会，千百年来在排瑶世代相传，2006年被列入首批国家非物质文化遗产名录。瑶族"耍歌堂"仪式活动主要分"祭祀盘王""出歌堂""过九州""追打黑面人""法真表演""乐歌堂"几个环节，环节仪式各不相同，环环相扣，热闹非凡。

随着旅游的发展，中国（连南）瑶族文化艺术节暨瑶族"盘王节·耍歌堂"活动已经连续举办10届。瑶族盘王节的举办成为千年瑶寨一项重要的文化旅游活动，这一文化旅游活动吸引着各地的旅游者来千年瑶寨参加、观赏、体验这古老的民族文化艺术盛典。"盘王节·耍歌堂"活动吸引众多媒体（如央视《航拍中国》栏目组、广东电视台、清远电视台、《清远日报》、《广州日报》、《南方都市报》、网易、新浪等），还有众多潮人主播到千年瑶寨报道和直播。篝火晚会几乎是千年瑶寨的旅游者必定体验的节目，具有瑶族特色的篝火晚会凭借独特的文化风格与神秘的瑶族风情，已经成为知晓度较高的文化旅游产品，同时，承载展示瑶族历史文化的重任。从千年瑶寨民族传统文化的创造者到演出人员的转变，瑶族文化的传承主体的目的性发生了变化，传承方式在当今旅游发展的背景下也发生了变化。

每年农历三月初三是连南瑶族传统节日——开耕节，意为一年春耕开始。这一天，勤劳的瑶族人民请愿盘王，为牛儿披红挂彩，开始新春第一犁。瑶族人民身着盛装，犁开沉睡一冬的泥土，举行传承千年的春耕仪式。传统盛大的春耕开犁仪式代表着瑶族人民祈求风调雨顺、五谷丰登的美好心愿。现如今，这一传统的节庆增加了众多的旅游体验活动，如瑶族非遗展演、欢乐农趣体验、抓鸭子、摸田螺、喂牛等。这一传统的民族节庆文化现在已经成为千年瑶寨重要的旅游活动，每年吸引众多旅游者前来观赏体验。民族传统文化与旅游的结合使得这一节庆活动更具有当下的意义，同时，反映了千年瑶寨民族文化的功能发生了变化。

在千年瑶寨内部，瑶王屋上方平台地摊上做生意的瑶族老人，其跳的瑶族鼓舞蹈十分具有特色。旅游者可以观赏舞蹈，拍照要交拍照费用。寨内有当地精彩的舞蹈和男女青年表达爱情的一种独特方式——咬手定情表演。除了传统的民族节庆活动，千年瑶寨为了发展旅游产业，开发设计出符合旅游者需求、符合时代背景的文化旅游产品，如瑶族音乐节、欢度新年活动等。

（2）建筑空间的"再地方化"。千年瑶寨民族传统聚落依山而建，房屋层叠、错落有致，瑶寨内部石板道纵横交错、主次分明。传统民居大多是带檐角的建筑造型，从外观来看，整体建筑风格保存完整，民族特色鲜明。千年瑶寨民族传统聚落的整体空间较为完整，建筑空间仍保留传统空间格局，建筑外观尚未受到旅游开发的影响，保留着原汁原味的瑶族风格。

千年瑶寨民族传统聚落是一处具有悠久历史的瑶寨，随着旅游的介入，现已经是国家AAAA级景区。在实地调研的过程中，笔者发现，千年瑶寨整体空间格局完整，建筑外观及空间保留较好，但实际住在寨子里的当地居民已经很少了。随着旅游的介入和发展，寨子里的当地居民大多搬到山脚下，寨子里只剩下一些老人还在留守。偌大的千年瑶寨如今坚守的人已经不多，他们或摆摆地摊卖当地土特产，或端坐一旁观游人如织，或继续过着砍柴刺绣之类的生活。

千年瑶寨的民族文化在新媒体的影响下越来越受到旅游者和市场的欢迎,旅游的知名度大大提升。随着旅游产业的进一步发展,千年瑶寨的建筑空间出现了新的变化,旅游的发展带来了最直接的经济效益,促进了当地居民对民族文化的再认识。这种认识最直接的体现是各家各户都开店卖商品,当地居民开始利用寨子内的主道进行商业活动,如将传统民居改造为可以带来收入的客栈,开设餐厅;然而,非主道的瑶寨大部分废弃,已无人居住了。

民宿的出现使传统民居的建筑空间发生了变化,出现新的功能区〔如阳台、独立卫生间、Wi-Fi(无线上网)等〕,但是,其装饰仍旧含有瑶族的文化元素;随着建筑空间的变化,原来建筑空间从以单纯的亲情关系为主逐渐转变成新的借住关系。千年瑶寨逐渐商业化,使得原有的瑶寨特色都在慢慢地淡去。

(3)服饰的"再地方化"。瑶族的妇女闲时针不离手,其刺绣、饰品的制作工艺可谓是巧夺天工、别具一格,凡是同一类型的服装图案,无论是何人刺绣,也只是花纹的位置略有偏移,其构图则完全一样,似有无形的公式规范着。① 在实地调研的过程中,笔者发现,在进入连南山区之后,少数民族的色彩越来越浓郁,年纪大一点的当地居民都穿着瑶族特色的服饰。在连南,服饰成为瑶族身份的象征。年轻一点的当地居民日常穿着瑶族特色服饰的情况逐渐减少;但是,在千年瑶寨文化旅游的核心区域和酒店,当地居民假如从事如接待、歌舞表演等与旅游相关的工作,便会时常穿着瑶族服装。现如今,虽然当地居民可能只把这件民族服装当作纯粹的"工作制服",但在客观上也形成了一道独特的瑶族文化风景。在瑶族传统民族节庆活动中,很多当地居民都会身穿以大红、大黑为主的七彩衣服,头缠厚厚的盘头围巾,盘头围巾顶端插上一根美丽的鸟羽,别具一格。男女服饰花纹有所区分,不能混搭:女子服饰有绣花衣、红色绣花马纹裙;男子服饰有绣花裤;小孩有婴孩帽、三岁帽,女孩小马裙,男孩小马裤。排瑶服饰色彩之丰富着实让人叹为观止,尤其体现在重要的习俗上。排瑶服饰分节日盛装和"嫁装",不过只在出门探亲访友、逢年过节、重大节

---

① 参见梁远帆、李莉《打造文化精品,铸造连南民族旅游灵魂》,载《市场论坛》2012年第10期,第90—91、101页。

日时才穿,也从侧面体现了瑶族姑娘的手巧。这些盛装皆是含有图案花纹的纯手工刺绣,图案取材于生活,比如,流水行云、山花草地、缠藤攀蔓等各种大自然奇异景物,都被融汇到瑶族妇女巧夺天工的刺绣之中。

2. "去地方化"

海曼在研究墨西哥有关地区建筑时指出,外来、标准化的建筑材料逐渐取代地产材料的过程标志着本土文化的流失,地方和世界贸易致使物质文化商品化。海曼用"去地方化"来指涉这种现象,认为"消费的'去地方化'在我们周围的世界里,可能有一种很强的,甚至是强制性的逻辑"①。可见,"去地方化"是指外来的、标准化的产品破坏、取代了本地的、地方化的产品或意识,从而失去地方性的过程和结果。"每一个民族将各有其令人激动而随意的生活,有其自己独特的方言和说话方式,有其自己独特的和传统的审美和思维方式。"② 然而,在激烈的现代生存竞争中,一些族群被迫改变或放弃原先传统的生产生活方式。究其原因,人们普遍认为,传统文化阻碍现代化的发展,传统与现代是不相容的,两者犹如熊掌和鱼,不可兼得,只能舍弃传统而追随现代③。

在千年瑶寨旅游发展的进程中,旅游者的感情随着时间的推移越来越复杂。近年来,旅游者发现千年瑶寨的旅游商业化问题逐年增加,旅游者直接用"商业气息太浓""旅游商业化""寨内居民外迁导致出现'空心化'"等字眼表达感情。千年瑶寨旅游的发展在给瑶寨带来经济效益的同时,也给瑶族的族群文化造成了一定的冲击与影响。

(1)节庆活动的"去地方化"。在千年瑶寨旅游的发展进程中,挑选出具有民族特色、文化差异大、观赏性和参与度较高的传统节庆活动进行文化旅游产品的包装与宣传,如上文提到的盘王节、开耕节等节庆活动。庆祝节日是瑶寨日常生活的重要部分,同时也是景区文化旅游的特色,吸引了广大游客前来参观。但是,在实地调研的过程中,通过与当地居民的深入访谈可知,随着当地居民外出工作机会的增加,相对于较为普通的传

---

① Thomas P. Conspicuous construction: Houses, consumption and "relocalization" in Manambondro, Southeast Madagascar. *The Journal of the Royal Anthropological Institute*, 1998, 4 (3), pp. 425—446.

② 马戎:《西方民族社会学的理论与方法》,天津人民出版社1997年版,第69页。

③ 参见赵德光《现代化进程中云南石林阿诗玛文化的转型与重构研究》,中央民族大学博士学位论文,2004年。

统节庆，很多节日都不怎么过了，现在很多节日没有以前那般受重视了。

为旅游者专门设计开发的文化旅游活动，旅游者反映："节目表演有点不走心，表演的过程中还增加卖字环节，不知怎么设计的。表演掀不起高潮，太平淡了；视觉得不到冲击，没有了所谓的'新奇感'，希望他们能注重这一块的改变。"

（2）传统民居的"去地方化"。在实地调研中，笔者发现，千年瑶寨内出现商铺和客栈外租现象，这一点与旅游者在自媒体和网络新媒体上所发表的旅游评价及游记一致。逐渐出现瑶寨内外来人口的比例增加的现象，民居外租的比例也在逐年增加。千年瑶寨出现新的住宿功能——旅游民宿，其使得瑶寨传统民居功能空间发生改变甚至消失，同时，出现新的功能分区（如阳台、独立卫生间、Wi-Fi等），这些"去地方化"的出现缘于随着千年瑶寨旅游产业的发展，瑶族文化为适应城市旅游者对舒适型住宿条件和"异文化"体验的追求，而主动与旅游产业相融合的结果。

（3）民族语言的"去地方化"。千年瑶寨旅游产业的发展在一定程度上加剧了民族语言的"去地方化"。在实地调研中发现，在旅游发展的进程中，尤其是渴望参与旅游、发展旅游的当地居民，其更多的是在意自己能否与旅游者或者外来经营者进行良好的沟通和交流，对民族传统语言的传承与保护意识较弱。笔者在与当地居民访谈和交流的过程中发现，当地居民觉得"现在到千年瑶寨的旅游者越来越多，这些旅游者都是讲普通话和英语的，所以要学第二官话，而且通常以能否与旅游者交流来判断自己语言的技能"，也就是说，随着千年瑶寨旅游知名度的提高，越来越多的旅游者到访此地，旅游的发展使得民族语言在与旅游者的交流中的重要性大大降低，旅游和旅游者在潜移默化中影响着当地居民思考自身、思考未来，这也间接性地加速了民族语言的"去地方化"进程。

四、民族传统古村落（千年瑶寨）文化与旅游融合之效果

（一）官方

文化与旅游产业主动融合模式是旅游产业主动改变文化产业的过程，但这种改变过程需要依赖一种来自旅游产业、代表旅游产业特征的要素。

这一要素就是促使旅游产业主动与文化产业进行融合的本质。从官方角度来看，民族传统古村落（千年瑶寨）文化与旅游融合符合文化与旅游产业主动融合模式。从千年瑶寨旅游发展的历程可知，最初由政府提出并负责发展旅游产业，将旅游产业的多种旅游要素（吃、住、行、游、购、娱等）融入千年瑶寨独特的文化资源、民俗风情等中。这一时期，千年瑶寨的文化资源尚未引起旅游者的关注，政府利用旅游产业的特点，将这一文化资源推向市场，率先打开了千年瑶寨文化旅游的大门。政府为文化与旅游的融合发展发挥了积极的作用，但是，由于倾向于单纯追求经济效益的增长，对千年瑶寨文化资源的价值不够重视，故而由政府层面转向市场层面。相对来讲，这一阶段的融合产生的影响力一般。

（二）市场

文化与旅游产业被动融合模式，是指文化产业有意或无意地改变旅游产业链的过程。此融合过程主要是文化产业的要素跨越产业边界并基于共用载体应用到旅游产业的创新过程。从市场角度来看，民族传统古村落（千年瑶寨）文化与旅游融合更符合文化与旅游产业被动融合模式。随着千年瑶寨旅游产业的发展，更是发展到文化与旅游产业交互融合模式。文化与旅游产业交互融合这一过程，主要是旅游产业跨越产业边界去改变文化产业，同时，文化产业的要素也跨越其产业边界应用到旅游产业的创新过程。文化与旅游产业交互融合是主动融合和被动融合的综合体。

2014年，广东千年瑶寨旅游开发有限公司介入千年瑶寨旅游产业，标志着市场在千年瑶寨旅游产业的发展中、在旅游资源配置中起决定性作用，标志着经济发展方式的转变，政府在其中更好地发挥指导作用。广东千年瑶寨旅游开发有限公司更加注重挖掘千年瑶寨的民族文化。这一阶段的文化与旅游产业融合，更多的是文化产业（瑶族特色文化）有意地改变旅游产业链的过程，该融合过程主要是瑶族文化要素跨越产业边界并基于共用载体应用到旅游产业的创新过程。例如，瑶族是一个歌声里的民族，千年瑶寨是20世纪50年代世界经典名曲《瑶族舞曲》的原创地。千年瑶寨利用这一得天独厚的民族音乐文化底蕴，率先推出旅游音乐营销。千年瑶寨深入挖掘瑶族音乐文化，结合现代流行元素，挖掘创作了包括《千年瑶寨》《千年瑶寨等你来》《瑶寨晨曲》《幺妹多情》《醉美连南》《八排瑶》《跟着音乐去旅行》等优秀原创名歌。这一系列原创歌曲一经创作，便上线酷狗、百度、QQ、网易云、多米等音乐网站，点击量超5亿人次。此外，千年瑶寨多次举办各种音乐活动，2014年，成功举办首届"柠檬世界音乐节"、瑶族开唱节及"中国（清远）国际瑶族原创歌舞展演"，特邀国内外知名音乐人重磅打造瑶族音乐营销新篇章；2015年，在千年瑶寨启动大型跨界品牌营销活动"跟着音乐去旅行"；2018年，打造首届"千年瑶寨登高音乐节"，给旅游者带来一场震撼的表演，更利用无人机梯队拍摄盘王峰顶对唱山歌视频，将瑶族的风土人情传遍世界。千年瑶寨将瑶族音乐文化与旅游融合起来，使瑶族音乐得到更好的传播和宣传，同时也使千年瑶寨的旅游更具有文化内涵、独特性、不可复制性。正是这种巨大的文化差异，使千年瑶寨的旅游更具吸引力和文化魅力。

千年瑶寨紧跟市场脉搏，将千年瑶寨的民族文化与"网红真人秀"相结合，策划具有民族文化特色的"网红营销"；邀请"网红"以网络直播、电视纪录的方式，全方位展现千年瑶寨的古朴与秀美，将"网红文化"同连南瑶族旅游资源有机融合，采用"网红直播+旅游"的形式，和旅游"大V"一起，运用新媒体平台传播瑶族文化。户外真人秀节目《广州跑男》等综艺节目在千年瑶寨录制，通过与综艺节目合作，千年瑶寨在年轻人群体中迅速火起来。千年瑶寨锁定旅游目标市场和"80后""90后""00后"等受众群体，抓住年轻人的旅游偏好，使千年瑶寨民族文化在新时代背景下焕发年轻活力。这是文化与旅游融合的一种创新的宣传形式的体现，是民族文化与新媒体、互联网结合的体现。

五、小结

（一）民族文化与旅游互动发展下传统文化的重构

旅游学家认为，旅游是一把双刃剑，旅游产业的发展会给旅游目的地带来正面和负面的双向影响。由于民族地区面对现代旅游者和现代旅游时处于相对的弱势地位，负面影响或许更突出。著名旅游人类学学者埃里克·科恩（Erik Cohen）强调，商品化对文化的冲击往往不是在文化繁荣的时候，而是在文化不景气的时候。此时，旅游市场的出现常常有利于文化传统的保护，而不是破坏。如果不这样，某些传统文化将濒临灭绝。他进一步说："文化商品会给旅游产品增加新的含义，可使一个地区的文化通过展示而得到认同,出现新的自我再现。"① 作为边缘地区且极具文化特色的民族传统聚落,无论是经济和文化都显现出脆弱性,也正因为如此,就更要通过旅游的发展带来经济的繁荣,进而促进文化的传承和创新,旅游正是文化繁荣的途径。

民族传统古村落(千年瑶寨)文化在与旅游融合发展过程中互动效果较好,也得到了市场的积极反馈,在二者的互动发展下出现了民族传统文化的重构。千年瑶寨少数民族文化灵活地与旅游产业融合,考虑旅游者和旅游市场的需求,在保持自身文化特色的前提下适当地重构。千年瑶寨整合传统少数民族文化元素,从而形成了文化品牌。不管是文化产品、功能、内涵和活动内容,还是主体方面,都是对瑶族传统文化的再创造,在这一创造的过程中,旅游发挥了助力作用。通过对瑶族传统文化的重构,以及与现代文化形式的结合、与旅游产业的互动,千年瑶寨实现了对地方意义和地方形象的塑造。(见图 6 – 13)

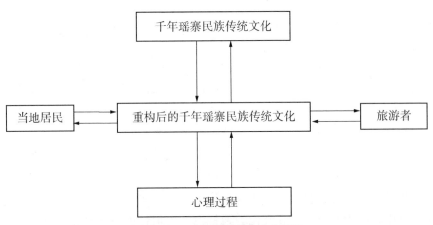

图 6 – 13　千年瑶寨民族文化重构

时代背景的变化使千年瑶寨少数民族传统文化与旅游进行了调适、融合,千年瑶寨开始呈现出与传统文化不同的特点。首先,举办主体的改变使千年瑶寨民族传统文化开始走向市场,呈现市场的特点。同时,市场对传统节庆活动进行了利用和改造,在保留了传统核心元素外,增加了许多

---

① [以色列]埃里克·科恩:《旅游社会纵论》,巫宁等译,南开大学出版社 2007 年版,第 47—48 页。

现代节庆活动的表现形式。其次,千年瑶寨民族传统文化传承主体的目的性发生了变化,传承方式也发生了变化,出现了培训传承等方式。最后,引入新媒体、新科技,使传统文化更贴合旅游市场和旅游者的需求,其传播方式更加多元化、更加新颖,传播渠道更加迅速。

传统的盘王节、耍歌堂是瑶族传统民俗节庆的重要组成部分。尤其是盘王节文化习俗在千年瑶寨的实践过程中,彰显了当地居民身份,提升了瑶族族群的凝聚力。盘王节节日的内容、形式、功能等都出现了不同程度的重构,旅游者的观赏和体验互动使盘王节的功能出现新的变化。瑶族舞曲、瑶族歌舞等歌舞文化与新媒体、"网红"等具有市场的新事物结合,改变了民族文化的传播形式,扩大了民族文化的受众群体,使千年瑶寨的民族传统文化更具时代气息。

政府、企业、新媒体、自媒体等的组织或参与,增加了盘王节、瑶族歌舞、传统节庆等的宣传效应,加强了当地居民对民族传统节庆的重视和尊重意识,增强了文化自豪感,也使旅游者进一步了解瑶族文化。

(二)民族文化与旅游互动发展下"去地方化"与"再地方化"并存

旅游发展为千年瑶寨这一非核心区的旅游目的地带来了民族传统文化"再地方化"与"去地方化"交互并存的局面。一方面,千年瑶寨旅游产业的发展为千年瑶寨民族文化的延续与传承带来了新的传承方式和新时代文化发展下的意义,同时,也为瑶寨经济的发展提供了重要支持;另一方面,千年瑶寨旅游产业的发展为千年瑶寨的当地居民带来了更多关于对自身文化的认知和对自身的深刻认知,这是当地居民在新时代背景下、全球化浪潮中,出于对自己民族文化的独特性与价值性的再次认知。在千年瑶寨旅游产业的发展所带来的多方力量的共同作用下,促进了千年瑶寨民族文化某些方面的"再地方化",例如,在节庆活动、建筑空间、民族服饰、对自身民族文化的认同等方面,出现了"再地方化"的过程;同时,也可以看到,千年瑶寨旅游产业的发展所带来的并不全是对民族文化的"再地方化",在某些方面可能已经引起民族文化的"去地方化",例如,瑶族语言应用面存在局限性,传统民居的改造丧失瑶族的文化元素,等等。可以说,千年瑶寨的民族文化正经历着"传承、保护"与"发展、创新"交织的过程。

（三）不同群体在不同空间中"去地方化"与"再地方化"的表征差异

通过实地调研分析可知，不同群体在不同空间中的"去地方化"与"再地方化"的表征存在差异。在千年瑶寨外部，当地居民搬离千年瑶寨之后所形成的新的居住地是新的非旅游目的地。当地居民对更舒适美好生活的向往，加之现代化的推动，族群文化缓慢发生了"去地方化"。在千年瑶寨内部，随着旅游产业的发展，大量当地居民已经外迁，使瑶族鲜活的日常生活文化出现断裂式的"去地方化"，千年瑶寨的生机不如以前；但是与此同时，千年瑶寨寨内传统民居建筑保存完好，族群群体自觉地维护民族文化，旅游所带来的又是一种保护与维持的"再地方化"现象。千年瑶寨内部核心旅游景区，并没有因为旅游产业的快速发展产生过度的商业化。少数民族地区旅游的发展是根据旅游市场的需要，来强化、放大民族文化的特征和符号意义。少数民族地区旅游发展的进程往往伴随着民族文化的"再地方化"与"去地方化"交织的局面。在旅游发展的进程中，当"再地方化"占据主导地位时，这一地方的尊严感、荣誉感就会增强，促使当地居民形成文化自觉，进而产生文化自豪感，当地居民就会自觉去维护该地方的独特性，如纳西族的文化在丽江古城的表征。在旅游发展的进程中，当"去地方化"占据主导地位时，这一地方的荣誉感会降低，外来文化入侵地方文化，地方文化出现基因的变异，当地居民会逐渐忘却地方文化进而完全接受外来文化。旅游开发既能给少数民族地区带来经济效益，同时，也为少数民族地区在旅游开发的进程中保护地方特性、重建地方文化、树立文化自信、自觉维护地方文化，进而保护中华民族文化的多样性提供保障。

第七章 岭南文化与旅游产业融合发展的政策响应

第一节 高度重视岭南文化与旅游产业融合发展

一、充分认识岭南文化与旅游产业融合发展的重要性

文化与旅游产业的融合,是顺应全球产业融合发展大趋势的客观要求,是实现文化与旅游产业互动双赢的必然选择,是带动就业、促进经济又好又快发展的重要保障,二者的融合发展具有重大的现实意义。推动岭南文化与旅游产业融合发展是顺应全球产业融合发展大趋势的客观要求。20世纪末以来,产业融合作为一种新兴的经济现象初步展现,并在全球范围内呈现出蓬勃发展的态势。伴随着经济全球化、世界经济一体化的发展,文化经济化、经济文化化、文化经济一体化也日益成为世界经济发展的重要趋势,文化经济作为一种全新的现代经济形态,引起了世界各国的高度关注和倾力支持。

随着技术更新步伐的加快和经济服务化趋势的加深,文化与旅游产业融合作为提高产业生产率、竞争力的新兴发展模式和产业组织形式,正在给文化与旅游产业的发展和经济转型注入新的动力。推动落实岭南地区的文化与旅游产业融合发展,将会是岭南地区未来发展的主要战略之一。

(一) 文化与旅游产业融合的时代背景

党中央、国务院高度重视发展文化与旅游产业。习近平总书记强调,中华民族在几千年历史中创造和延续的中华优秀传统文化,是中华民族的

根和魂。旅游是传播文明、交流文化、增进友谊的桥梁，是人民生活水平提高的一个重要指标。在中国特色社会主义进入新时代的关键时期，以习近平同志为核心的党中央决定组建文化和旅游部，这是党中央站在新的更高起点谋划和推进文化和旅游改革发展所做出的重大决策部署，是着眼于增强和彰显文化自信，统筹文化事业、文化产业发展和旅游资源开发，提高国家软实力和中华文化影响力，推动文化事业、文化与旅游产业融合发展。

原文化部和原国家旅游局共同出台《关于促进文化与旅游结合发展的指导意见》，提出推动文化与旅游结合发展的一些举措。旅游产业具有文化承载功能，旅游产业已成为推动文化产业发展的重要动力。《中共中央关于深化文化体制改革推动社会主义文化大发展大繁荣若干重大问题的决定》强调，"推动文化产业与旅游、体育、信息、物流、建筑等产业融合发展"，"积极发展文化旅游，促进非物质文化遗产保护传承与旅游相结合，发挥旅游对文化消费的促进作用"，对文化与旅游的融合发展提出了新的要求，促进了发展旅游产业与推动文化大发展大繁荣的结合。进入"十二五"时期，作为"国民经济支柱产业"的文化产业，与同样作为"战略性支柱产业"的旅游产业将会产生日益紧密的互动、融合与发展。文化与旅游产业的融合发展也必将成为深挖地方文化资源、带动旅游产业升级、促进经济结构战略性调整、拉动地方经济迅猛腾飞的不竭动力。

21世纪，我国经济社会发展进入全面建设小康社会、加快现代化建设的新时期，面对着消费结构的转型升级和群众不断增长的精神文化需求，文化产业加快发展和转型升级，成为全社会的一项系统工程。文化经济和旅游经济是一国经济发展的重要形式，是促进经济实现可持续发展的直接动力。在科技不断进步的支撑下，在全球经济一体化的背景下，文化产业迅猛发展，文化影响力大幅提升，文化产业对旅游产业的牵引、指导、增值作用日益突出，旅游产业也逐渐显现出承载文化的作用，成为促进文化产业不断发展的推动力。可以说，文化与旅游产业的融合顺应了发展现代产业体系的要求，也是推动文化与旅游产业实现可持续发展的重要路径。

伴随着文化经济化的发展和自身影响力的提升，文化产业对旅游产业的牵引、指导作用也越来越明显，这种发展顺应了全球产业融合发展大趋势的客观要求。

1. 产业融合是实现文化与旅游产业互动双赢的必然选择

融合互动是产业集成的一种有效形式,有助于在产业边缘地带激发出全新的产品,形成互生共赢的多重效应。

文化与旅游产业的融合是实现二者互动双赢的必然选择,也是最佳路径。具体来说,文化与旅游产业在融合的过程中,能够优化生产要素的配置,延长旅游产品的生命周期,缓解旅游目的地淡旺季差距,促进旅游产业提质升级,拓展旅游产业的内涵与外延;同时,作为文化产业重要载体的旅游产业,能够增进人们对相关知识的认知和理解,促进文化的发掘和传承,实现文化的保值增值,为文化的发展提供强大的后劲,从而在极大程度上拓宽了文化产业的发展空间。

2. 产业融合是带动就业、促进经济又好又快发展的重要保障

推进文化与旅游产业的融合,是全面贯彻落实科学发展观、加快转变经济发展方式、促进经济又好又快发展的重要保障;同时,文化与旅游产业都有强大的连带和渗透作用,同为劳动密集型产业的文化与旅游产业,不但不会破坏已有的产业,而且可以与任何一个产业结合并产生强大的生命力,在更大程度上促进既有产业的发展,给原来单纯的产业机体带来高额增加值。在这个融合互动的过程中,文化与旅游产业各自发挥功能,不但创造巨大的物质财富,而且能增加就业岗位,吸纳大量的剩余劳动力,从而缓解就业压力,维护社会和谐稳定。

(二) 文化与旅游产业发展概况简析

大数据显示,与往年相比,2018年国庆假期旅游消费支出在消费总支出中的结构和层次发生重大变化。经中国旅游研究院(文化和旅游部数据中心)测算,全国共接待国内游客7.26亿人次,同比增长9.43%;实现国内旅游收入5990.8亿元,同比增长9.04%。毫无疑问,国庆假日旅游再次实现了大丰收,其中,文旅融合产品更是获得市场的高度认可,引爆游客的游玩热情。调研数据显示,国庆期间,超过90%的游客参加了文化活动,超过40%的游客参加了2项文化体验活动,前往博物馆、美术馆、图书馆和科技馆的游客达到40%以上,37.8%的游客停留在文化体验中的时间为2~5天。国内主要在线旅游平台(OTA)数据显示,10月1日—7日,文化类景区整体预订量同比增长超过36%,景区门票、文化展演类产品预订量增幅最大。圆明园、故宫博物院、秦始皇陵兵马俑等文化类景区吸引了大量游客，北京、宁波、无锡、西安、杭州、南京等成为热门文化类旅游目的地。城市旅游与乡村旅游比翼齐飞，红色旅游、遗产旅游、节庆旅游和体验旅游走俏，旅游消费层次提升。特别是城市旅游，"诗"和"远方"紧密共融互生，优质文化旅游产品与文化旅游新业态带给游客不同于以往的精神享受。

节日期间，北上广等一线城市均推出文旅融合的旅游产品，"旅游+文化"成为假日主旋律。与国庆关联的红色旅游自然扮演重要角色。北京市推出"博物典藏文化之旅""红色圣地爱国之旅"等20条红色旅游线路，在满足观光的同时开展红色教育。红色旅游在假日走俏并非偶然。近年来，北上广及革命老区等地的红色旅游进入品牌营销时代，并逐渐成为旅游投资一大热点。相关资料显示，2011—2017年，北京市财政资金投资红色旅游景区超过1亿元。同时，挖掘城市文化遗存的遗产旅游成为假日旅游新的风景线。住房和城乡建设部节前发布通知，要求各城市坚持城市修补和有机更新理念，延续城市历史文脉，保护中华文化基因，留住居民乡愁记忆。节日期间，上海市兴起遗产旅游，把建筑遗产、工业遗存与旅游进行结合，提出"阅读城市"理念。除了工业文化与慢跑、骑行结合的旅行体验外，商业与文化的融合也成为旅游热点。广州的旅游大巴串联近30个著名景点，带领游客领略新城和老城的不同魅力。

消费升级大背景下，游客越来越重视旅行的体验，"体验旅游"大行其道。2017年，我国各类非遗机构举办非遗演出5万多场、民俗活动1.5万多次。随着更多非物质文化遗产融入，节庆旅游与非遗体验结合，非遗衍生产品与服务形成一股新潮流。例如，四川举行首届洛带客家文化节，非遗文化传承人现场诠释擂茶文化，非遗技艺的现场展示与表演很有看点。体验旅游由过去小众市场发展为大众市场。东阿阿胶策划的"五觉探秘东阿阿胶"就是典型一例，它将生产场景融入互动体验，游客通过亲身参与活动，提升消费兴趣与品位。在乡村，文旅融合越来越深入，"农业+文化+旅游"项目成为风尚。各乡村旅游景区创新开发传统农事节庆和民俗表演项目，增加农事体验、手工艺体验等体验性旅游产品，带动旅游诸要素全面发展。乡村旅游的提档升级，突出表现在精品民宿的走俏上。国庆长假期间，山东青岛高端民宿入住率高达100%，中档民宿入住率也都在90%以上。浙江德清莫干山民宿更是一房难求，一些精品民宿预订已经排到第二年。

在优质旅游的发展背景下，全域旅游如火如荼。浙江的龙泉青瓷小镇不仅以善于讲故事闻名，而且通过全域旅游活力释放，促进了国庆假期旅游的火爆；其推出的青瓷寻踪剧场、非遗传承中心、国际陶艺村和青瓷主题餐厅等，饱含浓郁的青瓷文化气息，打破了以往县域旅游单一的格局，促进了乡村文化遗产保护与传承及其旅游商品转化，推动新兴旅游要素全面发展。这也是那些凸显当地地域文化、旅游要素全面规划的各类旅游小镇、风情小镇走俏的原因。《乡村振兴战略规划（2018—2022年）》强调，在发展乡村旅游过程中，要加强规划引导、典型示范，建设一批特色鲜明、优势突出的农耕文化产业展示区，打造一批特色文化产业乡镇、文化产业特色村和文化产业群。多业态支撑的全域旅游格局必将改变今后假日旅游消费的面貌。

邹统钎（2018）分析，从需求上看，文化旅游产品寓教于乐的特征同时满足了游客假期休憩、自我学习与个人成长等多重需求；长假期间夜生活的需要极大地推动了基于非遗的文化演艺旅游产品需求；亲子游的发展增加了对基于文化的体验性、参与性强的创意旅游产品需求。从供给上看，随着文化和旅游部的设立，地方文化和旅游部门主动开展文化与旅游产业融合项目的积极性和自觉性高涨；为了提高产品竞争力与不可替代性，旅游企业基于地方物质文化遗产、非物质文化遗产的文化创意意识也明显增强。钟林生（2018）认为，国庆假期文旅产品火热的主要原因：一是有效供给增加，全域旅游的深入推进加快了旅游与文化创意产业的融合，使文化旅游产品形态越来越丰富；二是游客需求更加多元，不再满足于一般性观光度假，对旅游对象的科学文化内涵兴趣不断加大，希望通过文化旅游陶冶情操、增长知识；三是文旅融合路子更宽了，已经与研学旅游、节庆活动、会展等实现了有机结合，形式更加多样。

事实上，国庆假期，各地推出大量各具特色的文化旅游活动和线路产品。安徽安庆举办第八届中国（安庆）黄梅戏艺术节，通过"白天看景·晚上看戏"，吸引了3万余名游客感受黄梅戏艺术节氛围。河北正定推出了20多项旅游文化活动，"奏响正定·祝福祖国"民乐演出、"古城正定国际旗袍比赛"、皇家马戏团全球巡演、2018年第十三届"中国·石家庄国际动漫博览交易会"等令游客目不暇接。"假期旅游是一种个人与家庭追求自我实现的快乐幸福生活方式，也是一种愉悦与滋润人们身心的文化之旅。国庆假期，文旅融合产品火热，反映了人们缅怀历史，传承文化，渴望了解中华民族发展的里程碑与精彩故事的文化需求；反映了人们面向未来，渴望了解科学技术与世界发展趋势的文化需求。"[1] 何建民（2018）认为，缅怀历史，面向未来，愉悦与滋润人们身心的文化旅游，始终是假期旅游的重要主题与内容。"特别是考虑到我国 15 岁以下的少年儿童约有 2.4 亿，越来越多的中国父母正成长为'陪伴型'父母，国庆假期又是父母带领小孩进行寓教于乐活动的重要时机，有文化教育意义和旅游休闲功能的产品走俏就在情理之中了。"[2] 李柏文（2018）表示，旅游对历史文化复兴、传统技艺传承作用巨大，文旅融合度高是优质旅游产品的重要标志。从国庆假期文旅融合态势来看，我国旅游产品的文化含量明显提高，旅游产品通过文化的注入，其品质得到大幅提升；文旅融合方式进一步多样化、深度化和专业化，特别是博物馆、科技馆、图书馆等文化场所加速旅游化发展，实现了文旅业态的共享式发展。未来，还应对文化资源的保护、利用与开发进行分级分类，采取有针对性的策略；大力发展文创旅游产品；坚守文化底线，防止过度演绎甚至传播错误的历史文化知识，培养正确健康的文化旅游消费观与消费行为；充分发挥我国传统文化优势，打造世界级文旅精品；走出国门，大力培养境外中国文化旅游消费市场。

　　随着消费升级，休闲度假旅游时代来临，"扎堆"出游的状况亟待改变。相关大数据显示，游客更愿意把钱花在旅游体验上。假日集中爆发的供需矛盾很难通过供给方的全面改善得以缓解。随着当代科技的进步和经济全球化的发展，文化产业迅速崛起，文化影响力大幅提升，文化产业对旅游产业的牵引、指导、增值作用日益突出，旅游产业也日渐彰显承载文化的功能，成为推动文化产业发展的重要动力。可以说，文化与旅游产业的融合升级是现代化产业体系的必然要求，也是中国作为文化大国和旅游大国提高资源利用率，推动文化与旅游产业实现可持续发展的重要路径。

　　随着大众旅游的兴起和全域旅游的大力推进，旅游产业对地区经济的支撑持续增强，尤其是以文化旅游为代表的新型业态迅速崛起。以自然风景和历史文化资源为依托的旅游开发是文旅产业的初级阶段，然而随着经

---

[1] 何建民：《新时代我国旅游业高质量发展系统与战略研究》，载《旅游学刊》2018 年第 33 卷第 10 期，第 9—11 页。
[2] 李柏文：《新时代旅游产业体系的特征与建设》，载《旅游学刊》2018 年第 33 卷第 10 期，第 7—9 页。

济和社会的发展，文化产业既是繁荣社会主义文化的重要内容，也是不断满足人民过上美好生活新期待的重要途径，同时也是促进经济转方式、调结构、惠民生的重要举措。《中共中央国务院关于完善促进消费体制机制进一步激发居民消费潜力的若干意见》指出："稳妥把握和处理好文化消费商品属性与意识形态属性的关系，促进包容审慎监管与开放准入有效结合，努力提供更多优秀文化产品和优质文化服务。"

（三）岭南文化与旅游产业发展概况简析

2014年，广州文化产业增加值占地区生产总值（GDP）比重仅为5.08%，在国内七大主要城市中排名第6位，仅仅高于重庆（3.60%），与北京（13.10%）差距悬殊，与天津（7.50%）、苏州（6.50%）、上海（6.40%）、深圳（6.50%）等城市也有一定差距，这与广州市作为全国第三大经济城市的地位是不相称的。从旅游产业来看，近年来，广州的旅游产业总收入和旅游外汇收入仅次于北京、上海，但广州的旅游产业产值只有京沪的1/2，差距明显。与此同时，广州旅游竞争力明显下降。2014年，中国旅游研究院、携程网联合发布的"中国最佳旅游目的地城市"榜单显示，广州没有进入前十名。2015年，中国著名旅游网站同程旅游发布了首份"最佳国内旅游目的地城市排行榜"，广州也没有进入前十名。岭南地区的核心广东省在日趋激烈的竞争中亟须创新和发展。

文化是旅游的灵魂，旅游是文化的重要载体；没有文化的旅游缺少魅力，没有旅游的文化缺少活力。如果广州市能够实现文化与旅游两大产业相互渗透、有机融合，必将有助于两大产业协同增值，从而不仅将在很大程度上提高广州文化产业增加值，提升广州文化创造力和影响力，而且必将在很大程度上提高广州旅游竞争力，从而为广州经济发展提供新的动力源和增长极。

习近平总书记2018年在永庆坊参观时，强调"注重文明传承、文化延续"。"非遗"的传承和保护一直是广东省文化和旅游厅近年来一直在重点推动的工作。在视察中，习近平总书记强调，要推动物质文明和精神文明协调发展，不断提升人民文明素养和社会文明程度。牢牢把握习近平总书记重要讲话精神，特别是"改革开放再出发""推动物质文明和精神文明协调发展"等论述，对广东省乃至整个岭南地区的文化和旅游发展具有重大的指导意义。① 整个岭南地区应以此统一思想、指导实践、引领发展，全力推动文化和旅游工作融合创新发展，促进物质文明和精神文明协调发展，不断开创岭南地区文化和旅游工作新局面。

在当前文化与旅游产业融合如火如荼发展的背景下，历史悠久、内涵丰富的岭南文化与旅游的发展是大势所趋。

二、深刻认识岭南文化与旅游产业融合发展的紧迫性

（一）政策背景

习近平总书记在2018年"七一"讲话中提出，要坚定"四个自信"（道路自信、理论自信、制度自信、文化自信），第一次将文化自信与中国特色社会主义道路自信、理论自信、制度自信并列，并对文化自信做了深刻阐述，他指出："文化自信，是更基础、更广泛、更深厚的自信。在5000多年文明发展中孕育的中华优秀传统文化，在党和人民伟大斗争中孕育的革命文化和社会主义先进文化，积淀着中华民族最深层的精神追求，代表着中华民族独特的精神标识。"②

以习近平同志为核心的党中央提出的治国理政新理念新思想，为我们坚定文化自信、加强岭南文化建设提供了理论指南和行动遵循。在几千年的中华文明发展史中，广东积淀起以岭南文化为总揽的独特的文化标识，而其中丰富多彩的地方特色传统文化、革命文化，以及在改革开放中形成的先进文化，包含敢为人先、务实进取、开放兼容、敬业奉献的广东人精神，厚于德、诚于信、敏于行的新时期广东精神。从"更基础、更广泛"和"老百姓"的视角，坚定文化自信，契合了广东新常态下经济转型升级对提升文化软实力的时代要求，也将为广东率先建成小康社会提供重大引领。结合广东当前推进率先全面建成小康社会，充分挖掘地方特色的优秀传统文化资源，弘扬优秀传统文化，加强文化与产业融合发展和创新。

---

① 参见《习近平：高举新时代改革开放旗帜　把改革开放不断推向深入》，新华网，2018年10月25日，见http://www.xinhuanet.com/2018-10/25/c_1123614520.htm。

② 陈振凯、雷龚鸣、何美桦：《习近平谈文化自信》，载《人民日报》（海外版），2016年7月13日第12版，见http://paper.people.com.cn/rmrbhwb/html/2016-07/13/content_1694983.htm。

近年来,在各级党委、政府的领导和支持下,文化、旅游相互融合、相互促进,取得了一定的经济效益和良好的社会效益。但总的来看,文化与旅游结合发展仍存在合作领域不宽广、合作机制不顺畅、政策扶持不到位等问题,文化和旅游发展现状与当前日益增长的市场需求还不完全适应。在新形势下促进文化与旅游深度结合,是文化和旅游部门的共同责任。为此,原文化部和原国家旅游局共同出台《关于促进文化与旅游结合发展的指导意见》(以下简称《意见》),提出推动文化与旅游结合发展的一些举措。

文化是旅游的灵魂,旅游是文化的重要载体。加强文化和旅游的深度结合,有助于推进文化体制改革,加快文化产业发展,促进旅游产业转型升级,满足人民群众的消费需求;有助于推动中华文化遗产的传承保护,扩大中华文化的影响力,提升国家软实力,促进社会和谐发展。各地要从构建社会主义和谐社会的高度,以"树形象、提品质、增效益"为目标,采取积极措施加强文化与旅游结合,切实推动社会主义文化大发展大繁荣。

建立文化部门与旅游部门协作配合长效工作机制,进一步加强对文化旅游结合工作的领导。原文化部和原国家旅游局成立了由两部门分管部局领导牵头、相关职能司局参加的文化旅游合作发展领导小组。各级文化部门和旅游部门要建立相应的合作协调工作机制,制定本地区文化旅游发展规划,定期通报文化旅游结合发展的最新动态,加强本地区文化旅游的紧密合作。

各级文化和旅游部门要进一步增强对文化旅游结合发展重要性的认识,增强使命感和责任感。要按照《意见》要求,在当地党委和政府的领导下,结合本地工作实际,抓紧制定贯彻《意见》的具体办法,精心组织,周密部署,扎实推进,确保各项政策措施落到实处。要加强统筹、分工协作,进一步完善文化旅游合作机制,积极探索推进文化旅游协作的新方法、新思路、新途径,不断开创文化旅游工作的新局面。

(二) 文化旅游竞争激烈

中国旅游研究院联合驴妈妈旅游网发布《2018 年清明假日旅游及景区消费报告》(以下简称《报告》)。《报告》显示,清明假期旅游消费高涨,文化需求活跃,全国国内旅游接待总人数 1.01 亿人次,同比增长 8.3%;

实现旅游收入 421 亿元，同比增长 8.0%。其中，景区是旅游消费的重要领域，全国各大景区迎来春季客流高峰，整体市场同比增长 35%。值得关注的是，文化类景区门票消费同比增长 58%，文化展演吸引游客人次较 2017 年同期增长 12%，旅游迎来文化、休闲融合发展新时代。

《报告》指出，清明假日期间，近郊祭祀扫墓、踏青、赏花是居民出游的主要动机，以博物馆、文化遗产、文化展演、宗教祈福等为代表的民俗文化游走热，参观文化场馆和游览名胜古迹的游客占比达 38.1%。文化展演吸引游客人次较 2017 年同期增长 12%，主打文化 IP 的景区逐渐赢得游客喜爱。博物馆方面，故宫博物院、青岛啤酒博物馆、上海中国航海博物馆、湖北省博物馆、上海汽车博物馆、杜甫草堂博物馆、景德镇古窑民俗博览区、天一阁博物馆、三星堆博物馆、金沙遗址博物馆这些具有当地历史文化特色的景区成为十大热门博物馆。

世界文化遗产景区方面，都江堰、黄山风景区、故宫博物院、鼓浪屿、明孝陵、秦始皇陵兵马俑、庐山风景名胜区、青城山、拙政园、宏村是十大热门世界文化遗产景区。被列入首批国家非物质文化遗产名录的都江堰放水节，通过《礼祭先贤》《敬祈福愿》《拜水大典》三幕实景画卷，将都江堰的历史文化精彩呈现，引各方游客点赞。

文化古镇方面，乌镇、南浔古镇、宁乡炭河古城、阆中古城、朱家角古镇、周庄古镇、古北水镇、绍兴古城、平遥古城、苏州同里古镇是最受游客喜爱的十大文化古镇，具有浓郁民俗风情的江南古镇、古城最具有代表性。此外，在文化 IP 方面，以印象系列为代表，《印象刘三姐》山水实景演出、杭州《印象西湖》实景演出、《大宋·东京梦华》表演、武夷山《印象大红袍》实景演出、《长恨歌》演出、《印象澜沧江》游轮演出、南京大报恩寺《报恩盛典》实景演出、海棠湾水稻公园《田野狂欢》大型实景演出、《印象丽江》表演、《印象普陀》实景表演是深受游客喜爱的十大文化展演。

2018 年，广东省旅游总收入 1.36 万亿元，同比增长 13.5%；旅游外汇收入 205.12 亿美元，同比增长 4.4%；接待过夜游客 4.9 亿人次，同比增长 10.4%。广东省文化产业增加值、旅游总收入和旅游外汇收入等主要指标连年位居全国第一。作为文化大省，广东文化产业增加值连年位居全国第一，约占全国文化产业总量的 1/7。

经广东省统计局核定，2017 年广东省文化产业增加值达 4817 亿元，占地区生产总值比重为 5.37%，当下，消费正成为中国经济增长的重要动力，普通大众在旅游、健身、文化消费等日常生活方面的支出也越来越大，文化和旅游消费拉动经济增长的空间很大。2017 年，共计 180 万人去广东省博物馆参观，广东省立中山图书馆也接待读者超过 460 万人次。一方面，这些公共文化单位满足了人民群众的精神文化需求，广大群众的文化获得感得到进一步提升；另一方面，这些文化消费也拉动了经济增长。

文化和旅游都是人民群众提升生活质量的重要组成部分。在当前全面学习贯彻落实习近平总书记重要讲话精神的热潮中，广东省文化和旅游厅坚持以人民为中心的发展思想，以高质量发展为目标，以融合发展为主线，以改革创新为动力。一方面，促进文化和旅游供给侧结构性改革，大力弘扬优秀传统文化，推动传统文化创造性转化、创新性发展，不断提供优质文化、旅游产品和服务；另一方面，通过推进文化和旅游领域治理体系和治理能力现代化，加快推进文化事业、文化与旅游产业融合发展。

我国旅游者的文化旅游需求不断在升级变化，岭南文化在当前竞争激烈的环境下亟须彰显实力，在满足人民日益增长的美好生活需要的前提下与旅游不断"融合—升级"。

（三）文旅本是一家亲

旅游与文化从来就是相生相伴、相互交融的。中华民族崇尚"读万卷书，行万里路"。"无论古今，无论中外，人们都认识到文化和旅游的密切相关性。"① 李金早（2018）认为，中央决定组建文化和旅游部，是从国家顶层设计上将"读万卷书"和"行万里路"有机融合。一些网民形象地说，这是"诗和远方走在了一起"。网民的这一表述，体现了他们对文化和旅游融合的赞同和期许。

自古文化与旅游就有紧密联系，而且是内在联系。中国古代文献中，关于"旅"的含义很多。其中之一见《管子·小匡》："卫人出旅于曹。"注曰："旅，客也。"《易·旅·疏》："旅者，客寄之名，羁旅之称，失其本居而寄他方，谓之为旅。"关于"游"，有重要意义的是孔子劝弟子们"游于艺"。宋人赵顺孙认为："游者，玩物适情之谓。"古人的许多出游，

---

① 李金早：《推进文旅融合发展　李金早详解机构改革"文旅情怀"》，新华网，2018 年 4 月 20 日，见 http：//www.xinhuanet.com/travel/2018-04/20/c_1122716596.htm。

尽管方式、内容等千差万别，但相同的是它们都注入了时代的、丰富的文化内涵。例如，外出求学，为"游学"；异地做官，为"宦游"；僧侣出游，为"游方"；等等。

由此可见，"旅"仅是人们的空间移动行为，而当其被赋予"艺""玩物适情"等文化元素后，就从行走或旅行变成旅游了。换言之，只有赋予文化内涵的行走，才是旅游；只有赋予文化内涵的旅行，才是旅游；只有赋予文化内涵的空间移动，才是旅游。由此，文化与旅游的紧密联系是不言自明的。

文化是旅游发展的灵魂，旅游是文化的传播载体。尽管文化与旅游的关系在旅游发展史上各个时期的体现不尽相同，但本质上离不开旅游者在旅游活动中追求的文化享受。随着人民生活水平和知识水平的不断提升，文化和旅游更加密不可分，由旅游引起的文化交流创造出一种新的文化业态。当今大众旅游时代，旅游不再是简单地看山看水，而是赏山赏水品文化，同时，走出门旅游更是人们拓宽视野、学习知识、提升文化的重要渠道。

旅游产品的竞争最终体现为文化的竞争上。岭南文化就是岭南地区旅游最好的资源，岭南地区的旅游就是岭南文化最大的市场。文化与旅游两大产业相互交融、相得益彰，岭南文化有利于岭南地区旅游的特色化、品质化、效益化发展。岭南地区的旅游有利于岭南文化的吸引力、竞争力、影响力的提升。先进文化、优秀文化注入旅游，可以使旅游发展方向正确，品位提升、内容丰富、亮点更多、商机更旺；大众旅游、优质旅游承载文化，可以使文化的载体更多、市场更大、传播更广、传承更久。

（四）岭南文旅融合化学反应"1+1>2"

文化和旅游产业的融合发展不是简单相加，而是有机融合，不是简单的物理叠加，而是复合的化学反应。只有这样，才能更好地落实中央关于组建文化和旅游部的决策部署，更好地满足人民群众日益增长的文化和旅游美好生活需要。

文化和旅游各有内涵，各具特色，各有自身发展规律。岭南文化和旅游的融合发展，一要克服惯性思维，避免各自为政、墨守成规、画地为牢；二要防止简单的、片面的、错误的文化或旅游虚无主义观念和简单、草率的相互替代的倾向。从岭南文化角度出发，切实遵循岭南文化自身发展规律,只有坚守岭南文化家园,坚持岭南文化优秀特质,不断开发优秀文化产品,才能更好地引领旅游,开拓更多的旅游发展空间,点燃更多灿烂的旅游亮点,形成更多的人民群众和广大游客喜闻乐见的文化旅游产品,进一步增强文化自信。

从旅游角度看,只有切实遵循旅游自身发展规律,不断开发旅游特色产品,提升文明旅游水平,加强旅游市场监管,强化旅游推广,加强旅游经营管理,在新时代尤其要大力发展全域旅游,积极主动开展旅游外交,推动优质旅游发展,才能更好、更有效地承载岭南文化、宣传岭南文化、传播岭南文化,提升岭南文化的影响力。

(五) 文旅融合加速推动"新旅游"时代到来

从党的十六大到党的十八大,我国对发展文化产业的重视程度已逐步上升到国家发展的最高层面,文化产业迎来了历史性的发展机遇。文化产业整体发展水平快速上涨的同时,各地文化产业也呈现出蓬勃发展的态势,但是,在发展规模和发展优势上都表现出了明显的差异。根据《国务院机构改革和职能转变方案》,不再保留文化部、国家旅游局,组建文化和旅游部,这是我国文化与旅游产业发展的重要节点。业内据此分析,文旅融合趋势进一步增强,文旅产业投资增长将持续走热,国有资本、社会资本、境外资本将形成百花齐放的格局。在资本、创意和科技的驱动下,旅游新产品新业态的迭代更新必然加快。

目前,岭南地区的文化旅游与金融结合还不多。但是,真正深入的旅游开发项目对资金的需求会很大,是未来的投资重点。当前,岭南地区文旅集团开发的重点在于特色文旅小镇。岭南地区的文旅项目投资建设不仅要继续鼓励引进国际高水平文旅品牌,更应该积极挖掘岭南文化资源,形成岭南文旅品牌,促进优秀文化传承,推动岭南文化走出去,加速推动岭南地区"新旅游"时代的到来。现在旅游产业处于快速发展阶段,布局也会发生变化,未来更多的大型综合性文旅集团,特别是国内一些集团会逐步涌现出来,而国外的大集团或大公司也会进入。当前,岭南地区主要的文旅产业集团包括广东省旅游控股集团、岭南集团、奥园文旅集团、聚元资本等知名旅游集团。2018年,广东省整合投资资源,举办了广东省旅游产业投融资对接会,着力建立旅游产业投资融资长效机制,搭建起永不落幕的广东旅游产业投资融资对接平台。文旅产业与金融产业的结合是大趋势。因为文旅产业的投资会越来越重，投资门槛会越来越高，如果没有金融资本支持，文旅产业投资可能非常吃力。

因此，如何利用国家把文化产业打造成为国民经济支柱性产业的历史发展契机来发展地方文化产业，成了岭南地区当前不得不考虑的问题。近几年，在相关部门的高度重视和大力支持下，岭南文化与旅游产业的融合得到空前发展，可以说，文化与旅游产业的"融合—升级"得到空前关注。但目前来看，二者融合发展存在的问题不可避免，因此，清除文化与旅游产业"融合—升级"的障碍势在必行。

第二节　创新机制体制，转变管理职能

一、健全部门职能整合机制

（一）"诗"和"远方"的落地

2018年3月13日，《国务院机构改革和职能转变方案》提请十三届全国人大一次会议审议。根据该方案，机构改革后，国家旅游局将和文化部合并，成立文化和旅游部。2018年3月17日，十三届全国人大一次会议批准了《国务院机构改革和职能转变方案》，业界高度关注的文化和旅游部正式组建。其主要职责是：贯彻落实党的宣传文化工作方针政策，研究拟订文化和旅游工作政策措施，统筹规划文化事业、文化产业、旅游产业发展，深入实施文化惠民工程，组织实施文化资源普查、挖掘和保护工作，维护各类文化市场包括旅游市场秩序，加强对外文化交流，推动中华文化走出去等，这标志着进入新时代的中国在文化体制改革上又向纵深迈进了一步。

文化旅游作为一个综合性、融合性很强的产业，一方面是靠"老天爷"的自然资源，另一方面是靠"老祖宗"的文化资源。如上文提到，文化产业、公共文化服务、文物保护和利用、旅游产业的发展是密不可分的。然而，从现实的管理体制来看，以上这些交叉融合领域归属不同管理机构，势必会形成"多管一"的局面。因此，近年来，很多地方的文化旅

游相关机构调整与合并，也正是基于管理内容日益交叉重叠的现实，以便统筹协调管理职能，提升政府服务效能。

文化与旅游相关管理部门合并为正部级单位，有助于产业、事业、文物、旅游管理的优化协同高效，有助于文化产业资源、公共服务资源、可开发利用的文物资源和旅游资源的统筹，这不是简单的"1+1=2"的问题。期待在理顺管理机制的基础上，资源优势、人才优势、资本优势能够得到更有效的整合与放大，促进文化旅游的可持续发展。这一组建，将增强和彰显文化自信，统筹文化事业、文化产业发展和旅游资源开发，提高国家文化软实力和中华文化影响力。

对于岭南文化与旅游的发展，2018年10月25日，广东省文化和旅游厅正式挂牌成立，同时，加挂广东省文物局牌子，不再保留省文化厅、省旅游局。此次挂牌不仅实现了现有资源的最佳配置与有效管理，为旅游产业注入全新的丰厚的文化底蕴，而且为文化事业的发展传承塑造了鲜活的产业形态。

组建广东省文化和旅游厅，是省委、省政府贯彻落实中央关于深化党和国家机构改革要求，着眼推动全市文化和旅游深度融合、高质量发展做出的重大决策；是对文化和旅游工作做出的新部署、提出的新要求，充分体现了省委、省政府对文化和旅游工作的高度重视；在广东省、岭南文化的旅游与发展史上，具有重要的里程碑意义。

"诗"和"远方"在一起，是国家文化事业和文化产业发展的需要。文化是旅游的灵魂，旅游是文化的载体。从本质上说，旅游是文化体验、文化认知与文化分享的一种重要形式。而文化又需要通过旅游这一载体加以传承和创新。整合文化部、国家旅游局的职责，组建文化和旅游部，将更有利于统筹文化事业、文化产业发展和旅游资源开发，提高国家文化软实力和中华文化影响力，推动文化事业、文化与旅游产业融合发展。

（二）文旅融合的重大意义

现在越来越多的大型项目，既是文化项目也是旅游项目，很多文化产业目标必须与旅游相结合。文化和旅游部门的合并，有利于解决文化事业内生动力不足的问题。很多地方建设的文化类场馆，其实支撑不了内生式的增长，没法解决事业与产业兼顾问题，很多事业都是赔钱的，文化与旅游结合，既能利用旅游壮大文化产业，也能强化旅游中的文化体验和产业

第七章 岭南文化与旅游产业融合发展的政策响应

属性。

具体实施方面，文化部有文化事业和产业功能，文物局管理着有旅游潜力的文物保护单位和文化遗产。如果再加上旅游，将有利于增强实施战略规划和大项目的整体性，促进协调管理、战略规划、资源互补、人才利用、产业链延长等。

在行政机构上实现文化与旅游的融合，将为文化与旅游产业发展扫除机制障碍。文旅产业发展，涉及事业单位、文化机构和资源的配置，他们既有文化事业的目标也有产业目标，成立新部门以后，两个领域可以联合行动。

文化旅游部门的融合，还将有望推动以更开放的眼光看待文化与旅游项目。目前，国内景区旅游门票收入普遍占比太大，这也是旅游项目缺少文化产品开发带来的弊端。文化和旅游部门组建以后，有助于加大文化产业挖掘力度，使硬件为内容服务。

文化是核心，旅游是平台。过去的旅游开发主要是经济层面的开发，但是从现在旅游的发展来看，包括文化街区的建设、文化演艺的建设、博物馆展示功能的出现，以及旅游目的地的开发，都需要将更有品位的文化元素镶嵌进去。文化和旅游部成立以后，可以更加便利地使文化与旅游在政府管理层面有机地进行合作，从制度设计来看，就促成了文化和旅游的合作。过去，旅游与文化部门各自分管，常常会出现文化部门与旅游部门在某些问题上的一些争论，实际上他们是完整的、一体的，文化是核心问题，旅游是展现文化的平台。所以在机构整合后，可以使旅游朝着更有品质、更有文化含意的道路上走，这样也推动了文化的传承。"随着中国旅游的发展，我们的传统文化，包括古镇的建设、非物质文化遗产的挖掘、中华文化遗产的挖掘等等，都是对传统文化的恢复，借助于旅游这个通道，更加丰富了文化发展的空间。"①

人民对美好生活的需要中，文化需要是很重要的一点。满足文化需要，旅游是重要载体之一。文化从地下走上来，从博物馆走出去，很大程度上需要靠旅游市场去激活。一些地方文化真正走出来让大家接受，很大

---

① 《文化部和国家旅游局合并　旅游业专家深度解读 | 凤旅观察》，凤凰网，2018年3月14日，见 http://inews.ifeng.com/yidian/56719483/news.shtml?ch=ref_zbs_ydzx_news&yidian_docid=0IXWo27f。

程度上是因为旅游。未来，旅游和文化互为表里的关系会更强。

过去，在非物质文化遗产旅游的活化和利用方面，旅游部门和文化部门的观念存在一定的矛盾，未来，随着统筹管理，在文化旅游资源的利用和保护上，将有更好的共识，而不是站在本位主义上思考。

文化和旅游部成立，将有利于丰富旅游的文化内涵，随着市场层面的产品跟进之后，将会为广大旅游者带来文化含量更高的旅游产品和旅游环节。"未来，也许旅游的事业属性将进一步强化，由国家投入建设公共的旅游设施，正如目前修博物馆、图书馆。"①

一方面，用文化的理念发展旅游，不仅意味着更强调旅游发展中对文化内涵、文化品质、中国文化的强调，而且意味着需要和文化产业与文化事业一样，发挥旅游的产业和事业双重功能。实际上，近五六年以来，我们通过《旅游绿皮书》一直在强调这种调整的必要性。众所周知，我国旅游发展过程中，曾经历从事业（外交）到产业（经济）的转变。随着经济和社会的发展，从满足人民的美好生活需要的角度来看，旅游应该同时具备产业和事业的双重属性。除关注旅游的经济效益外，更加关注旅游在改善民生福祉、实现社会和谐、平衡区域发展、促进文化发展、保护生态环境、提升国家形象等方面的作用；除在竞争性领域发挥市场配置资源的决定性作用外，更加强调政府在保障公民休假权利和旅游权利等方面的重要作用。未来的旅游景点尤其是依赖于国有资源发展的景点是否会和博物馆、图书馆、文化馆等文化设施一样实行低价甚至免费政策，对此我们是可以期待的。

另一方面，用旅游的方式传播文化具有对内和对外两重价值。对内而言，从满足人民美好生活需要的角度出发，以旅游这种喜闻乐见的方式，丰富文化产品和服务的供给类型与供给方式，让更多文化资源、文化产品发挥价值；对外而言，通过旅游传播中国文化，体现中国软实力，也是重要的方式。旅游是国际化程度较高的行业，不管是入境旅游还是出境旅游，通过人员的跨境、跨国流动，增进文化交流，传播中国文化，还有很大空间。

---

① 《文化部和国家旅游局合并 旅游业专家深度解读丨凤旅观察》，凤凰网，2018年3月14日，见 http://inews.ifeng.com/yidian/56719483/news.shtml? ch = ref_zbs_ydzx_news&yidian_docid = 0IXWo27f。

(三) 文旅融合的协调相互作用

过去,我们认为文化和旅游属于"社会事业",其实他们也具有产业属性,政府通过文化旅游为大家提供公共文化服务和旅游服务的同时,文化与旅游产业也能拉动经济,所以必须要"两手抓",要把文化与旅游产业打造成为岭南地区重要的战略性支柱产业,把文化旅游消费培育成为新的经济增长点,既要满足人民的美好生活需要,又要实现经济的高质量发展,为广东省走在全国前列贡献力量。

在文化和旅游部门合并前,虽然广州市已出台了有关加快发展服务业、建设文化强市、促进文化与旅游结合发展等相关文件,但对文旅统一规划与开发、形成完备的文旅服务体系缺乏清晰认识。各部门对文旅复合体系的建设未能达成共识,仍处于各自为政、各管一方的局面。以广州城区珠江水域为例,目前存在条块分割、多头管理的问题,区域内历史文化资源分属航运、旅游、宗教、文化等多个部门管辖,既制约了历史文化资源在市场条件下发挥其潜在的商业、旅游价值,也严重影响了规划部门对其进行保护与控制。旅游、文化、商业部门对各自产业开展了相关的研究和规划,但无论由哪个部门组织编制的规划,都存在着一定的局限性,注重商业旅游发展与彰显和保护历史文化在着力点上的差异形成了分力。由于专业视角的限制,许多规划只是停留在静态的环境整治和外部形象改善的层面上,以类似环境整治规划的名义出现,缺乏对历史文化资源的动态利用和与旅游商业市场接轨的预想。

广东省文化和旅游厅组建后,文化和旅游将深度融合,起到"1+1>2"的作用。文化是做内容的,旅游是做渠道的,两者融合之后能相互促进,使文化有更多的传播渠道,令旅游有更丰富的内容,真正让"诗"和"远方"走在一起。目前,对于珠三角地区的人来说,旅游已成中产家庭"标配",旅游需求非常旺盛,城市旅游、工业旅游和文化旅游发展潜力巨大。将"读万卷书"和"行万里路"结合起来,去历史上发生过故事的地方游历,既让城市遗迹发挥教育功能,又让人感受到城市的魅力。

广东省文化和旅游厅作为主导岭南地区文化旅游发展的行政部门,主要负责协调社会各方面力量来改善岭南文化旅游发展大环境的工作。广东省文化和旅游厅不仅要规划岭南地区整体的文化旅游形象,还要做好相应的宣传推广工作,尽量激发企业的投资和经营积极性,为文化与旅游产业融合打破行业壁垒,切实保护消费者权益。

政府在协调管理社会发展方面发挥着重要作用。广东省文化和旅游厅不仅代表着政府,要厘清管理体制,尽量避免出现多头管理(如果有哪些政策规制会阻碍或破坏产业融合,那么应当尽量消除),更要建立统一管理机构,其中的工作人员均来自相关对口部门,以更好地管理与发展融合项目。在规划方面,广东省文化和旅游厅可以起到引领的作用。岭南各地区要将旅游发展纳入经济社会发展规划和城乡建设、土地利用等规划中,从空间规划、土地供给、产业布局、基础设施建设等方面予以大力支持。广东省旅游行政部门要联合有关市人民政府加强论证,研究编制粤港澳大湾区旅游发展规划、环丹霞山生态旅游发展规划、环罗浮山—南昆山生态旅游发展规划、海陵岛—水东湾滨海旅游发展规划、汕潮揭文化旅游发展规划等跨区域旅游发展专项规划,推动广东省旅游资源集中于丰富、特色明显的区域,加快旅游发展,打造国家级乃至世界级的旅游品牌和平台。

二、构建有效的投融资体制

原国家旅游局统计,2017年,我国旅游直接投资超过1.5万亿元,同比增长16%。其中,全国已有144支旅游产业投资基金,总规模超过8000亿元。未来我国旅游度假产业规模将达10万亿级,成为支柱产业,文旅产业依然是最值得投资的产业之一。我国旅游从小众走向大众,正进入旅游消费市场与旅游投资要素市场双向互动、良性循环新阶段,蕴含着巨量的投资空间和潜力。在万亿投资中,民间资本投资占比60%,已形成民营为主、国有企业和政府投资共同参与的多元主体投资格局。其中,既有恒大、万达、华侨城、中青旅等巨型企业,也有华强方特、长隆、华谊兄弟等中小企业及大量的文旅小镇。

根据广东省文化和旅游厅,2018年1月—9月,广东省实现旅游总收入9602亿元,同比增长13.8%。上半年,广东旅游及相关产业规模以上在建施工项目2921项,计划总投资2.79万亿元,同比增长27.7%;完成固定资产投资1932.7亿元,同比增长3.5%。

2017年,广东省旅游总收入1.19万亿元,同比增长14.95%;其中,旅游外汇收入196.5亿美元,同比增长7.5%;旅游产业增加值占全省地区生产总值比重达 6.5%，旅游产业综合贡献率为 14.9%，对社会就业的综合贡献率为 19.5%，九大涉旅游行业完成固定资产投资占全省同期全社会固定资产投资完成额的 13.7%。2018 年 6 月举办的广东旅游产业投融资对接会共征集国内旅游招商引资项目近 400 个，涉及投资总额达 5500 亿元，融资总需求达 3250 亿元。

作为"2018 广东旅游产业投融资对接会"的积极延伸和重要组成部分，广东省文化和旅游厅与韶关市人民政府于 2018 年 11 月 29 日—30 日共同主办的"2018 韶关旅游文化产业投融资对接会"，积极推动资本、资源、市场务实对接，推动粤北地区文化旅游产融对接和全域旅游发展。"2018 韶关旅游文化产业投融资对接会"推介近 50 个优质旅游项目，涉及投资总额达 140 亿元，覆盖韶关各县（市、区）。从项目需求来看，主要分为融资和招商两类。目前，融资类项目总投资金额约 90.44 亿元，融资完成度为 29.41%；招商类项目总投资金额约 49.50 亿元，已投资金额超亿元。

目前，韶关已成为广东省旅游快速发展和投资的热点区域之一。全市旅游资源 903 个，世界级、国家级的有 17 处，目前没有开发的资源有 300 多处。韶关文化底蕴深厚，全市各级文物保护单位 339 处，各级非物质文化遗产 136 项，客家围楼 475 座。丹霞山、南华寺、珠玑古巷、马坝人遗址、满堂客家大围、云髻山等一大批资源有待开发。

韶关是岭南地区一个很小的部分。"旅游+"战略、"515 战略"、全域旅游战略使旅游政策红利不断释放，加上旅游供给侧改革的推进，社会资本被更积极地鼓励进入文旅领域。岭南地区应该抓住机会，把文旅产业作为战略性支柱产业和产业转型升级的主要抓手，促进资源整合和市场扩增，提供更好的投融资环境，搭建更多有效的投融资平台。

（一）加强政策扶持

1. 在投融资方面，应制定相关的优惠政策

优惠政策主要包括八个方面：①减免税收等政策扶持；②为两种产业的企业创造更多的合作机会，使其更了解对方，最终使两种产业更快地实现融合发展；③出台岭南文化产业、旅游产业招商引资优惠政策，为项目从引进到落地实施做好政策保障；④加大招商引资工作力度，高品质对招商项目进行包装策划，丰富招商项目内容，增强项目吸引力；⑤举办具有

文化背景的节庆、纪念等展会活动,与旅游区域相结合;⑥为加快创建一批国家 AAA 级、AAAA 级、AAAAA 级旅游区和精品旅游线路,推进有历史人文背景的旅游产品出炉,应继续规范发展文旅主题公园;⑦引进世界级知名旅游及文化品牌进驻市场,给予一定优惠政策;⑧进一步加大旅游项目扶持力度。

2. 加强旅游用地政策的保障

对于列入广东省重点项目库的旅游项目,成功创建省级以上全域旅游示范区、省级以上旅游度假区的单位,优先予以用地保障。支持乡村旅游创新用地方式,对充分利用山水林田湖等自然风景资源、开发乡村旅游等旅游观光建设项目用地,可实行点状配套设施建设用地布局开发,按地块独立供地。在坚持节约集约用地的前提下,会同相关部门改革完善旅游用地管理制度,推动土地差别化管理与引导旅游供给结构调整相结合。在符合规划和用途管制的前提下,鼓励企业利用自有用地兴办促进企业转型升级的自营旅游项目。

3. 完善财政扶持政策

给予财政金融支持。支持符合条件的旅游企业上市,通过企业债、公司债、中小企业私募债、短期融资、中期票据、中小企业集合票据等债务融资工具,加强债券市场对旅游企业的支持力度,发展旅游项目资产证券化产品。加大对小型微型旅游企业和乡村旅游的信贷支持,加快制定和落实融合后的旅游产业用电、用水、用气优惠价格。

4. 建立健全旅游产业融合法规与规划

首先,制定规划。制定详尽的旅游规划,实施政策激励,放松行业管制,完善配套基础设施设备,保证优越的外部环境,推动不同产业相互渗透形成新的业态。其次,建立联合工作机制。由省旅游局牵头建立旅游产业融合发展管理工作组,汇集各个部门的行政力量,协调一致进行管理,保障管理的成效。最后,强化行业组织管理。联合政府、企业、学界、社会共同建立旅游产业融合行业协会,在部门监管的基础上,发挥行业协会集中各方力量的优势,实施行业自我管理和自律,实现市场化管理目的。具体来说,对固定资产投资额(不含土地投资,下同)在 500 万元以上、1000 万元以下的旅游项目,按其实际到位的时间进度,经审核,给予 2% 的一次性贴息补助;1000 万元以上(含 1000 万元)、5000 万元以下的,按其实际到位的时间进度,经审核,给予 1% 的一次性贴息补助;5000 万元以上的旅游项目按其实际到位的时间进度，最高给予不超过 200 万元的一次性贴息补助。年度旅游建设项目投入超过 500 万元以上并积极配套旅游基础设施的，设定奖励补助。

（二）拓宽金融渠道

要破除资金短缺对产业发展的限制，需要政府对文化旅游融资主体多元化给予政策支持，加强金融渠道的拓展。

1. 在政策支持方面，建立产业融合指引体系

建立旅游产业融合地方标准，岭南地区的各地市根据自身的发展条件和现状，因地制宜地制定旅游产业融合地方标准。建立健全完善的旅游产业融合考核体系和激励机制，支持涉旅企业跨界发展，鼓励企业做大做强。建立相应的测评指标体系，对企业旅游融合项目的效果进行测评，全面掌握旅游产业融合的个体发展与整体水平，作为制定相关政策和规划的依据。征求环保部门、农业部门、林业部门、水利部门、国土部门等相关部门的意见，建立旅游产业融合环境、农业、林业、水利、国土等相关指标，将环境保护、农业开发与保护、林业开发与保护、水利开发与保护、国土开发与保护等指标纳入旅游产业融合的评价体系中，致力于通过旅游产业融合将相关产业改造成环境友好型产业。

2. 建设旅游产业融合先行区，发挥示范引领作用

结合旅游产业融合先行区、产业园区示范培育工程，支持发展产业融合试验区和试验点，为地区和企业提供参考模板。在广东省全省范围内，支持发展顺德旅游产业融合试验区、惠州市仲恺旅游产业融合试验区、东莞市松山湖旅游产业融合试验区、中山市火炬开发区旅游产业融合试验区等，以及顺德罗浮宫国际家居博览中心产业融合试验点、厨邦酱油产业融合试验点、TCL 产业融合试验点等。

3. 因地制宜，凸显区域旅游产业融合特色

根据资源禀赋和发展阶段的差异，在全省不同区域实施有所区别的旅游产业融合发展。珠江三角洲地区的工业发展较为完备，支持发展旅游产业与工业融合；粤东地区具有深厚的文化资源禀赋，支持发展文旅产业融合；粤西地区具有得天独厚的滨海资源，支持发展旅游产业与滨海产业融合；粤北地区生态环境十分优异，支持发展旅游与农业融合。

4. 整合资源，实现旅游产业融合宣传创新

推动旅游产业融合发展，旅游宣传推广改革与创新是重要工作之一。旅游产业融合是一种全新的旅游发展模式，要通过整合已有的营销资源，结合企业、协会、政府等多方面的力量，创新旅游宣传营销方式，强化社会各界对旅游产业融合的认识与理解，推动旅游产业融合在供给端和需求端的发展。

广东省文化和旅游厅不仅要通过优惠诚信的政策环境感动外来客商，更要通过优质高效的服务环境、和谐宽松的社会环境留住外来客商，努力形成亲商、和商、安商的社会氛围，以真诚的感情吸引外来客商，吸引更多的投资。在金融渠道扩展方面，可以从以下三个方面展开。

（1）岭南地区文化和旅游资源开发建设所需的资金，应当走市场化、社会化、国际化的路子解决。坚持"以旅游养旅游"的方针，贯彻"谁投资、谁受益"的原则，调动社会各个方面参与旅游建设的积极性，鼓励国有和集体单位、个人投资办旅游事业，建立起多元投资、高效产出的旅游建设资金筹集的良性循环机制。

（2）建立稳定增长的旅游建设融资机制。首先，建立旅游建设发展专项资金，主要用于旅游资源开发、景点建设和拓展旅游市场业务。旅游建设发展专项资金来源：一是在广州地区接待旅游团的宾馆、酒店、旅行社、出租车队、购物商场等旅游企业；二是将交通建设附加费中用于发展旅游的比率调高；三是市财税部门按市属旅游服务企业上交的营业税收入的10%拨给。旅游建设发展专项资金实行收支两条线管理，其使用由市旅游管理部门依据旅游产业发展规划提出用款计划，报广州地区旅游事业管理委员会主任会议审批，并接受市财政部门监督。对投入竞争性旅游项目的，要实行有偿使用，在运营中实现增值。其次，纳入市规划并已确定上马的旅游资源开发和景点建设项目，其所需贷款，银行应优先予以安排。对于一些投资较大、周期较长、暂时还贷有困难的项目，经银行批准可适当延长还贷期限，延长还贷期间不加息、不罚息。对于可以发行债券筹资的旅游项目，银行要积极协助，配合做好债券发行工作。再次，对于一些投入较大、社会受益面广的旅游项目，应列为基础性建设项目，由市政府统筹建设，市财政注入必要的启动资金，安排适量的贴息贷款予以支持，或将旅游项目按规定征收的土地有偿使用费适量返还，作为政府的投入。公益彩票收益中属市政府统筹使用的资金，经投资立项安排给旅游建设项

目。最后，采取让股权、让利益、让市场的政策，吸引更多的外资参与旅游资源开发。

（3）建立旅游投资风险责任机制，提高投资效益。对于那些大中型的旅游建设项目，要通过组建公司制的方式营建，采取招股筹资的方法组织投入，形成多元投资主体，分散投资风险。对于纳入市旅游资源开发计划，急需大规模维护和修葺，而使用单位没有能力开发的景点，如寺观教堂、先贤古墓等重要旅游景点，可由旅游管理部门组织融资投入，在不影响产权关系和正常宗教活动的前提下，经双方充分协商，合作开发旅游资源，所得收入合理分配。

（三）促进市场建设

如今，很多国家在发展市场经济时，大都非常重视市场，会尽可能利用它来实现资源优化配置，这是非常有代表性的发展模式。为此，在产业融合发展过程中，在开发建设文化与旅游产业的过程中，以及在发展文旅产业的过程中，都不应当再使政府处于主导地位，而应当使其处于引导地位，处于主导地位的应当是市场，如此才能够进行市场运作。

在文化与旅游产业的融合发展过程中，也同样应当充分发挥市场的主导作用，具体来说，在开发和运用各种相关资源的过程中，都应当根据当时的市场需求行事，如果无法适应这些需求，那么便应当相应调整和改善。

具体来说，在开发、运用岭南文化与旅游相关资源的过程中，可以从以下四个方面促进市场建设。

1. 根据市场需求行事

在开发建设岭南文化与旅游产业时，都应当以市场为主导，对已有资源加以充分运用，从而打造文化旅游企业，促使当地的旅游资源不断实现产业化，然后打造各种文化旅游产品，激发相关企业更加积极地在多个方面进行互动，比如在资金方面、人力资源方面等，从而促使当地的文化与旅游产业形成更强大的竞争力。

2. 政府要提供有力的支持

在产业融合发展过程中，政府也应当充分发挥自身作用，为其提供有力支持。在产业融合发展过程中，企业的作用也是不能忽视的，它在市场中可发挥主体作用；若没有它，市场便会迅速枯竭。可见，在产业融合发展过程中，除了要充分发挥政府的作用之外，也不能忽视企业的作用，要充分发挥它在市场中的主体作用，这是非常重要的一点。具体来说，应当把企业放在一线位置，尽可能予以尊重，并根据企业需求打造一个更有利于其发展的环境。同时，由政府与相关机构进行规范，防止企业出现失位或错位、越位的情况，使企业履行其应尽的职责、产生应有的作用，从而使企业在发展过程中获得更多的自由、得到更多的支持。

3. 借助市场实现资源优化配置

应当把文化与旅游产业交给市场，设置具备多元化特征的投资机制，并运用竞争机制，如此才可以逐渐增强企业能级，从而使其形成更强大的影响力，具备更强大的竞争力，才可以使市场出现更多的企业，从而使该产业形成新的格局，才可以使企业更积极主动地寻求发展，从而使文化与旅游产业更有发展动力，并最终进一步强化融合力度与广度。目前，在上述两种产业融合发展过程中，政府依然占据了主导地位，而企业无法发挥出主体作用，所以产业融合缺乏足够的主动性，因而也无法取得良好效果。所以，应当想办法让企业发挥出主体作用，尽量使其占据主体地位，否则也无法使上述两种产业很好地实现融合发展。

4. 加快商旅文融合发展

充分发挥旅游的抓手、载体、平台作用，促进广州传统商业转型升级和文化产业创新发展，形成优势互补的"商旅文"融合发展格局。支持大型商旅文综合体开发，引导传统商圈、商场、商业步行街区等，通过资源整合、业态创新和产业重构，建设城市旅游综合体、历史文化街区。支持老城区提升旅游吸引力，通过调整、梳理城市功能，增设旅游元素，优化布局，打造具有旅游文化特色的专业市场、专业街区和创意园区。支持文化业态旅游化，整合广州市文艺院团资源，鼓励社会资本进入旅游演出市场，创作精品剧目。注重人文资源保育和活化，打造专题博物馆、艺术馆、名人故居和非遗文化传承保护旅游产品线路。鼓励景区引入影院、剧场、书店等文化业态，打造文旅创客基地。支持旅游文化商品开发，实施旅游文化商品品牌建设工程，提升旅游商品的文化内涵和附加值。推动"海上丝绸之路·中国史迹"申报世界文化遗产工作，建设海上丝绸之路旅游核心门户，打造世界级文化遗产旅游产品。

第七章 岭南文化与旅游产业融合发展的政策响应

三、完善行业管理机制

推动体制改革,促进机制创新,建立科学合理的体制机制,是推动产业融合发展的重要保障。体制不顺畅、机制陈旧是制约文化与旅游产业"融合—升级"的重要因素,因此,上下应统一认识,进一步打破传统思想的禁锢和盲目发展、各自为政的僵化发展思路,深化文化旅游体制改革,以体制改革和机制创新破除影响文化与旅游融合发展的体制机制障碍,实现文化旅游管理部门和企业由各司其职向龙头效应转变,形成协调、统一、高效、共赢的文化与旅游产业管理体制,完善行政运行机制,增强文化与旅游产业融合发展的内在活力。

当前,岭南地区旅游行业协会众多,除了各地区各市县级的旅游协会外,主要的协会还包括广东省旅游协会、广东省旅游协会民宿分会(由广东省文化和旅游厅主管、广东省旅游协会具体领导的省级民宿行业社会组织)、广东省旅游规划与营销协会、广东省乡村旅游协会、广州地区旅游景区协会等。另外,岭南文化协会也是岭南文化产业的重要组成部分。

广东省旅游协会(以下简称"协会")是岭南地区旅游行业发展的重要部分,是由广东省旅游行业及其相关行业的社团组织、企事业单位,按照平等自愿的原则结成的全省联合性旅游综合产业协会,是非营利性的社会组织,具有独立的社团法人资格。协会是1994年12月1日经广东省民政厅批准成立的全省旅游行业组织,由广东省旅游局主管,接受广东省民政厅的监督管理。协会的主要职能包括十个方面:①宣传贯彻国家旅游业的发展方针和旅游业的政策法规,并督促贯彻执行;②沟通政府和会员之间关系,协调会员之间及会员与相关企业之间的关系;③向政府有关部门反映会员的合理要求,保护会员的共同利益,维护会员的合法权益;④反对不正当竞争,制定行规行约,发挥行业自律作用,督促会员单位提高经营管理水平和接待服务质量,维护旅游行业的市场经营秩序;⑤总结交流会员单位的工作经验,开展与旅游行业相关的调研,为旅游产业的发展提出积极并切实可行的建议;⑥加强会员之间的交流与合作,组织开展各项培训、学习、研讨、交流和考察等活动;⑦加强与行业内外的有关组织、社团的联系、协调与合作;⑧开展与海外旅游行业协会及相关行业组织之间的交流与合作;⑨编印会刊和信息资料,为会员提供信息服务,提供咨询服务；⑩承办政府部门委托的其他工作［旅游景区质量等级（A级）评定、旅游饭店星级评定、旅游规划设计单位资质等级认定、中央党政机关工作人员广东（不含深圳市）出差住宿及会议定点饭店相关管理工作和日常服务、温泉星级评定、其他政府职能转移项目］。

　　完善岭南地区的行业管理机制，可以从三个方面展开：①健全完善文化与旅游产业融合发展的组织管理体系。目前，除了广东省文化和旅游厅这一政府部门整合了文化与旅游的发展，其他协会仍存在分散的现象，缺乏有机的融合。根据原文化部、国家统计局对文化与旅游产业的分类，结合岭南地区的实际，要有针对性地对岭南地区的文化旅游企业、文化旅游产品、文化旅游服务进行帮助扶持；鼓励岭南文化协会、广东省旅游协会携手联合，组建文化旅游相关的协会，并发挥自身的职能，促进行业自律和管理。②完善旅游市场综合监管体系。深入贯彻实施《广东省旅游条例》，落实各相关部门旅游市场监管责任，强化信息沟通、协调监管，建立健全旅游综合管理和执法体系。建立健全旅游行政执法体系和质量监督网络，提高旅游投诉处理效率。加强旅游行业诚信体系建设，规范旅游企业经营行为，营造良好的旅游经营环境。在行政层面，建立文化与旅游产业融合发展的联席会议机制，将行政单位、事业团体、企业集团、行业协会等各类职能机构纳入统一的工作机制内，认真负责研究、论证、管理等相关工作，推进各方决策部署有序开展。另外，要强化对在线旅游企业及其经营服务行为的监管，建立旅游市场秩序综合评价指数制度和旅游行业诚信"红黑名单"制度，完善旅游企业和从业人员诚信记录。强化全域旅游安全保障，建立健全"政府统一领导、部门依法监管、企业主体负责"的旅游安全责任体系，明确政府各相关部门旅游安全监管职责，推动建立全省旅游安全应急预警联动机制，加强旅游安全风险研判和预警信息提示，突出重点领域和环节的安全监管，加大对旅游市场主体的安全督导和联合检查力度，重点规范线上旅游企业和平台出境自助游产品的销售与管理。③以岭南地区的文化旅游资源为纽带，带动文化旅游景区、景点、产品、服务的强强联合，打造富有文化内涵的大型旅游企业集团，走大企业、大集团、大市场的产业融合发展之路，发挥他们在开发文化旅游资源方面的龙头带动作用，促进文化与旅游产业集群化和规模化。

四、完善宣传推广机制

（一）开展宣传营销

加大岭南地区文化旅游产品的宣传推介力度，不仅要借助媒体多做宣传，而且还要借助更多的宣传方式。

1. 充分利用新媒体，扩宽宣传渠道

社交媒体的互联互通性变革了人们的交流方式，也深刻地改变了企业与客户沟通的方式。随着互联网技术与文化的发展，全世界已经进入了"人人皆媒体"的时代，传播格局发生巨变。岭南地区的文化与旅游宣传也应"追上潮流"，通过各地区的官方旅游公众号、官方微博等进行旅游宣传，以此来吸引旅游者，提高其满意度、忠诚度，并借助它们改进自己的服务和产品；还可利用UCG（用户原创内容）、"网红"直播、短视频打造爆款等创新的宣传方式进行传播。

2. 打造岭南文化旅游IP

IP是2016年以来旅游产业的一大热词。旅游IP有三个突出特征：一是有个性、稀缺的旅游产品；二是正在超越同质化、流水线旅游产品；三是被业界视为旅游发展的趋势。旅游进入内容为王的时代，意味着未来旅游产品间的竞争，将不是价格战而是品牌战，"人格化"的旅游产品将在旅游产业发展中起决定作用。这一点，对于岭南地区的文化与旅游产业而言更加重要。岭南地区文化底蕴深厚，旅游IP不止一个，独具特色的岭南文化、南粤古驿道、海上丝绸之路、羊城文化等都可成为IP标签。在旅游宣传中，要注意提炼岭南地区文化与旅游的关键特征，讲好故事，打造岭南特有的IP，引爆市场。

3. 注重运用名人文化品牌提高旅游宣传的影响力

在广州旅游文化节期间，应邀请驻华使节及文化界名人来广州进行文化交流，使广州文化进入国际视野和更多国人的视野。

4. 注重运用时尚文化元素提高旅游宣传的传播力

可以考虑利用时下流行的电影或电视剧对岭南文化旅游进行大力宣传；策划组织广州旅游形象大使选拔赛；携手国内主流媒体对广州旅游文化节、中国音乐金钟奖、星海国际合唱节、羊城国际粤剧节、广州国际艺术博览会、广州国际设计周、中国（广州）国际纪录片大会等重要文化节庆活动进行宣传报道。

5. 运用旅游形象的塑造提高旅游宣传的亲和力

面向全国开展岭南地区的形象宣传语、形象标识征集评选活动，发动社会各界积极参与城市形象宣传片、外宣用品、旅游纪念品的设计和开发，整合、浓缩、升华岭南的内在历史底蕴和外在人文特征，形成岭南地区独特的名片。

6. 建设好各级文化旅游部门的政府网站和信息网站

充分利用互联网、手机等新兴媒体，通过中外文字版对外大力宣传推广，使之成为传播推广岭南文化旅游的重要载体和平台。

7. 构建全球推介和国际营销体系

树立大宣传、大营销、大推介理念，围绕"花城广州"宣传主题，推出体现广州城市特质的宣传口号和形象标识。统筹城市对外宣传资源，通过"政企联手、部门联合、区域联盟、上下联动"的形式，综合运用传统媒体和网络新媒体、新技术，多渠道全方位强化国际旅游目的地形象宣传，讲好"广州故事"。以南航驻外办事处为依托，加快建设广州旅游境外推广中心。巩固提升四季花城、海上丝绸之路、岭南文化、近现代革命、千年商都、现代都市、珠水云山、温泉养生、食在广州等城市旅游名片。积极发展社会资源国际访问点，将"花城人家"等体验活动常态化，选择一批特色民居、特色餐馆、特色市场、特色行业、老字号企业等社会资源，整合转化为国际旅游产品。

8. 重视对基层文化的挖掘和宣传

加强对深埋于基层社区、城镇小巷文物古迹、乡村文化遗产等的开发利用，对于广东的广府文化、客家文化、潮汕文化、陶瓷文化、端砚文化、碉楼文化等，有关方面应进一步加强推广，不断探索文化遗产发展模式，树立率先建成"文化小康"的先进典型，为广东率先建成小康社会添砖加瓦，为增强岭南文化软实力做出应有的贡献。在政府引导下，通过市场作用，做好旅游产品的宣传工作，转变经营观念，将宣传促销和市场营销并重，充分利用现代传媒，通过投放广告、专题片、登载图片等形式大力宣传旅游产品。

（二）搭建打造文化发展平台

以政府搭台、文化唱戏推动文化创新发展，特别是文化宣传部门要抓好舆论导向，充分调动好基层政府和社区、社会组织及企业等各方面的积极性，以政府部门的主导和引导，确保文化发展平台的持久落实与文化发展的方向。例如，广州荔湾区以华林街道为主要组织，联合广东省珠宝玉石首饰行业协会，并广泛引入行业上有实力、有社会责任感的企业参与，打造每年一届的"广东省玉雕作品玉魂奖暨玉雕艺术精品展"；四会市由政府有关部门和当地行业协会、商会组织实施，每年举办一届"四会柑橘玉器文化节"；等等。这些珠宝玉石文化发展平台，已经成为全国著名的品牌，其做法经验值得借鉴推广。岭南地区也可以挖掘自己的特色，借鉴优秀经验，打造岭南特色文化发展平台。

（三）创新发展文化消费

1. 政府应支持扩大旅游消费

有关部门应落实职工带薪年休假制度，鼓励企业将安排职工旅游休闲作为奖励和福利措施，开展职工疗休养活动；支持利用"农民丰收节""乡村旅游季"等活动平台，组织游客到岭南地区的乡村进行旅游消费；制定实施广东省、广西壮族自治区、海南省三省中小学研学旅行计划和有关标准，将红色研学教育、南粤古驿道研学教育等纳入学校教育教学计划，与综合实践活动课程、地方课程和校本课程统筹考虑，大力开拓研学旅游市场；对岭南地区的重点景区进行补贴，适当降低门票价格，推动博物馆、纪念馆、全国爱国主义教育示范基地、美术馆、公共图书馆、文化馆、科技馆等免费开放，扩大岭南地区的文化旅游消费。

2. 开展社区群众性文化活动，营造浓郁的岭南民间文化氛围

当地有关部门策划和安排文化旅游产品时，其中很重要的一个环节是注重与当地居民的互动。例如，可以让荔湾人讲讲自己的生活趣事，倾听荔湾人对事物的想法；在开展社区群众性活动时，可以建设各类文化科普画廊、读报栏等文教阵地；以荔湾广场为载体，举办各种文化艺术节等节庆活动和广场文艺晚会；以社区为平台，开展形式多样的文化共建活动；等等。

3. 推进文化旅游的基础设施建设，提升文化旅游载体水平

建议有关部门结合城区中心体系建设，统筹兼顾，合理布局，提升文化旅游载体水平。一是加快建设岭南地区文化旅游景点，进一步完善各种交通设施。例如，扩大荔湾博物馆的规模，突出展现西关民俗风情特色；建设恩宁路，使上下九步行街与西关民居民俗风情区的游客能够汇聚在一起；进一步改善西关旅游区的公共交通设施和与区外相关景区相连接的专线公交车船，方便游客参观共同主题的相关景点。二是不断改善社区居民住宅楼的文化基础设施。例如，以社区为平台，建设展示西关文化画廊、书法交流园地、读报栏等文教阵地；住宅小区在规划建设时，要预留出充足的绿化广场和文化活动场地，开展形式多样的文化共建活动。三是建立和完善公共文化信息体系。例如，加快实施数字图书馆工程，建立网上"西关民俗风情"博物馆、网上"岭南文化"艺术馆、网上旅游咨询服务中心和文化旅游推广信息系统，等等，利用现代化服务手段提供公共文化服务。

（四）促进多元投资，努力提供宣传保障

促进多元投资，拓展融资渠道，使文化旅游投资由政府主导向多元投资转变，是促进文化与旅游产业"融合—升级"的有效保障。在岭南地区的文化与旅游产业发展过程中，应注重抓城市形象，抓对外开放，抓投资环境，抓经济发展，抓可持续发展，开拓大市场，发展大旅游，积极推进旅游文化化、产业化、社会化、市场化进程，以市场化的运作方式积极引进资金雄厚、人才丰富、善于经营管理、信誉好的大企业集团投资开发文化与旅游产业。

首先，制定并完善鼓励文化与旅游产业融合发展的优惠政策，引导国有文化和旅游企业以各种形式参与并支持文化与旅游产业的开发和发展，鼓励和支持国内外有实力的企业集团进入岭南地区从事文化与旅游产业的经营活动，以参股、兼并的形式重塑、开发精品旅游区。

其次，加快培育民营文化旅游企业。积极引进民间投资，改变目前文化与旅游产业融合发展的资金来源和进入方式单一的局面。制定优惠的投融资政策，降低资金准入门槛，加快落实税收优惠政策，吸引国内外、省内外的资金注入。另外，在大力推进银企合作的同时，支持文化旅游企业多渠道融资，引导各类资本、技术、人才、项目向文化旅游领域聚集。鼓

励更广泛的消费者通过多种形式参与文化旅游消费活动。

最后，注重区域交流合作。在专项文化旅游产品的开发上，要凸现同周围地区的互补性，同时，岭南地区的文化旅游资源的开发应走区域合作之路，加强同广东省内旅游发达城市的合作，采取市场细分的开发策略，针对特定的目标市场，侧重国内市场，进行多渠道、全方位联合促销。在实现旅游产业规模扩张的同时，借鉴先进地区的发展经验，发挥资源、环境优势，打造魅力城市品牌，通过文化与旅游产业的发展和扩张，提高城市综合竞争力，实现岭南地区经济的持续、协调与可持续发展。

五、完善配套基础设施建设机制

（一）科学合理的战略定位

广东要进一步挖掘岭南地区的文化旅游资源，提高旅游服务质量，就必须重新对其进行科学合理的战略定位，加大对岭南地区文化旅游产品的开发力度。为了实现岭南地区文化与旅游长远的科学发展，可以通过聘请专业的旅游开发团队、科技研究人员，以及与具有强大经济实力的公司合作来实现其战略目标，当地政府也应该通过切实的行动支持企业发展。

（二）提高基本公共文化服务的适用性

广东应加强供需对接，全省大力推动文化供给侧结构性改革，进一步提高基本公共文化服务的适用性。在公共文化服务标准化、基层综合性文化服务中心建设、公共文化机构法人治理结构改革、县级文化馆图书馆总分馆制等国家推进的重点改革领域，广东均积极发挥示范引领作用。在此背景下，岭南其他地区也应积极引入社会力量参与公共文化服务，有效丰富服务主体、渠道和方式，把"菜单"与"遥控器"交到基层单位和群众手中，实现供需双方无缝对接、按需选择。便利的基础设施，是旅游发展的前提。因此，要加强各旅游景区的基础配套建设，重点抓好食、住、行、游等基础环节和基础设施建设，才能吸引更多的游客，将良好的民族文化旅游资源呈现在游客面前。除了较为发达的珠三角地区，岭南其他地区要加快完善省、市、县（市、区）、乡镇（街道）、村（社区）五级公共文化设施网络，确保市（县、区）图书馆、市（县、区）文化馆、市

（县、区）博物馆、乡镇综合文化站、行政村（社区）文化设施全部达标，适当加大对粤东西北地区城乡的文化设施建设投入，建设好广大人民群众用得上又受群众欢迎的标志性重点文体场馆。

此外，通过发挥公共文化基础设施的惠民服务作用，不断探索模式创新、内容优化、质量提高，稳步提升岭南地区的公共文化产品质量和服务的有效供给水平。2018年，广东省文化和旅游厅在其打造的群众艺术花会、"同饮一江水"打工者歌唱大赛、"粤读越精彩"全民阅读活动、公共文化服务"三百工程"等覆盖全省的品牌活动基础上，还组织了以庆祝改革开放40周年为主题的一系列高质量文化活动，受到了群众的广泛好评。在此基础上，不仅仅是广东省，岭南其他地区也应相互合作，共同打造岭南地区公共文化云平台，提升各级公共文化资源的影响力和互动力，让岭南地区的公共文化服务更具智慧、更加便捷，更好地融入百姓的生活，满足人民对美好文化生活的期待。

（三）构建公共服务新体系

1. 建设"快进"全域旅游交通网络

广东应推动交通与旅游融合发展，构筑便捷、快速、舒适的旅游交通网络。按照2条高等级公路通达AAAAA级旅游景区、国家级风景名胜区，1条高等级公路通达AAAA级旅游景区，1条二级公路通达AAA级旅游景区、省级旅游度假区、省级风景名胜区、旅游风情小镇、国家森林公园、国家湿地公园、旅游特色村、绿道和古驿道重要节点的要求，加快完善旅游目的地客运交通基础设施体系与多元化旅游出行接驳体系，实现城市中心、交通枢纽到主要景区和绿道、古驿道重要节点的无缝快速衔接；优先开展旅游景点、旅游特色村、南粤古驿道与汽车营地的支线道路路网规划编制和项目建设，解决景区"最后一公里"问题；将旅游交通引导标识系统纳入各地交通、市政设施统一规划、统筹建设，将AAA级以上旅游景区的标识纳入道路交通标志范围，提高旅游景区可进入性。

2. 完善"慢游"公共服务设施建设

广东应加快滇桂粤边海风景道（广东湛江段）、东南沿海风景道（广东汕头段、深圳段、湛江段）、罗霄山南岭风景道（广东韶关段）、西江风景道（广东封开段、德庆段、肇庆段、郁南段、云浮段）、东江风景道（广东河源段、惠州段、东莞段）等旅游风景道建设，统筹规划建设风景

第七章　岭南文化与旅游产业融合发展的政策响应

道沿线旅游服务设施，打造跨省域风景道旅游品牌；制定广东省自驾车旅居车营地服务体系标准和规划，推动高速公路、国（省）道、县（乡）道沿线自驾车旅居车停靠区建设，完善营地网络服务体系；完善南粤古驿道沿线站点旅游公共基础设施和服务体系建设，加强省立绿道的信息服务、旅游应急等公共服务配套设施建设；实施旅游"厕所革命"新三年计划，推进旅游厕所在地区间、城乡间、景区内外合理布局，新建、改扩建旅游厕所2708座，建设第三卫生间200座；重点支持粤东西北地区旅游扶贫重点村、交通集散点、乡村旅游点的旅游厕所建设改造；推动公共场所和社会服务单位厕所免费对外开放。

3. 提升旅游综合服务智慧化水平

广东应充分利用互联网、云计算、大数据、物联网等技术，促进业态创新，发展智慧旅游；建立完善省级旅游信息基础数据平台，加快建设智慧旅游景区、乡村和城市；建成省级智慧旅游公共服务网络，实现旅游与交通、公安、商务、气象等数据信息共享，通过即时化的信息发布，引导游客合理选择目的地、出行时间和线路；具体来说，应加快省、市、县三级游客服务中心和旅游数据中心建设，加强旅游信息资源整合；重点推动珠三角城市旅游服务中心体系化建设，粤东西北地区全域旅游示范市旅游服务中心"一站式"建设，景区旅游服务中心专业化建设；鼓励运用政府和社会资本合作（PPP）模式改善旅游公共服务供给，推动各类旅游业态与相邻相近相关的经营性资源进行统筹规划、融合发展、综合提升；优先发展"互联网+高铁（城轨）+共享汽车（单车）"旅游咨询服务网络体系，试点探索旅游风光无人驾驶游；推动一部手机畅游广东的智慧旅游建设；逐步推动涉旅场所实现免费Wi-Fi、通信信号、视频监测全覆盖，主要旅游消费场所实现在线预订、网上支付，主要旅游区实现智能导游、电子讲解、实时信息推送。

六、创新激励机制

《中华人民共和国旅游法》第五条规定：国家倡导健康、文明、环保的旅游方式，支持和鼓励各类社会机构开展旅游公益宣传，对促进旅游业发展做出突出贡献的单位和个人给予奖励。而创新激励机制，是指通过人性化的人才激励机制、具有竞争力的薪酬制度、畅通的晋升渠道，以及鼓励创新、容忍失败的创新环境和文化氛围等，充分调动创新人才的积极性，激发和保持员工创新的激情与热情。理论与政策的完美结合是岭南文化与旅游发展的重要推动力。具体来说，可以从以下十个方面展开。

（一）科学化奖励机制

首先，要依法科学制定奖励方案，明确奖励的范围、类别、条件、程序等内容。同时，广东省文化和旅游厅还应该成立评选表彰小组，制定评选表彰工作方案，明确集体奖、个人奖评选条件、程序等内容。将整个激励奖励机制标准化、透明化，增加大众信服度。其次，在表彰的过程中，要对符合条件的推荐对象进行审核审定，并进行公示。依法、及时调查核实举报投诉涉及的问题。旅游业界和相关行业的专家进行评选，征求相关政府主管部门及相关上级意见；面向全社会公开进行投票；综合确定获得集体奖和个人奖的建议名单。最后，在实施奖励时，要依法、及时按程序报批决定奖励的等级和金额；及时通知当事人或企业领取奖励；召开总结表彰会，对集体奖、个人奖获奖者进行表彰；协调政府部门发放奖金、优秀牌匾、证书等；宣传报道优秀个体和企业的事迹，起到示范性作用。

（二）加大资金支持的激励力度

广东省文化和旅游厅要按照"一事一议"的原则对投资金额大、带动能力强的重大旅游项目予以支持。省财政以贷款贴息方式支持引导性优质旅游项目建设；统筹省级相关资金，对欠发达地区成功创建全域旅游示范区给予适当奖励补助；统筹农业、林业、海洋渔业、水利等资金，用于促进相关产业与乡村旅游融合发展；统筹全域推进农村人居环境整治，以及全力建设生态宜居美丽乡村、省定贫困村创建社会主义新农村示范村和省级新农村连片示范建设工程的结余资金，优先安排有旅游资源条件的乡村完善旅游基础设施及开展旅游项目建设。"四好农村路"建设维护资金可支持联通乡村旅游点和旅游扶贫重点村的道路建设。农业供给侧结构性改革基金要加大扶持乡村旅游力度，引导社会资本开发乡村旅游、农业公园等农旅融合项目。鼓励政策性银行对旅游扶贫带动示范效应显著的项目给予贷款利率优惠；鼓励开发性金融为旅游项目提供资金支持，开展旅游项目银企对接，推动重点旅游项目进入金融市场融资。

（三）对利用闲散资源进行改造的项目加大资金倾斜

广东应将符合旅游发展规划的旧村庄、旧厂房、旧城镇用地纳入城市更新中的标图建库数据，对有旅游开发价值的城市更新项目，优先纳入城市更新年度计划，给予城市改造资金倾斜。

（四）重视高端旅游人才

广东应将旅游领域的高端人才纳入广州市产业领军人才集聚工程，旅游领域领军人才可按规定申领人才绿卡，并对其在购房、购车、子女入学、项目资助、薪酬奖励等方面给予支持；采取"政府引导、校企合作"的模式，支持在穗院校建立旅游人才实训基地。

（五）培育大型文化旅游项目

对于新建或扩建世界级主题公园，且企业总部或区域性总部落户广州的，广东应视其在穗年度实际完成旅游投资总额情况及社会贡献情况，给予项目资金扶持；对于重点培育的旅游龙头企业和特别重大的旅游投资项目，按照程序给予扶持。

（六）积极鼓励申报单位

广东应将申创国家、省全域旅游示范区的单位，优先纳入市级预算内投资支持对象；优先支持旅游基础设施建设；优先纳入旅游投资优选项目名录；优先安排旅游宣传推广重点活动，纳入广州旅游国际营销体系重点支持范围；优先纳入旅游改革创新试点示范领域，支持在体制机制、旅游用地、产业促进等方面先行先试；优先支持 A 级景区等重点旅游品牌创建；优先安排旅游人才培训。

（七）鼓励旅游新业态的创新

广州应对符合国家、省、市旅游产业优先发展方向的旅游新业态项目，实行竞争立项、综合评价，纳入全市旅游重大项目管理，按当年项目建设投入的 10%，给予最高不超过 100 万元补助。

（八）鼓励示范区的示范效应

广州应对成功创建国家全域旅游示范区、国家级旅游业改革创新先行区、国家级旅游度假区，分别一次性给予1000万元资金补助；对成功创建国家级体育旅游示范基地、中国红色旅游国际化示范基地、国家级乡村旅游创客示范基地、国家AAAAA级旅游景区，分别一次性给予500万元资金补助；对成功创建的市级旅游文化特色村和新评定的5星级旅游饭店，分别一次性给予200万元资金补助。

（九）吸引人才入穗

广东应大力扶持引客入穗工作，对成功申办主会场落地广州的大型国际性会议、展览、节庆、赛事，根据其国际化程度、活动规模和国际影响力，给予申办单位（政府单位除外）资金扶持；对通过邮轮、专列、包机等形式组织客源来穗的旅游机构实行奖励，尤其对组织境外游客入穗成绩突出的单位给予重点奖励，由相关部门制定详细的奖励政策。

（十）鼓励社会资本参与

广州应建设旅游集散中心、旅游问询中心、自驾车旅居车营地等项目，按项目建设经费的20%给予一次性补助，单个项目最高不超过100万元；对旅游集散中心新开旅游专线，参照公交线路补贴的相关标准，给予一次性资金补助。

第三节 创意整合文旅资源，引导产业融合发展

一、梳理保护文旅资源

政府必须把经济发展和岭南文化与旅游资源的开发及保护放在同等重要的地位，甚至要以优先保护环境资源为前提，充分考虑文化旅游生态环境的承载力，在谋求历史文化旅游项目发展的同时，不忽略自然环境，尽量使它们达到协调发展的程度，尽可能使两种产业获得可持续发展，尽可

能使其各项资源发挥各自的作用。若二者要更好地实现融合，首先需要对岭南文化旅游资源进行梳理。从数目上，政府要掌握岭南地区到底有多少文化旅游资源可以进行开发和包装。

岭南文化旅游资源的开发需要景观、历史、环境相配合，属于一个整体，如果仅仅为开发而开发，或是为保护而保护，会不利于资源价值持续保持。岭南文化旅游资源具有脆弱性和不可再生性的特点，一旦被破坏，将很难恢复至原样。加强对岭南地区历史文化旅游资源环境原貌的保护，是岭南地区历史文化旅游资源合理利用和文化旅游持续发展的重要保障。因此，必须制定科学合理的历史文化景区景点建设发展规划，坚持保护第一、有序开发的原则。

政府可以通过立法有效地保护岭南地区历史文化旅游资源。在保护的过程中，注意落实"五纳入"：其一，纳入岭南文化旅游资源所在地区的经济发展规划、社会发展规划；其二，纳入岭南文化旅游资源所在地区的城乡发展规划；其三，纳入岭南文化旅游资源所在地区的财政预算；其四，纳入岭南文化旅游资源所在地区的政府体制改革；其五，纳入岭南文化旅游资源地区的领导责任制。

二、营造良好环境

目前，在文化与旅游产业发展的新融合趋势出现、文化旅游群众新需求日益增多、旅游产业停滞不前的情况下，政府应当有产业融合共识，注重上述两种产业之间的互动作用，前者能够丰富并推动后者的发展，后者能够使前者获得更深入、更广泛的发展。所以，当文化与旅游产业融合发展时，双方均能够获得优化升级，且彼此之间能够实现跨越。为此，当地应当为二者提供更好的环境，以使其更好地融合发展，并树立产业需求"激活思维"，使二者的企业更多地合作，并构建更有利于彼此合作的综合产业平台，为二者的融合发展提供更多、更有利的创新合作机会。文化创意资源的独特性，为旅游产业提供更为广阔的延伸空间，并最终促进两大产业的互动共生和融合发展。

三、打造特色文化旅游产品

岭南文化旅游资源丰富多彩，充分挖掘其深刻的文化内涵，发展特色产品，充分发挥各个项目的作用，并借此迅速发展当地的文化与旅游产业，这对推动岭南地区两大产业的融合发展是非常有意义的。广东应当根据岭南文化旅游资源特色，树立品牌意识，体现当地的岭南文化等独特优势，努力创建精品旅游区和旅游热线。

另外，广东要做好前期策划，把各类文化旅游资源进行整合，通过合理布局，让它们成为统一的旅游线路，以尽可能创造最高的整体效益；加大提升文化旅游线路的品位、档次、产品内涵和服务配套，使其成为文化旅游品牌；在整合文化旅游资源时，须按照市场需求、资源特色而进行定位、设计、营销，形成适销对路的文化旅游产品；要以项目带动文化与旅游产业融合发展。国内外的许多实践经验都表明，一个重大项目的实施，有可能牵动一大批相关行业和企业的活力，带动一个地区的快速发展。紧密结合岭南地区文化旅游资源价值高和种类多、极具开发潜力与吸引力的特点，政府应当精心谋划、选准项目、突出重点、全力打造，以项目为载体，寻求文化与旅游产业的新突破。应出台优惠政策，提供资金支持，集中人力、物力、财力，从项目前期策划、中期实施、后期营销等全过程提供全方位的支持和服务，促成一批重点文化与旅游产业项目的运作开发，通过项目有效整合文化旅游资源，推动文化与旅游产业运作机制、经营方式。

四、引领旅游舆论导向

广东省文化和旅游厅要注重信息公开，更要注重舆论引导，可从以下三个方面展开。

（一）围绕重点领域，加大主动公开力度

广东省文化和旅游厅应做好主动公开基本目录编制工作，目录编制要充分体现"五公开"、政策解读、舆情回应、公众参与等要求；认真贯彻落实广东省人民政府办公厅（简称"省府办"）《广东省人民政府办公厅

关于加快推进公共资源配置领域政府信息公开工作的通知》（粤办函〔2018〕201号），重点抓好财政预算、重大项目评审和实施情况等领域的政府信息公开制度的贯彻落实；按照省府办《广东省人民政府办公厅关于印发广东省全面推行"双随机一公开"监管工作实施方案的通知》（粤办函〔2017〕468号）的要求，及时通过局政务网等渠道公开旅游综合监管和检查执法信息，提高监管效能和公正性，增强监管威慑力和公信力；依托广东省政府数据统一开放平台"开放广东"向公众提供数据服务，并定期更新维护；进一步做好人大代表建议和政协委员提案办理结果公开工作，对涉及公共利益、社会广泛关注的建议提案，原则上都要公开答复全文，及时回应关切，接受群众监督。

（二）围绕社会重大关切，加强舆情回应

严格执行特别重大、重大突发事件最迟5小时内发布权威信息、24小时内举行新闻发布会的时限要求，并根据工作进展情况，持续发布权威信息。针对重大政务舆情，建立与宣传、网信等部门的快速反应和协调联动机制，加强与有关新闻媒体和网站的沟通联系，着力提高回应的及时性、针对性、有效性；按照广东省旅游局和工作要点，积极做好假日旅游舆情应对，关注假日期间旅游市场有关信息，妥善处置网络、媒体和社会反映强烈的涉旅舆情，并根据实际情况及时予以正面回应，防止发生重大负面舆情。

（三）大力推进政务公开平台建设

加强和改进政务网站内容建设，建立健全政府网站安全防范和应急处置工作机制，配合省政府做好政务网的日常监测和季度抽查，做好政府网站考评工作，以打造政务公开和"互联网+政务服务"总入口为目标，不断提升政府网站建设管理效能；充分发挥政务微博、微信灵活便捷的优势，做好信息发布、政策解读和办事服务工作，进一步增强公开实效，提升服务水平；按照"谁开设、谁管理"的原则，落实主体责任，严格内容审查把关，不得发布与政府职能没有直接关联的信息，信息发布失当，造成不良影响的，要及时整改。

五、转变理念,深化企业合作

在文化与旅游产业融合发展过程中,企业处于主体地位,所以它的实力非常重要,它的创新能力也非常重要,可发挥关键作用;而且,企业通过产业融合发展可获得更多的活力与生命力,通过市场需求可以更加了解新型产业形态和新型产业的发展模式,也就有可能在合适的时机进行优化重组,进而推出更适应市场需求的产品或服务。目前,岭南文化与旅游除了基本的合作以外,还衍生出体育旅游、养生旅游、文创产品等新型业态。

在岭南地区两大产业融合发展的情况下,相关文化、旅游集团应当制定合适的战略部署,以尽可能满足融合发展的相关需求。具体来说,可以从以下三个方面展开。

(一)用先进的体制观念引领企业合作

观念是无形的,但它能产生巨大的效应,是行动的先导。树立全新的产业融合发展意识,才能更好地把握两大产业融合发展的方向。在体制观念的整合方面,要充分发挥广东省文化和旅游厅在旅游文化规划指导、产业引导、管理机制的转变等方面的组织协调作用和市场执法监督作用,具体表现为三个方面:①观念主导。政府及各部门要充分认识到文化与旅游产业之间的相互促进作用及其融合对岭南地区经济发展的推动作用,制定和完善推动产业融合发展的产业政策,扶持文化与旅游产业融合发展的地方法规体系,实行与文化与旅游产业政策相衔接的文化与旅游产业发展政策。②产业规划指导。在已有文化与旅游产业发展规划的基础上,全面梳理岭南文化旅游资源,制定出产业融合发展的整体规划,选准文化与旅游产业发展的市场定位,明确发展目标和各阶段的发展任务,为岭南地区发展旅游文化产业提供科学指导。③管理主导。公平、合理、高效的机制是产业发展的重要推动力,政府要指导好文化与旅游产业的行政管理机构的归并工作,或引导成立专门的旅游文化产业领导小组,发挥它们在领导和协调现有文化旅游资源所属的文化局、民族宗教事务局、各级行政及企业等主管单位,制定共同发展大文化、大旅游,培育大产业的具体可行的规划,加强宏观指导和监管力度。

（二）以市场为导向，为两大产业的合作营造环境

如果能够在相互的市场上创造新的机会和激励，产业融合可以看作不断增加竞争力的一种资源。因此，旅游企业和文化企业的合作发展必须坚持以市场为导向的原则，充分发挥市场配置资源的基础性作用，加强旅游文化企业的发展环境建设，营造良好的产业发展投资环境和市场消费环境。在文化与旅游产业的融合发展中，必将加大文化旅游市场的开发和开放力度，具体表现为四个方面：①创新运营机制。对岭南文化旅游资源进行所有权、管理权和经营权"三权分离"改革。在保证国家所有权不变的情况下，实行政府管理、企业化经营，让他们成为拥有充分自主经营权的市场主体。②整合、组建跨行业的产业集团。产业要实现融合发展，不仅是产业内部的整合，还要进行更大的跨所有制、跨行业的整合，以实现资源共享、优势互补，形成较为完整的岭南旅游文化产业链，增强企业竞争力。③加强对旅游市场和文化市场的研究，创新产品的开发手段。通过研究旅游者的不同生活习惯、文化特点和需求喜好，选准文化旅游产品开发的市场定位，将岭南文化资源融入旅游项目的开发过程中，把优势资源转化为受消费者喜爱的优质产品。④创新营销方式。通过节庆会展、影视创作促销、主题推介促销、宣传促销、网络促销等传统方式与新型营销方式的结合，加强对文化旅游产品和品牌的宣传促销力度。

（三）以整合为纽带，推动两大产业融合发展

岭南文化资源与旅游资源的有机结合，一方面使岭南民俗风情、岭南传统技艺和岭南民间艺术等软性的传统文化资源得以保护和延续；另一方面也能够吸引游客、开辟商机，最终实现岭南文化的保护和产业开发的双赢，具体表现为三个方面：①在资源的整合开发中，可充分发挥产业的联动作用，发挥文化与旅游产业的龙头带动作用，拉长产业链，大力发展相关产业，开发相关产品，丰富旅游产业。旅游相关产业的发展和产品的开发销售应纳入旅游产业发展的大系统之中，实现产品整体开发、整体宣传、整体促销，与文化与旅游产业形成有机发展的整体。②重视对分散的旅游文化资源的整合加工，最大限度地发挥资源的整体效能；以旅游资源为纽带，以文化主题的发掘和提炼为切入点，将主题性较强、地方特色明显的文化资源串联整合起来，构建若干条有文化特色的旅游线路，丰富旅

游文化内涵，提高旅游产品的档次，同时，加强产品包装和推介，打造旅游地的文化旅游品牌。③由于文化与旅游产业的融合发展所涉及的行业及门类众多，产业链复杂，发展路径的选择也有很多，如产业集群、区域合作、集约化发展等，都是可供选择的发展模式，各旅游地应根据市场需求，结合当地文化与旅游产业发展的现状和自身优势，本着充分发挥比较优势与后发优势的原则，做出符合发展规律的选择。

六、强化行业协会的作用

目前，世界各国在进行政府再造时，都会采取这条重要策略——促使政府与民间组成伙伴关系，使二者建立合作关系。如此，便可通过各种方式充分发挥民间力量，能够在国家发展与社会发展之中引进各种民间资源，从而创建国家发展协作网络，并最终使国家获得更好的发展。在各种民间力量之中，非政府组织处于非常重要的地位。当我国的市场经济体系日益达到完善状态时，当我国的对外交流日益拓展时，非政府组织对文化与旅游产业发展的促进作用越来越大，在某些环节甚至不可或缺。非政府组织可在四个方面发挥重要的促进作用：①制定行规行约，使相关企业或单位不断形成更强大的自我约束力，从而打造更加公平的竞争环境，进而使该产业获得可持续发展；②为文化旅游的交流和合作提供媒介与桥梁，增进区域间的合作与交流，在开拓文化旅游市场方面可以发挥不可替代的重要作用；③开展经常性的文化旅游宣传、推介和人才教育、培养；④吸引社会资金，加大对文化与旅游产业的投入。

运用上述理论，结合实际，首先，要加快行业协会发展，促使它形成完整的行业自律机制，使它充分表现出整合资源、行业规范等功能，并对景区与企业的行为加以引导，从而确保其守法、诚信经营。另外，要创建对外交流协会，充分发挥当地的文化旅游资源优势，努力发展国外市场，注重产品宣传推广，与外界建立合作交流关系，尽可能向外界展示其历史文化特色与区域文化特色，从而推动其走向世界的进程。其次，要制定推行各项鼓励措施和管理条例，以确保文化旅游协会不仅能够获得良好发展，而且能够符合相关法律法规。最后，要创建各种中介组织，比如经纪机构等，打造优秀的经纪人队伍，以形成更强大的营销策划能力和组织协调能力，从而推出极具外向度、富有内涵与魅力的文化旅游精品。

第七章　岭南文化与旅游产业融合发展的政策响应

第四节　提高文旅服务质量，加大人才培养力度，完善人才引进和培养机制

近年来，广东省大力贯彻"科教兴旅、人才强旅"战略，开展旅游人才培训和旅游从业人员能力素质提升工程，促进各项旅游人才工作全面开展。通过大力提升旅游行政管理人员素质、加强旅游企业管理人才培训、搭建校企合作平台等举措，落实文化和旅游部（原国家旅游局）万名旅游英才计划、旅游业青年专家培养计划、导游"云课堂"研修培训等重点人才项目，广东省旅游人才工作体系和工作机制进一步健全，各级旅游行政管理部门统筹人才队伍建设的能力有效提升，多方联动的人才开发格局得到进一步巩固和发展。

当前，旅游产业发展迎来新一轮黄金发展期。面对新形势、新任务、新要求，岭南地区旅游人才发展还存在一系列问题，包括人才数量、质量和结构与旅游产业快速发展还有很多的不适应，对旅游人才工作的认识还不够深刻，区域旅游人才发展不平衡，旅游人才体制机制还不完善，旅游人才工作投入不足，旅游发展环境有待进一步优化，等等。

一、注重人才培养

文化与旅游产业能否在更短时间内取得良好发展，取决于一个重要的前提条件，就是其从业人员是否具备良好素质。国内外业态创新能力的成功经验表明，在体制机制和政策配套相对完善的条件下，文化创意人才和旅游开发人才是文旅产业融合发展的关键。文化创意人才提供新思维，创造新点子，旅游开发人才则依据旅游市场特点将新的思维转变为文化旅游产品，因此，文旅产业融合需要这两类人才的通力合作。在人才培养方面，岭南地区应做到以下四个方面。

（一）建立岭南地区旅游人才资源信息库

政府应全面开展岭南地区旅游人才资源调查工作，摸清旅游人才资源

现状，了解直接和间接从业人员的数量及比例，分析岭南地区旅游人才资源特点，有关职能部门要有针对性地制定旅游人才培训规划、标准和政策措施。

（二）旅游业青年专家培养

政府应加强广东省旅游业青年专家的培养和使用，支持举办青年专家学术沙龙、研究论坛和青年专家大讲堂，培育广东青年旅游专家学术共同体；鼓励各地市旅游行政管理部门设立旅游业青年专家专项科研基金；启动广东省旅游业青年专家培养工程，培养一批具有旅游基础研究、应用研究、教育教学（或管理）前沿水平，在国内省内有一定影响力与知名度的高层次领军青年专家；加强专业研修和名家指导，拓宽送教上门、决策咨询与服务基层等渠道，促进青年专家产学研结合和培养成果转化。

（三）积极落实文化和旅游部万名旅游英才计划

政府应以统筹协调、创造条件、监督指导等为重点，突出产学研合作与实践导向，加强广东研究型人才、创新创业型人才、实践服务型人才、"双师型"教师、旅游企业拔尖骨干管理人才和技术技能人才的培育；开展广东百名旅游英才计划，面向旅游院校、旅游企业、社会团体，设立旅游研究类课题，开展青年专家、旅游专业技能人才、创新创业人才、人才培育等项目。

（四）乡村振兴旅游人才培养

政府应发挥珠三角核心区旅游人才聚集地的优势，重点对沿海经济带和北部生态发展区旅游发展提供智力支持；健全旅游人才结对帮扶机制，鼓励旅游规划、旅游设计、旅游营销等专业人才到基层帮扶；引导高校毕业生参加"三支一扶"计划，到广东农村基层从事旅游工作；加强省市县联动，积极实施"粤菜师傅"专业培训项目，面向农民群众和乡村旅游从业人员开展粤菜技能培训；加快培养一批休闲农业示范点负责人、特色景观旅游名镇负责人、农家乐经营者、乡土文化传承人、民宿掌柜等乡村旅游带头人，推动沿海经济带、北部生态发展区旅游特色化发展。

第七章　岭南文化与旅游产业融合发展的政策响应

二、积极培育专家型人才

随着旅游业态的逐步完善，文化和旅游得以进一步融合，作为旅游服务的终端，能够提供深度讲解的专家型导游人才会逐步彰显其必要性，也将成为市场主流需求。这一市场变化契合了消费升级、旅游产业转型的需求，也是中国导游队伍优化的必经阶段。

专家型导游是旅游市场升级的必然结果。旅游产业已经从单纯的观光走向了休闲、体验、个性化，与之相匹配的旅游服务也需要不断深入、细化，尤其是在旅游产业第一线的导游。随着文化旅游、研学旅游、康养旅游、老年旅游、会奖旅游等细分市场的逐步成熟，这些旅游形式都对导游服务提出了各自的专业要求，即导游需要具备该领域的专业知识储备和素质，能够给游客提供良好的文化体验与专业服务，而不仅仅是线路向导、食宿安排等工作。

随着全新旅游时代的来临，作为直接面对游客多样化、专业化、个性化需求的导游，想要充分实现与有着专业性等特殊需求的旅游者的沟通、交流，不仅需要具备旅游专业知识，更需要成为在某一专业领域中有着一定积累的专家。专家型导游获得市场的认可，获得与之相匹配的劳动价值回报，对于改变导游生存环境、收入结构、职业地位具有重要意义。导游群体主动积极地提升自身的专业素质，为客人提供更好的服务，形成良性循环，对旅游市场环境净化也会起到一定的推动作用。专家型导游不仅仅会成为导游群体的突破口，更将成为旅游消费升级的关键节点。没有专家型导游，所有的文化旅游体验都将大打折扣；体验式、沉浸式旅游，包括研学、会奖、亲子等细分旅游市场都会出现后劲不足的情况。即便是越来越发达的网络信息，也无法解决旅游过程中的互动环节如何与知识进行深度和广度的交流的问题。

专家型导游的培养需要政府、企业共同努力。相关部门出台政策，解决导游的基本社会保障问题，如社保、职称认定等，提升导游从业地位，才会有更多的专家型人才进入导游行业。此外，行业协会也要加强相关标准的制定，为企业用导游、游客选导游及导游的职业晋升、薪酬安排提供依据。企业也要在导游薪酬体系的设计和制定上下功夫。良好的市场环境、相关的政策保障、合理的薪酬体系，必然能促进导游群体的自我学习、自我提升。要想培养出不同类型的专家型导游，企业的作用尤为重要。组织员工进行系统的规模化培训，从中选拔人才。专家型导游和普通导游在薪资待遇上也需要阶梯式设定，这样导游才会有积极性。

越来越多的游客愿意为知识买单，导游顺应需求自发学习，市场就会形成良性循环。导游队伍转型的基本原则是市场需求，在消费升级的大背景下，专家型导游无疑是一个重要的发展方向，也成为导游群体转型的突破口。值得欣慰的是，近年来，国家通过全国导游大赛、金牌导游工作室、最美导游评选、"名导"师资库等形式，已经在全国遴选出数百名专家级导游人才；全国各地的旅游行政主管部门也通过各种评优形式选出一批后备人才，许多地方建立了政务导游队伍、公益导游联盟、专家导游系列讲座活动等；一些核心旅游企业也建立起了引领提升导游队伍的工作室和辅导中心，积极参与行业人才遴选活动，向行业输送人才。更可喜的是，很多导游主动地提升自己的执业水平，积极参加各种行业培训活动，利用碎片化的时间提高自己的知识储备，积极提升导游等级，参与导游公益活动等，日渐形成各具特长的专家型导游队伍。不同类型的专家型导游人才如摄影专家、养生专家、文史专家、佛教专家、国学专家等日渐增多。具体来说，可以从四个方面展开培养工作。

（一）出境旅游领队素质提升工程

广东省旅游局联合相关部门，通过主题讲座、视频学习等方式，每年举办出境旅游领队培训班；鼓励各地市围绕旅游安全、文明旅游引导等主题，强化出境旅游领队培训。

（二）举办广东省导游职业技能大赛

政府应实行赛训结合，以赛促训，推出一批"导游之星"技术能手，表彰一批优秀导游员和模范导游员。

（三）各地市开展导游在职培训

政府应鼓励和支持各地市旅游行政管理部门、旅游行业协会等围绕政策法规、导游业务知识、导游服务技能等主题，开展导游人员职业技能培训，注重专业知识更新与能力提升；充分利用文化和旅游部"云课堂"项目，拓宽培训面。

（四）积极与高校进行合作

政府应关注"导游+专业"或"专业+导游"的人才培养模式，旅游专业学生不仅要学习导游专业课程，更要辅修1~2项感兴趣的其他热门专业知识，同时，针对有志于从事导游工作的各专业学生，开设导游类公共选修课程，打通旅游专业与其他各专业之间的界限、壁垒，真正为专家型、复合型导游人才培养搭建平台。

三、注重旅游创新创业人才的开发

政府应结合国家和省级各类创新创业公共平台，重点围绕旅游发展理念创新、业态创新、产品创新、科技创新、发展方式创新、商业模式创新等，大力培育旅游创新创业人才；按照"旅游+创客"的模式，依托一批条件成熟的旅游特色村镇、旅游文化街区、科技文化创意园区或历史文化旅游区等，打造一批旅游类创业创新人才孵化平台；依托广东省大学生就业创业大数据平台，吸引更多大中专院校毕业生参与旅游创业就业；鼓励和吸引具有自主创新、创业意识的企业家、返乡农民工、专业技术人才等投身于旅游创新创业中；鼓励有丰富经验的资深创客、知名创客、企业家和技术专家，担任创新创业导师；支持社会力量举办"互联网+旅游"创新创业大赛，鼓励旅游产学研合作，培育和孵化一批旅游创新创业项目。

四、注重海外高端、紧缺旅游人才引进政策的宣传与引导

政府应充分依托"广东国际旅游产业博览会""广东旅游文化节""广东旅游产业投融资对接会"等旅游专业平台和"中国国际人才交流大会""中国留学人员广州科技交流会""中国国际高新技术成果交易会"等国家级人才交流引智平台，联合各地市旅游局及旅游协会，积极宣传"珠江人才计划"等人才引进激励政策，广泛吸引海外人才来粤进行旅游产业创新创业；鼓励各地市旅游局、旅游企业、旅游院校等充分利用广东省海外人才工作站的平台作用，在海外举办人才项目交流活动、宣传引智

政策，积极引进海外人才；加强与省人社厅、省科技厅、省教育厅等部门的沟通，充分运用人才引进政策，加强对旅游企业高级管理人才、国际旅游规划人才、旅游教育人才、复合型旅游人才和旅游新业态人才的引进力度，提升广东省旅游人才的国际化水平。

五、注重旅游新业态的人才开发

旅游产业融合发展需要更多的复合型人才。产业融合通过提高传统产业的知识性和技术性来促进传统产业的演化升级。例如，旅游产业与文化创意产业的融合发展，就更符合当下知识经济的大背景。文旅产业融合既然是旅游产业与其他产业多个维度的联动和对接，那么复合型的人才是文旅产业融合持续发展的第一资源。为适应广东省全域旅游与产业融合发展需要，政府应加快培养文化旅游、在线旅游、邮轮游艇旅游、海岛旅游、康养旅游、低空旅游、工业旅游、体育旅游等"旅游+"复合型人才；结合旅游新热点和新趋势，加快自驾车旅居车旅游、研学旅游、亲子旅游等旅游人才开发；鼓励研究发布旅游新业态急需紧缺专门人才类别；鼓励各地市将旅游新业态人才纳入人才扶持政策范畴；支持旅游院校设置旅游新业态相关专业与课程，加强旅游新业态师资培养。

六、深化旅游人才体制机制改革

（一）完善旅游人才培养开发机制

政府应整合政府、企业、院校、行业组织、社会机构资源，构建专业化、社会化、多元化的旅游人才在职培训体系和社会力量广泛参与的旅游人才工作格局；建立旅游课程设置与社会需求、在校学习与企业实训、职前教育与在职培训、人才培养与职业评价对接机制；鼓励各地市因地制宜地开展旅游人才培养机制探索，围绕海洋旅游人才、邮轮游艇旅游人才、乡村旅游人才、文化旅游人才、主题公园旅游人才、温泉旅游人才、体育旅游人才、中医药养生旅游人才、红色旅游人才、会展及商务旅游人才、民宿管理人才等打造地方培训特色优势；鼓励行业组织、龙头企业、旅游院校参与制定推广旅游人才培养标准和旅游职业标准。

(二) 创新旅游人才引进使用机制

政府应支持各地市建立旅游专家顾问团队和专家库，通过柔性方式引进高端人才，参与旅游政策制定、产业发展咨询和重点旅游项目建设；鼓励各地市依托当地人才引进政策，引进高品质旅游人才和旅游管理团队；加强产业融合，吸引旅游相关产业专业技术人才参与旅游开发工作；积极探索旅游兼职从业制度，实施吸引国际人才、专业技术人才等优秀人才进入旅游行业的弹性用人机制；完善旅游志愿者制度，拓展志愿者发挥作用的领域和空间；借助广东省在国外设立的经贸办事机构等平台，引进高层次旅游人才；积极引进滨海旅游规划设计、邮轮旅游、旅游教育、商务旅游、会展旅游等方面紧缺的国际旅游人才；鼓励从港澳地区引入旅游会展、旅游酒店管理、旅游演艺、国际市场营销等方面的人才。

(三) 健全旅游人才流动配置机制

政府应推进广东旅游人才市场体系建设，促进旅游人才自由、有序流动；完善全省旅游人才统计工作，重点建设旅游企业领军人才和职业经理人、旅游高级专业技术人才、旅游高技能人才和乡村旅游实用人才等分级、分类旅游人才数据库；优化省市县旅游人才交流挂职机制，促进旅游企业—院校—行政管理部门间旅游人才有序流动；加强政府宏观调控作用，引导和鼓励各类旅游人才向农村、基层、边远地区流动。

(四) 强化旅游人才激励保障机制

政府应建立健全充分体现旅游人才价值、鼓励旅游人才创新创业的分配激励机制；完善薪酬制度，鼓励旅游企事业单位积极落实国家和广东省有关鼓励科研人员兼职、离岗创业、技术入股、绩效奖励、职业年金、科研成果转化收益分配等相关政策；加大对在广东省旅游产业发展中做出杰出贡献人才的表彰力度；积极推进旅游人才诚信体系建设；鼓励旅游从业人员积极参加旅游职业技能大赛等活动；推进健全旅游服务技能人才社会保障体系和职业保险体系；推动导游管理体制改革，完善导游等级评定制度和导游服务星级评定制度，建立健全导游执业保障与激励机制；鼓励各地市对旅游创新创业项目、旅游企业人才开发示范基地等给予扶持奖励。

第五节 推进岭南文化与旅游产业融合发展的重点任务

一、加强岭南文化旅游资源整合

资源整合，是指由一方发起，联合另一方或多方的整合，其突出特点是基于共生机理，以互利作为出发点，共同联合、努力获取和组合新资源。具体来说，文化资源与旅游资源的整合，可以有效地解决文化资源和旅游资源的分散问题，加深文化与旅游产业融合的广度和深度，进而促进文化与旅游产业实现"融合—升级"。因此，在岭南地区文化与旅游产业的融合发展过程中，要高度重视资源的整合。

从地域上来说，岭南文化大体分为广东文化、桂系文化和海南文化三大块；主要以属于广东文化的广府文化、潮汕文化和客家文化为主，这是岭南文化的主体。明清之际，岭南三系文化融会贯通，岭南文化真正有了自己独立的风格、精神，并区别于南方文化。从考古文物到文献记载，从历史遗址文化、建筑文化、民俗文化、园林文化、商业文化、宗教文化到各种文化艺术，都贯穿着一种开放的人文意识，特别是改革意识、商业意识、务实意识和平民意识。传统的文化艺术，从粤语、粤剧、广东音乐、广东曲艺、岭南书法、岭南画派、岭南诗歌、岭南建筑、岭南盆景、岭南工艺到岭南民俗和岭南饮食文化，都反映出具有丰富内涵的岭南文化特色和独具一格、绚丽多姿的岭南地方特色。

古称"岭南"的广东文化资源丰富多样，历史文化积淀深厚，民族民俗文化特色鲜明。岭南文化内涵，包括岭南本根文化、百越文化、中原汉文化和海外文化四个要素。广东既有气势磅礴的山峦，也有水网纵横的平原，既有岩溶洞穴，也有川峡险滩，加之地处热带亚热带季风区，常年高温多雨，冬短夏长，动植物品类繁盛丰富。生活在这块土地上的南粤先民用自己的辛勤与智慧，创造了种类繁多、风格独特、辉煌绚丽的文化遗产和非物质文化遗产。

截至2013年12月，广东省有121项入选国家级非物质文化遗产名录，国家历史文化名城6座，全国重点文物保护单位68处，第三次全国文物普查登记的不可移动文物点超过38000处。丰厚的文化底蕴和南北兼具的文化特质为岭南文化及相关产业的发展创造了良好的发展基础，塑造了良好的发展氛围。2010年，广东省评出粤菜、粤剧、广东音乐、广东骑楼、黄埔军校旧址、端砚、开平碉楼、广交会、孙中山、六祖惠能这"岭南文化十大名片"。"岭南文化十大名片"的代表性较高，涵盖面较广，从不同视角展示了广东历史、人文地理、文化精华和民俗风情，全面展现了岭南文化的源远流长与博大精深，是岭南文化的金字招牌，表现出旺盛的文化张力。

文化与旅游产业融合既是典型的融合经济，又是独具特色的绿色经济，符合我国国情特点，有利于发挥我国文化与旅游产业的比较优势，提升我国旅游与文化形象，调整与优化服务产业结构，推动我国经济方式转变，建设资源节约型、环境友好型社会，实现国民经济可持续发展。以岭南文化为主题发展旅游，着力开发广府文化、客家文化、潮汕文化、侨乡文化等特色文化资源，使其与旅游相融合，进一步挖掘旅游文化内涵，弘扬岭南文化，实践"文化是旅游的灵魂，文化是旅游的生命力"等发展理念，是促进岭南地区旅游产业可持续发展的重要举措。

在岭南文化旅游资源的整合方面，可以从四个方面展开：①按照"大带小，小促大"的思路，贯彻"多层次需求，个性化设计"的思想，开发专业性强、消费档次高、特色明显的专题旅游路线，以规划整合带动资源整合，实现文化与旅游产业的全面融合。②以核心产业整合支撑产业，构建文化与旅游产业融合的良好发展平台。文旅产业作为核心产业，可以带动交通运输业、文化工艺品制造业、公共服务业、旅游产品制造业、旅游餐饮业、景区建设业等相关基础设施产业的发展，更能够使文化与旅游产业"吃、住、行、游、购、娱"的综合功能不断完善。③以不可移动的文化旅游资源整合可移动的文化旅游资源，实现有形与无形的融合。具体来说，就是将静态项目与动态活动有机结合起来，以不可移动的名胜景区整合可移动的非物质文化资源，以物质文化为载体建立文萃园，整合可移动文化资源，借助工业旅游整合开发可移动的非物质文化资源。④以文化资源整合旅游资源，将影视传媒业、节庆会展业、艺术品与工艺美术品业、休闲娱乐业分别与旅游产业资源整合，促进文化与旅游产业的"融合—升级"。

文化旅游资源的整合，为岭南地区文化旅游新模式的蓝图构建和深化开发奠定了重要基础。岭南地区应在现有资源整合开发与管理的基础上，转变文化旅游资源的景点介绍及文化内涵的再现和展示方法，提升旅游档次，整合开发出一整套具有地方特色的新模式，带动周围旅游景区的发展，促使原来的"一日游"向"多日游"方式转变，由原来的"观光型"旅游向"娱乐、休闲、度假型"旅游方向转变，并不断探索创新，力求打造岭南地区从创意设计到时尚体验、从空间再造到创意社区、从遗产传承到创意旅游、从影视演艺到体验消费、从美食产业到创意之都的联动新模式，进而实现文化与旅游产业的"融合—升级"，并对全市的相关产业起到一定的拉动效应，促进整个岭南地区的全面协调可持续发展。

二、打造岭南文化旅游品牌和旅游产品

（一）岭南文化旅游资源的挖掘

1. 挖掘广东建筑与园林文化

岭南建筑及其装饰是我国建筑之林中的一朵奇葩。千百年来，经过历代建筑匠师的辛勤劳动，岭南人民充分利用南方的自然资源，结合南方的生活特点，形成了风格独特的建筑艺术。例如，广州著名的西关大屋、骑楼等，均根据当地地理环境、天气气候而设计，与当地人文相结合。另外，岭南园林也主要植根于民间，园景构图根据生活内容的需要适当处置、随机应变，各种设施求实重效、顺从人意。游客在游览岭南建筑与园林的同时，能充分体验当地民俗，了解广东人的生活风情。

2. 挖掘广东饮食文化

饮食习俗是广东文化的特色分支，粤菜享誉海内外，"食在广州"也早已闻名于世，饮食的改革与创新不能离开文化的范畴。深入挖掘广东饮食文化，鼓励和支持广东名牌与特色旅游商品开发。目前，各大旅行社都推出"美食广州""食在广州""美食文化节"等旅游线路，但要深入挖掘广东饮食文化，还必须对广东饮食现象加以利用，让游客从饮食方面透

视广东人生活方式中所蕴含的文化底蕴。

3. 大力开发海洋文化旅游

广东地处沿海地带，粤西和粤东很多城市都位于海边，大力发挥资源优势，突出海洋生态和海洋文化特色，重点发展滨海度假旅游产品，建设具有国际水平和广东特色的滨海度假旅游示范基地。例如，开发海洋民俗旅游，凸显潮汕和雷州等地的海洋文化艺术与饮食文化特色，打造"南海开渔节"等品牌；又如，把山水等自然资源与当地人文相结合，大力发展惠州、河源等地的岭南文化温泉之旅。

4. 开发多元的宗教文化

近年来，广东作为中国的沿海开放城市，吸收了多种宗教文化，五大宗教齐全，这些宗教文化地位平等，相互尊重、相互包容，和睦相处，展现了广东开放包容的特性。例如，建于1863年的天主教堂——圣心大教堂是全球四大全石结构哥特式教堂建筑之一，光孝寺是羊城年代最古、规模最大的佛教名寺，越秀山下的三元宫是广州最大的一座道教寺庙。宗教旅游是现代旅游产业中的一个重要组成部分，广东省拥有齐全的宗教文化，诸如六祖旅游文化节的成功举办等，说明具备大力开发多元宗教旅游的有利条件。

5. 大力开发商务文化

广东作为我国改革开放的前沿阵地，与港澳毗邻，商业文化发达。每年两度的广交会吸引了不少国内外商客的到来，因此，有着不可多得的商务文化。随着广东旅游、投资环境的改善，特别是高星级酒店和航空业的快速发展，将旅游资源与商务贸易资源相结合，利用广州千年商都、自明清以来就是文化交流中心这一重要特点，适时创造一些商业机会和文化机会，例如，举办各种规模的商业展览、会议及各种文化交流活动，让旅游者在旅游过程中逐渐由"游客"变成"商人和朋友"，增加旅游者的消费需求，同时，增加旅游者重返的机会，弘扬广州经商传统。

6. 创造性地发掘其他文化

岭南文化涉及广东的文化、政治、经济、人文地理、历史沿革等，内容丰富多彩，展现了广东人文的精髓和文化特质。除了以上所列的主要岭南文化资源外，我们还应创造性地挖掘广东其他特色文化。例如，广东的名人文化——中国佛教禅宗始祖达摩、"不辞长作岭南人"的苏轼、"开眼看世界第一人"林则徐、中国民主革命先行者孙中山等，都是值得人们永世崇敬和赞扬的伟人,因此,将广东名人与旅游相结合,发展名人文化游,对广东岭南文化走向世界也有重要意义。

(二) 融入文化,开发岭南特色旅游商品

旅游者出游,从浅层次来说,目的是领略异地独特风情、自然风貌与人文气息;从深层次来看,目的是捕捉在其他地方难以寻到的文化底蕴。因此,开发旅游商品的首要内容,就是要重视文化内涵,打造出富有文化特色和地域文化韵味的旅游商品。着眼于岭南文化,笔者将广东富有开发前景的旅游商品分为以下六种类型。

1. 岭南饮食文化商品系列

饮食文化是历史文化的一个重要方面,体现着社会和文化的特点,是一种重要的旅游商品资源。广东地理位置优越,气候温和,物产丰富,为饮食提供了丰富的物质条件。广东饮食起源于古代岭南地区越人的杂食,又受到中原饮食文化的影响,还由于对外贸易发达,受到西方饮食的影响。由此可见,广东饮食文化是融合了古今、中外、南北饮食文化的精华,并不断创新而形成的。独特的饮食文化吸引着成千上万的旅游者,特别受到入境旅游者的青睐。粤菜选料广博,制作精细,注重鲜、嫩、爽、滑,讲求色、香、味、形。粤菜按地域分为广州菜、潮州菜、东江菜三部分,各有所长,独具地方特色。广式点心款式繁多,为全国之最,制作精细,甜咸兼备,常见的有虾饺、娥姐粉果、干蒸烧卖、马蹄糕、白糖伦教糕、姜撞奶、双皮奶、陈村粉、裹蒸粽、杏仁饼等。广东拥有众多的老字号名牌饮食企业,如广州酒家、陶陶居、北园酒家、泮溪酒家、莲香楼等,这些都是开发广东饮食文化商品的资源优势。在旅游活动中,除了要让游客感受独特的饮食文化,还要进一步激发游客的购买欲望,开发出富有特色又包装精美、方便携带的饮食产品,以供游客购买,并带回家品尝,以便延续享受美食的快乐,或者馈赠亲友,与他人一起分享。纵观市面上现有的旅游饮食产品,大多包装简陋、品种单一,缺乏特色。因此,首先,要对传统食品进行开发创新,不断推出文化品位高的食品,改进传统工艺,使一些食品的加工能够适应现代化大生产的需要,采用新的包装材料和包装工艺,延长食品的寿命周期,力争有新意、有针对性,满足不同游客的多种需求。其次,部分产品可以在销售方式上采用"前店后厂"式格局,先带领游客参观食品生产全过程,让游客对食品的用料、制作、

第七章　岭南文化与旅游产业融合发展的政策响应

安全性有一定了解后，自由购买。对于手工制作的部分食品，可以让技术娴熟的师傅当场演示制作食品的全过程。最后，要以每年两度的"广州国际美食节"为契机，通过美食精品的展示、名厨的现场表演、厨艺大赛等形式，让游客感受"食在广东"的乐趣，领略广东饮食文化的博大精深，以促进饮食旅游商品的销售。

2. 岭南土特产商品系列

广东物产丰饶，土特产品种繁多，例如，从化蜂蜜、皇上皇腊味、增城丝苗米、肇庆芡实和霸王花、东莞腊肠、罗浮山百草油、兴宁红酒、英德红茶、潮州凤凰单枞茶、普宁竹蔗精、阳江的风筝和春砂仁、西樵丹桂酒等，可谓是数不胜数。除此以外，岭南地区气候温暖，常年水果飘香，主要有荔枝、龙眼、木瓜、香蕉、柑橘、杧果、橄榄、三华李、黄皮、石榴、杨梅、西瓜等。这些土特产蕴藏着丰富的文化内涵，开发者应该着力深入挖掘，并在商品的设计、包装与宣传中体现。例如，罗浮山百草油是由采集在罗浮山生长的上百种草药提炼而成的，它与罗浮山道教文化息息相关。罗浮山被称为第七洞天、第三十四福地，从古至今有无数道人在这里修道炼丹，药用植物达1200多种，有天然中草花库之名，曾经的洞天药市就设在此处。道教文化与百草文化相辅相成，道以药扬，药以道长，罗浮山百草油相传就是古代道士提炼而成的。在百草油的包装设计上，开发者应力图体现其道教内涵，比如，将瓶身设计为葫芦状、商标为八卦图案等，都是较为可取的方法。又如，肇庆裹蒸粽：传统的裹蒸粽用料是以糯米、绿豆、半肥瘦猪肉作馅；居住此地的回民也有包裹蒸粽的习俗，他们则以牛肉作馅，称作"清真裹蒸"；佛教信徒则以花生、白果、冬菇作馅料，称作"上素裹蒸"。用料的不同体现出宗教的文化内涵。再如，享有"岭南果王"和"果中珍品"美誉的广东特产荔枝，其历史文化内涵十分丰富。苏东坡有诗云："日啖荔枝三百颗，不辞长作岭南人。"杜牧留诗："一骑红尘妃子笑，无人知是荔枝来。"荔枝在古代即是进贡给皇帝的贡品，无数文人墨客曾经写诗作词赞颂荔枝，因此，在荔枝产品的包装设计、销售上体现其文化内涵，自然能令游客赏心悦目，并愿意购买。

3. 岭南民间工艺商品系列

广东有种类繁多的民间工艺品，广州的三雕一彩一绣（牙雕、玉雕、木雕、广彩、广绣）、增城榄雕、佛山剪纸、石湾工艺陶瓷、佛山秋色、潮汕抽纱、枫溪瓷雕、佛山木版年画、潮州金漆木雕都是在世界享有盛誉的传统手工艺品,其中,很多产品甚至远销世界各地。这些民间工艺,都是历代艺人在继承了岭南古越族人的原始艺术的基础上,不断创新而来的,具有独特的南国特色和文化内涵。这类旅游工艺品往往是只此一家,别无分店,是旅游地商品中最具特色的部分。而在广东的旅游商品市场上,旅游工艺品款式千篇一律,题材陈旧,工艺师年复一年、日复一日地描绘着同一个图案,绣着同一个纹样;真正的精品又定价较高、体积较大,不适合旅游者购买。因此,旅游工艺品应立足岭南特色,设计出款式新颖、题材独到、方便携带的产品,才能满足旅游商品消费者对于特色的需求。

4. 岭南民间艺术与民间节庆商品系列

岭南民间艺术,包括粤剧、潮剧、广东音乐、岭南画派、岭南盆景、佛山醒狮、沙湾飘色等内容。例如,岭南画派就是岭南文化中的一朵奇葩,是中国传统国画中的革命派;粤剧被称为岭南文化的瑰宝,是我国南方一大剧种,广泛吸取外省声腔剧种及大胆采用西洋乐器,名家云集,剧目繁多,声名远播海内外;广东音乐曲调优美,节奏明快,旋律婉转,被称作"东方民间音乐中的一颗明珠"。此外,舞龙、舞狮、飘色艺术更是独具南国特色。在广东旅游,品茶赏曲,观看粤剧,观赏飘色、舞狮,观赏岭南画派作品展等活动,成为领略岭南文化的首选。而在这类旅游商品的设计开发中,开发者应着力展现其文化内涵和艺术特色。例如,开发者可精选曲目录制粤剧视频,出版名家剧照、岭南画派作家画册,编制民间艺术画册等,注重装帧精致、印刷精美,突出艺术性和收藏性。广东影响较大的节庆活动,主要有广东民间欢乐节、广州迎春花市、广州贺年缤纷大巡游、广州国际美食节、沙湾飘色、广州龙舟节、茂名荔枝节、梅州山歌节、汕头迎春联欢会、阳江风筝节、韶关漂流旅游节、广东连南盘王节等。例如,在每年秋末冬初举行的广东民间欢乐节期间,广州市文化部门和旅游部门邀请全省、全国最精彩的民间艺术团体到这里演出。现场有耍火龙、高台舞狮、耍杂技、唱歌、跳舞、木偶和皮影戏、相声、气功表演等,节目丰富多彩,充满欢乐祥和气氛,还有购物和品尝地方小吃,热闹非凡。节庆活动特色鲜明,会吸引众多游客,并成为推介旅游商品的重要舞台;然而节庆本身也是旅游商品的一个重要题材,各种节庆的入场券、明信片、吉祥物、印有节庆标志的小饰品,都是颇具纪念意义的旅游商品。

5. 岭南建筑与园林文化商品系列

由于广东独特的气候条件、地理环境，以及生活习惯的差异，岭南建筑在布局、造型、装饰装修方面也具有独特之处。形同竹筒，开间小进深长的"竹筒屋"，中国五大民居之一的"客家围龙屋"，旧时豪门富商居住的"西关大屋"，可避风雨的"骑楼"建筑，装饰华丽的"四点金"与"下山虎"潮汕民居，无不体现出特色鲜明的南国风情与岭南文化特征。岭南园林以小见大，文化气息浓厚，清代广东四大名园（广州余荫山房、东莞可园、佛山梁园、佛山清晖园）堪称典范。而在旅游商品中融合岭南建筑文化，开发出独一无二的旅游商品，至今仍是一根"软肋"。梅州旅游界在这方面的开发创新值得借鉴，梅江区体育局模型教练李光强设计制成了一个客家围龙屋微缩模型。这个模型采用水晶底座和高档塑料等原材料，经过电脑雕刻和复杂模具制作，以梅县白宫围龙屋棣华居为原型，按比例缩小。该模型曾获得"中旅杯"广东省旅游纪念品设计大赛"最佳设计奖"和国家知识产权局颁发的外观设计专利。此外，客家土楼造型的牙签筒、黄遵宪故居入境模型等也纷纷推出，这些工艺品融入了客家风情和乡土气息，加上设计精妙、体积不大，并具有一些实用价值，只要加大资金的投入和市场推介，这些旅游商品就能成为梅州市旅游产业增收的一棵"摇钱树"。

6. 岭南红色旅游商品系列

广东是近代革命的策源地，近代革命历史纪念地有孙中山在广州创办的黄埔军校、毛泽东同志主办的农民运动讲习所旧址、黄花岗七十二烈士墓，还有陈毅元帅在韶关坚持游击战争的历史故事、东江纵队的英雄事迹等历史足迹。改革开放后，广东是邓小平南行的主阵地，江泽民同志在高州提出了"三个代表"的重要思想，胡锦涛亲临广东抗击"非典"第一线。预计广东省内可以开发100个左右的红色旅游景区，大力发展红色旅游将成为广东旅游产业发展的一台重头戏。这类旅游商品的开发要着力体现红色文化特色，设计富有特色的纪念品。例如，广东可以发行印刷精美的纪念册，有珍藏价值的史料书籍，印制伟人像章，制作内容丰富的多媒体光盘以再现历史真实，等等。

(三) 展示岭南文化旅游产品的生产

在深入挖掘岭南文化的基础上,以深厚的文化背景为依托,才能开发出富有特色的旅游商品。

1. 商品取材

旅游商品的生产,要注意利用当地的原料,如果在广东旅游景点出售的纪念品大多是全国各地都能看到的水晶饰品、镜框、玻璃球、塑料玩具等,就丝毫没有了"广味"。要坚持商品特色,就要坚持就地取材。例如,肇庆端砚、信宜玉器、增城榄雕,采用的都是本地原材料,不仅成本较低,而且容易取材,又具有本地特色。又如,高州盛产香蕉,香蕉是人们喜爱的热带水果之一,在当地数量众多、价格低廉,可加工制成香蕉片、香蕉汁、香蕉酱、香蕉粉和用于酿酒,虽非至宝,却是南方独有,也能体现地方风格。

2. 商品题材

在产品题材上,应突出地方特色,反映岭南风情。例如,牙雕艺术中的牙球《五福捧寿》,祥云缭绕,龙飞凤舞,花果飘香,配以透雕牙球,充满浓郁的民间艺术气息。牙雕作品《五羊仙子贺八景》《珠江新日》《六榕晨曦》,都是取材于广州美景,富有浓厚的地方特色和时代特征。

3. 制作工艺

商品的制作工艺要尽量使用当地的技艺来表现。例如,广东潮州的大吴泥塑,实际上,大吴泥塑并非像天津"泥人张"那样直接用土塑造,制成干硬成型的作品,而是经低温窑烧处理过后,再重新上色的"彩绘陶"。这是当地艺人世代相传的技艺,他们充分发挥其智慧和技巧,展示自己的绝活,将大吴泥人刻画得惟妙惟肖、特色鲜明。总之,广东旅游商品要跟上旅游发展的步伐,就必须不断开发出能体现岭南文化的新产品,同时,在生产过程中也要突显当地特色,才能使商品具有鲜明的地域性,才会备受游客的青睐。

(四) 生产过程突出岭南特色

1. 创新开发

更新观念,从创新的角度认识旅游文化资源的科学开发。旅游文化资源的科学开发与利用是全社会的事情,坚持旅游文化资源开发与保护一体化发展,借鉴国际旅游文化资源开发的先进经验,打造具有广东岭南特色的现代化、本地化旅游文化区域,提高国际化水平,充分认识创新是旅游文化资源开发的一个永恒主题,需要一个社会大环境来支撑。

2. 突出地方特色

特色是旅游资源的灵魂。有特色,才有吸引力和竞争优势;特色越明显,势差越大,对游客的吸引力越大。因此,广东作为旅游目的地应努力寻求和开发具有浓郁地方特色风味的文化资源,树立品牌,打造形象。同时,广东还要实行小区域内的差异化战略,与同线或同区的类似产品在内容和风格上应该有明显的距离与层次,使游客有意犹未尽之感,在市场开发上有利于区域合作,避免雷同和替代性竞争。

3. 旅游产品多样化

游客对文化资源及产品的理解是有差异的,对文化旅游的需要也体现出不同的层次。因此,文化资源的旅游开发必须体现产品的差异性,即要求在同一旅游区或旅游线路上,在游览方式、时间选取、消费水平的确定上,旅游产品开发有多种方案可供游客选择,既能满足普通的观光旅游,也能满足高档次的旅游,既能接待团队旅游,也能接待散客旅游。

4. 注重文化传承,促进广东旅游文化的可持续发展

随着旅游产业的发展,旅游者创造或再现的一些民俗文化,例如,在旅游地穿节日盛装、高价买卖手工艺品等,它们徒有民俗文化的形式,目的仅为迎合商业需要,某种程度上也是对文化的一种损害。因此,要改变这一现状,必须坚持文化与旅游结合的真实性,反对盲目扩大文化资源的商业价值。

广东作为岭南文化的主要发源地之一,拥有丰富的历史文化资源,要把广东打造成"文化大省",必须积极发挥文化正面效应和价值,把传统文化引入旅游市场。充分利用这些文化衍生出来的广东民俗、民间节庆、民间艺术、宗教文化、特区文化资源优势,演绎岭南风情,丰富旅游内容,是广东旅游走向成熟,广东成为旅游文化大省的重要标志。

三、培植大型岭南文化旅游企业集团

进入 21 世纪以来,岭南文化、旅游产业发展势头持续稳定,文化、旅游产业收入多年保持两位数的增长速度。2010 年以来,文化、旅游产业增加值都已成为岭南地区国民经济的支柱产业,其中,2012 年文化产业增加值甚至已达到了战略性支柱产业标准。目前,广州已拥有一批诸如广州岭南国际企业集团有限公司、长隆旅游企业集团等具有本土特征的大型骨干文化与旅游产业集团。

(一)培植过程中存在的问题

近年来,广州文化与旅游产业融合发展势头良好,已基本形成饮食文化旅游产品、城市观光文化旅游产品、文化旅游深度游产品(如广府文化旅游产品、社区文化旅游产品)系列,以无限的创意培育了一批特色鲜明、创新能力强、产业链完整的文化与旅游产业创意园,如羊城创意产业园、红专厂、TIT、太古仓、信义会馆、城市印记公园等。据不完全统计,广州市已建成和正在打造的文化旅游创意产业集聚区约有 60 个,已具有一定规模和影响的集聚区有 30 余个。但是,目前还存在以下三个问题。

1. 文化与旅游产业定位模糊,缺乏政策扶持

查阅广州市政府相关文件,文化旅游支柱产业或战略性支柱产业并没有被明确提出。文化与旅游产业并没有真正地融合起来。对于文化事业和文化产业或旅游产业单方面的产业政策,政府出台了不少,但是,文化与旅游产业还只是一个说法、一种意识,关于两个产业融合发展的系列产业政策的出台,存在严重的滞后性。

2. 缺少大型文化旅游企业集团总部

广州是一个现代化的超级大都市,但是,大型文化旅游企业集团的数量却很少。年产值超过百亿元的仅有广州岭南国际企业集团有限公司,超亿元的旅游企业只有 50 多家,绝大多数为小型企业,导致了企业之间竞争过度激烈,市场集中度小。景区景点规模小,分属不同的行政管理部门,条块分割,各自为政,没有大型的景区管理集团。如今,尽管有不少世界旅游企业集团(诸如万豪集团企业等)落户广州,但都是单个企业,缺少具有国际影响力的文化旅游企业集团总部；同时，广州至今没有一家旅游电子商务集团总部，与北京、上海相差甚远，这显然与广州国家中心城市地位不相符。

3. 文化旅游品牌影响力小

广州的旅游产品给人的感觉是杂而多，缺乏品牌影响力。比如，广州的珠江游，具有很强的广州特色，但其市场影响力太小，没有打造出类似巴黎塞纳河（1991年被评为世界遗产）的品牌影响力。虽然有诸如海上丝绸之路的世界级文化旅游资源，但是，缺乏打造世界级别的文化旅游品牌意识，致使广州今天具有世界级别的文化旅游产品寥寥无几，尤其是大型娱乐文化品牌十分缺乏。类似巴黎红磨坊、巴西狂欢节这些世界闻名的娱乐文化品牌在广州并不存在。显然，一个没有世界级文化旅游产品品牌的城市想定位为国际旅游中心城市，将只是一个概念。

（二）培植策略

综合以上情况，培植大型岭南文化旅游集团可以从以下六个方面展开。

1. 优化产业结构

自2010年以来，岭南地区旅游产业增加值比重已稳定在地区生产总值的5%以上，成为名副其实的支柱型产业，但离国务院要求战略性新兴产业增加值比重在2011—2015年、2016—2020年两个阶段分别达到8%、15%的目标还相差很远。因此，岭南地区未来的重点是要实现文化与旅游产业由支柱型产业向战略性支柱产业转变的目标，从三个方面不断优化产业结构：①提高核心层次产业与中间层次产业的比重。根据旅游产业结构的演变规律，随着旅游产业的不断发展，旅游者对旅游各层次产业的消费绝对量都是增加的，而基础产业（食、住、行）的消费比重呈明显下降趋势，中间层次产业（购物）的消费呈坚挺态势，核心层次产业（旅游、娱乐）的消费则呈迅速上升趋势。岭南地区旅游产业收入构成中，核心层次与中间层次产业相对于世界旅游产业发达城市的文化娱乐消费占整个旅游产业收入的10%以上、旅游商品销售占40%以上相差甚远。因此，岭南地区未来应重点加强旅游景区景点的建设、文化旅游娱乐产品的生产与销售，提高旅游购物、文化游乐产业层次的比重。②发展旅游装备制造业，加快文化与旅游产业结构升级。旅游装备制造业收入一般不纳入旅游产业收入，发展旅游装备制造业虽然不能提高文化与旅游产业增加值，但是，它能促进文旅产业结构升级和拉动旅游者的消费升级，从而达到文化与旅游产业优化的目标。③孵化文化与旅游产业总部经济，实现文化与旅游产业高度化。即吸引一大批文化旅游产品研发设计总部、旅游电子商务网站总部、旅游企业集团总部等落户广州，以推进文化与旅游产业产出结构高度化、技术结构高度化、就业结构高度化。

2. 做大做强旅游龙头企业

政府应支持大型旅游企业加快发展，通过资源整合、技术创新、品牌输出、改革改制等途径，跨地区、跨行业、跨所有制兼并重组，延伸产业链条，丰富产品体系，提升综合竞争能力和服务水平，成为国内外知名的现代化旅游龙头企业集团；重点引进国际知名旅行商、主题公园、旅游服务商、品牌酒店、旅游电商、邮轮集团、旅游金融企业和跨国旅游集团落户广东；鼓励社会资金投资建设五星级旅游饭店、品牌酒店和高端度假酒店；鼓励本土酒店管理集团"走出去"发展，打造国内外知名的酒店管理集团；大力推动广东省龙头旅行社在境内外主要客源市场设立分支机构，收购上下游产业，扩展渠道，多业态经营；2020年，打造20家左右在全国有较强竞争力和辐射带动力的旅游龙头企业。

3. 推动传统旅游企业转型

政府应引导传统旅行社整合线上线下资源，提供"菜单式"旅游产品和服务，培育一批有国际影响力的大型旅游批发商、一批有专业化市场开拓能力的旅游经营商和一批布局合理的旅游零售代理商。推动传统旅游景区软硬件设施更新换代，增强产品研发能力，塑造独具特色的旅游文化知识产权（IP）项目；鼓励引导旅游企业做精做细、做大做强；2020年，培育扶持2～3家独角兽旅游企业。

4. 引导旅游与文创融合发展

政府应举办广东省旅游互联网创新创业大赛，建立"旅游+互联网"创业园区；鼓励各地举办各类旅游创新创业大赛，开展旅游创客行动；充分发挥乡村旅游创客示范基地引领作用，支持旅游创新平台、创客空间、创新基地等旅游新型众创空间发展；实施旅游文创企业成长工程，打造文化创意旅游中小企业集群；营造宽松自由的旅游文创企业发展环境，打造

一批旅游文创城市、社区和园区。

5. 政策先行，引进或培育文化旅游企业总部落户

岭南地区文化与旅游产业牵涉面很广，除了旅游企业与行业管理，还要牵涉许多其他方面与环节，政府应尽快出台包括文化与旅游产业融合、产品融合、组织融合、市场融合、人才融合等方面的政策体系，其主要内容包括四个方面：①加大财政投入。倡导文化和旅游投资的倾斜鼓励政策，即政府的公共投资进行先期投入，包括：建造文化基础设施，扶持示范项目，培养优秀人才；推动文化与旅游产业创新；建立健全财政保障机制，确保各级财政对文化旅游建设的投入增幅不低于同级财政经常性收入的增幅。②减少税负压力。例如，对文化旅游企业用电、用水、用地与工业平等，对进入文化与旅游产业的企业投资进行减税和配套补贴，通过税率区别等政策促进文化与旅游产业快速发展；调整文化与旅游产业的结构，给予政策扶持，以后随着收益率的不断提高，逐渐减少政府投资，同时，还要根据文化与旅游产业对地区经济的拉动作用，反过来给予投资者相应的回报和奖励。③用足用好国家和省支持文化产业、旅游产业发展的优惠政策，在建设用地、基础设施配套及信贷、融资、税收等方面，加大对文化旅游项目的支持力度；设立文化产业发展专项资金和旅游发展专项资金，对重点文化旅游项目给予扶持；建立主题多元化、机制市场化、方式多样化的新型投融资体制，拓宽文化与旅游产业融资渠道，积极引导有实力的民营和外资企业参与文化旅游资源开发。④针对少有文化旅游企业集团落户广州的现状，广州对内需要加大扶持力度，对外则要加强招商引资。对现有的文化旅游企业进行扶持，走一体化、集团化发展道路，做大做强现有文化旅游企业集团。对外尤其要引进文化旅游电子商务企业总部，在税收、贷款、用地、用水、用电等方面给予最大力度的支持，招徕优秀的文化旅游企业或总部落户广州。

6. 集结多元文化，创新文化旅游产品

岭南地区虽然是一个集结多元文化的地方，就广州来说，海上丝绸之路文化、广府文化是极具广州本地特色的文化旅游资源，有着深厚的历史积淀，它们是广州历史文化名城身份的本源，对于实现广州文化旅游战略性支柱产业举足轻重。海上丝绸之路文化又与广府文化交织融合，广府文化又属岭南文化，海上丝绸之路文化在世界文化史上有重要地位，因此，建设广州世界文化名城,培育文化旅游战略性支柱产业,既要突出海上丝绸之路文化、广府文化本地特色的文化旅游,也要做大做强,吹响海上丝绸之路文化、岭南文化在广州的集结号。以广东岭南文化旅游为代表,可以从以下六个方面着手。

(1) 打造"粤美乡村"旅游品牌。政府应采取四种措施:①大力实施乡村旅游与休闲农业"四变工程"。推动产区变景区,发挥农业龙头企业作用,引导传统农业和都市农业园区增加旅游休闲功能,延长产业链条,鼓励新型农业经营主体发展休闲农业和观光体验旅游,支持有条件的单位创建国家 AAA 级以上旅游景区。②推动田园变公园,优化提升休闲农业与乡村旅游示范县(镇、点)建设水平,引导农业公园、现代农业产业园和田园综合体等完善旅游基础设施,丰富旅游产品,打造农旅融合综合体;制定实施广东省 A 级旅游特色村评定标准,引导各地依托特色农产品、自然风光等,打造旅游特色村;制定实施广东省旅游风情小镇创建方案和认定标准,引导各地创建旅游风情小镇。③推动劳作变体验,挖掘、展示农耕文化和传统工匠技艺,保护活化乡村非物质文化遗产,开发传统农事节庆和民俗表演项目,创新策划开展农事节庆和民俗体验活动,增加农事体验、手工艺体验、非物质文化传承研习、科普实践教育等体验性旅游产品。④推动农房变客房,指导成立广东省民宿协会,制定广东省民宿管理办法和相关标准,组织开展民宿从业人员专业培训,引导民宿规范化、品牌化发展,建成一批"金宿"和"银宿"。

(2) 打造"风情岭南"旅游品牌。政府应采取四种措施:①突出广东地域文化特色,深度挖掘自然和文化遗产资源,理顺自然和文化遗产保护与开发的关系,促进文化旅游深度融合发展,提升丹霞山、开平碉楼与村落等自然和文化遗产游水平,加快文化旅游融合发展示范区、旅游文创产业园、文化休闲街区建设。②加大对非物质文化遗产的保护和活化力度,策划开发旅游文化演艺节目和旅游文创衍生品。③大力推动红色旅游发展,把红色旅游资源开发与文化名城(镇)、风景名胜区、旅游景区、革命老区等建设相结合,重点建设国家红色旅游经典景区,打造一批红色旅游精品线路。④整合民族宗教文化资源,建设文旅小镇,打造一批民族宗教文化旅游胜地。结合南粤古驿道保护修复与活化利用工作,整合周边旅游资源,开展 A 级旅游景区创建工作,推广一批南粤古驿道文化旅游精品主题线路。

（3）打造"毓秀山水"旅游品牌。政府应采取六种措施：①高水平发展"缤纷海岸，蔚蓝广东"滨海旅游，推动珠海万山群岛、江门川岛、汕头南澳岛等海岛旅游，加快发展速度，支持惠州巽寮湾、阳江海陵岛创建国家级旅游度假区。②支持广州南沙邮轮母港和深圳蛇口太子湾国际邮轮母港建设，联合港澳共建邮轮母港集群；鼓励国际邮轮公司开辟更多的"一程多站"国际邮轮航线。③创新游艇出入境管理模式，简化游艇审批手续，支持中山、江门、珠海等与澳门探索发展国际游艇旅游合作，鼓励大型旅游企业和国有交通企业试点开发粤港澳近海海上旅游精品旅游线路。④发展广东森林生态旅游，加强重大旅游项目招商引资，支持环丹霞山、环南岭、环罗浮山—南昆山等旅游品牌建设，积极创建国家公园、全国森林旅游示范市（县）、广东省森林生态旅游示范基地。⑤结合水利风景区建设，加快建设西江、北江、东江、梅江—韩江等滨江旅游"碧道"，发展游艇、游船观光和滨水休闲度假旅游。⑥支持惠州西湖、河源万绿湖、肇庆鼎湖山、湛江湖光岩等创建国家AAAAA级旅游景区。

（4）打造"魅力都市"旅游品牌。政府应采取六种措施：①以主题公园、商贸会展旅游等为发展重点，提升珠三角都市旅游品质，支持广州市打造世界旅游名城，深圳市建设国际滨海旅游城市，珠海市建设滨海国际休闲旅游目的地；②以汕头市为中心，打造粤东特色文化旅游城市群，重点建设潮汕文化购物、美食、休闲街区；③以湛江市为中心打造粤西滨海休闲度假都市圈，重点开发海岛度假、暖冬旅游、休闲农业、滨海康体产品；④鼓励城市大力发展景区娱乐，推广"景区+游乐""景区+剧场""景区+演艺"等植入式娱乐模式；⑤加大创意策划投入，打造一批地方特色与时尚文化相结合的城市或景区娱乐品牌；⑥加大旅游商品研发和推广力度，积极开发特色旅游商品和"广东手信"，加快专项旅游购物基地建设。

（5）打造"食在广东"旅游品牌。政府应采取五种措施：①充分发挥"食在广东"的品牌优势，重点打造名菜、名厨、名店、名城、名节，创建国际美食旅游目的地；②支持文化餐饮"申遗"工作，实施"粤菜师傅"工程，推动各地建设粤菜工作室、开展粤菜培训、包装宣传一批美食旅游线路、制定"粤菜师傅"评定标准、举办美食文化节；③宣传推广餐饮"老字号"企业，促进广东本土餐饮品牌做大做强；④通过系列电视专题片和厨艺大赛、美食节等形式，加大粤菜宣传力度；⑤推进美食街区、美食城建设，重点推动顺德、番禺、潮州、梅州等地，率先打造美食名城。

（6）打造"康养胜地"旅游品牌。政府应采取五种措施：①依托广东完善的医疗体系，整合南药、中医药、温泉和气候旅游资源，对接国际标准，打造中医药健康旅游、膳食养生、温泉疗养、保健康复、夏冬候鸟式旅游等大健康旅游品牌；②鼓励各地加强对老年旅游、养生旅游、"候鸟"旅游市场的开发力度，大力开发"交换冬天""到广东过大年""迎春花市"等主题旅游产品；③制定实施中医药健康旅游服务标准，开发具有岭南特色的中医药健康旅游产品和线路，建设一批国家中医药健康旅游示范基地、森林康养基地和中医药健康旅游综合体；④加大温泉资源保护和开发力度，支持各地通过"温泉+"娱乐、文创、花卉等创新模式培育新亮点，推动温泉旅游品牌提质升级；⑤大力发展体育旅游，支持各地建设运动休闲小镇和项目，打造体育旅游示范基地和精品线路，办好中国杯帆船赛、南粤古驿道定向大赛、徒步穿越丹霞山活动等体育旅游赛事。

四、加快广东省文化旅游融合发展示范区建设

文化旅游示范区，是指文化旅游资源丰富，文化内涵深厚，文化旅游资源的保护与利用协调发展，文化旅游产品体系完整、类型多样，景区管理规范、服务一流，具有显著的市场吸引力、品牌效应和经济、社会效益，对类似文化旅游景区的保护和开发具有示范作用的文化旅游区。党的十八大报告提出了建设中国特色社会主义事业"五位一体"的总体布局，强调"把生态文明建设放在突出地位，努力建设美丽中国，实现中华民族永续发展"。打造岭南文化旅游融合发展示范区是岭南地区真正践行"美丽中国"执政理念的具体实践。

根据《广东省文化旅游融合发展示范区创建办法（试行）》（粤文市〔2015〕171号）规定及《广东省文化厅广东省旅游局关于开展第二批省

第七章　岭南文化与旅游产业融合发展的政策响应

文化旅游融合发展示范区创建申报工作的通知》（粤文市〔2018〕70号），在各单位自愿申报的基础上，经各地级市以上文化、旅游部门联合初审推荐，广东省文化和旅游厅组织专家评审和实地考评，评选出首批广东省文化旅游融合发展示范区，该示范区共有八处，具体包括：广州北京路文化旅游区、佛山南风古灶文化旅游示范区、韶关珠玑古巷·梅关古道景区、梅州百侯名镇旅游区、东莞寮步莞香文化旅游区、阳江海陵岛大角湾海上丝绸之路旅游区、潮州古城文化旅游特色区、云浮六祖故里旅游度假区。第二批广东省文化旅游融合发展示范区包括：广州沙湾古镇、深圳甘坑客家小镇、珠海海泉湾度假区、汕头前美古村侨文化旅游区（见表7-1）。

表7-1　第二批广东省文化旅游融合发展示范区公示名单

序号	地市	拟认定示范区名称	申报单位
1	广州市	沙湾古镇	广州市沙湾古镇旅游开发有限公司
2	深圳市	甘坑客家小镇	深圳华侨城文化集团有限公司
3	珠海市	海泉湾度假区	港中旅（珠海）海泉湾有限公司
4	汕头市	前美古村侨文化旅游区	汕头市前美旅游开发有限公司

海南省的示范区包括以下几个地方（见表7-2）。

表7-2　首批海南省文化产业示范园区和文化产业示范基地公示名单

类别	属地	单位名称	创新点和亮点
示范园区	澄迈县	海南生态科技新城发展服务有限公司	该园区入园企业301家，其中，动漫产业、软件开发、数字内容服务类企业占89%。园区企业累计取得专利、软件著作权、动漫游戏等各类知识产权177件，3家企业获得CMMI3认证。园区已经形成"基础服务+四平台综合服务"的产业服务体系
	海口市	海南灵狮创意产业投资有限公司	该园区按照"一港三园"的总体规划进行建设，注册企业103家，总注册资金18.03亿元。园区企业为海南国际旅游岛建设过程中形成的巨大产业链需求，提供前端创新、创意及高端设计服务

续表 7-2

类别	属地	单位名称	创新点和亮点
示范基地	保亭自治县	甘什岭槟榔谷原生态黎苗文化旅游区	该示范基地为国家AAAA级景区,是海南省挖掘、保护、传承、弘扬、展示、经营海南黎、苗族传统文化的产业基地
	定安县	海南中野旅游产业发展有限公司	该示范基地为国家AAAA级景区,是集道家文化、儒家文化、养生文化、香文化和民俗文化于一体的盘古文化旅游区
	三亚市	三亚亚龙湾云天热带森林公园有限公司	该示范基地为国家AAAA级景区,是国内具有代表性的影视拍摄基地、滨海山地生态观光和生态度假型森林文化旅游区
	海口市	海南中视文化传播股份有限公司	该示范基地在广告、演艺与剧院管理、传媒、电影院线投资与管理等方面取得较好成绩,影响力较大
	澄迈县	海南英立科技开发有限公司	该示范基地已申请32项游戏、软件著作权,是海南省唯一获文化部动漫品牌建设和保护计划的企业
	三亚市	三亚大小洞天发展有限公司	该示范基地为国家AAAAA级景区,现已发展成为一个以古崖州文化为脉络,汇聚中国传统的道家文化与龙文化,融热带滨海风光、科普教育、民俗风情、休闲度假于一体的文化旅游区
	海口市	海南天涯社区网络科技服务股份有限公司	天涯社区以"全球华人网上家园"为发展愿景,是全球领先的网络社区平台运营商,是在海口发展起来的海南本土最大的IT龙头企业和最具潜力的互联网信息服务企业
	保亭自治县	海南三道圆融旅业有限公司	该公司投资开发的"呀诺达雨林文化旅游区"是国家AAAAA级景区,以热带雨林资源为本,以雨林文化为魂,成功地运用海南元素"呀诺达",向全世界游客传递绿色生态旅游理念
	三亚市	三亚市天涯海角旅游发展有限公司	该示范基地以深刻的文化内涵、独特的人文景观、醉人的南国风光与浓郁的民族风情闻名海外,是三亚乃至海南旅游的标志性景区和代名词

第七章　岭南文化与旅游产业融合发展的政策响应

广西壮族自治区首批自治区级全域旅游示范区包括昭平县黄姚古镇、兴安县兴安镇、龙胜各族自治县和平县龙脊村；第二批自治区级全域旅游示范区包括阳朔县兴坪镇、鹿寨县中渡镇、三江侗族自治县林溪乡程阳八寨、恭城瑶族自治县莲花镇红岩村、藤县象棋镇道家村。

以上地区作为岭南地区的"文化旅游融合发展示范区"，在文化旅游资源的保护和示范区的开发、经营、管理上都比较到位，起到了很好的示范作用。

在岭南地区的景区规划建设中，首先，政府要在确保有足够的资金运转的情况下，找准规划的起点，是要打造国家级的、省级的还是市级的示范点。其次，应审视、评估文化景区资源，将其同全国乃至国际的文化旅游资源进行对比，明确该区的文化旅游资源是否稀有，是否能形成独特、长久的旅游吸引力，使旅游产业得以可持续发展。文化旅游景区规划建设切忌多多益善，宁愿少而精、精而强。最后，应注重旅游景区的整体化，从全局出发进行规划。旅游产业发展讲究完整性、整体性、协调性、可持续性。在旅游资源的审视评估过程中，突出岭南地方特色，确保旅游资源的稀有性。此外，岭南地区还应注重区域协同，强调空间一体化发展。

岭南地区各城市创建文化旅游融合发展示范区已经取得了一定成绩，但是，还存在一些问题。本书通过对岭南地区创建文化旅游融合发展示范区进行思考，研究其今后努力的方向，以期更好地做好示范作用，为其他类似的文化旅游景区提供参考。具体来说，可从以下八个方面展开。

（一）确定创建范围及创建程序

为了更好地实现文化旅游融合发展示范区的示范作用，政府应该采取措施放大其品牌效应，推动岭南地区整体旅游经济的发展。岭南地区文化旅游融合发展示范区的创建要依赖于两个重要因素：一是明确创建主体，最好是以旅游景区、企业为主，政府主导与推动，因为无论是在创建过程中，还是在今后的运营与管理中，都需要涉及很多市场部门的运作与管理；二是制定国家文化旅游融合发展示范区标准和示范区规划，文化旅游融合发展示范区是一个全新概念，是一项创新工作。首先要搞清楚文化示范区是什么，包括哪些内容，文化与旅游如何完美结合，等等。

鉴于此，岭南地区文化旅游融合发展示范区应制定明确的标准，当前文化旅游融合发展示范区的文化特色内涵、文化多样性（即物质的和非物质的文化形态、各时代文化遗存种类）和文化稀缺性在相关政策中没有具体规定。此外，对于设施的文化体现未涉及。吃、住、行、游、购、娱等服务设施体系和停车场、内部交通、游览道路、厕所、游客中心、导览系统、垃圾桶等旅游公共服务设施应与地方特色文化氛围相协调，合理安排这些设施的需要分析、目标分析，将其落实到空间中去。用必要的社会责任把利益相关者纳入岭南地区文化旅游融合发展示范区的创建中，提高民众参与的积极性，使居民在文化旅游发展中受益，有利于景区资源和环境的保护，有利于旅游产业的可持续发展。因此，该规范应考虑必要的社会责任。

（二）加强资源和环境的保护

资源和环境的保护是保障文化与旅游产业永续发展的关键和核心。因此，岭南地区文化旅游融合发展示范区应采取有效的措施来加强文化旅游资源和生态环境的保护。政府应探索积极保护与有效利用相辅相成的保护建设路子，可以通过吸引民资的方式让岭南文化旅游景区利益相关者参与保护，充分调动岭南文化旅游景区利益相关者参与岭南文化旅游景区保护的积极性。比如，首先，对于岭南文化旅游景区住户，可以让他们组建投资股份公司或采取多种合作形式，以资金、土地等入股，参与到农业观光和农家乐等旅游项目的开发建设中来；其次，应强化岭南文化旅游景区保护建设监管力度，制定相关规定；再次，要规范岭南文化旅游景区范围内的建设审批行为，依法查处违法建设行为，制止与岭南文化旅游景区整体风貌不相协调的建设项目，同时，制定重点岭南地区文物保护规定，加强对岭南地区文物古迹的保护；最后，还应制定庄台拆迁和整理的相关规定。

此外，盲目地开发建设势必给岭南文化旅游景区的资源和环境造成破坏，交通运输活动会产生有害气体、废液、噪声，旅游者会带来垃圾和污水污染，植被会退化，水生动物可能会消失。因此，为了更好地保护旅游环境及旅游资源，景区应采用科学的方法做好旅游开发规划对水环境、生态环境、旅游资源（物质和非物质）的影响评价，分析可能的影响因素（比如游客的大量涌入、道路和停车场等的建设、游客野炊野餐、建筑施工垃圾等），对环境承载力（包括环境生态承载量、资源空间承载量、心理承载量和经济承载量）进行分析，提出改进措施，防治生产和生活活动引起的各种环境污染，防止开发建设活动引起的环境破坏，保护资源和环境。

（三）岭南地区旅游发展原动力思考

旅游产业与工业发展类同，资源的简单加工，只能获取产业链中最低最辛苦的基本收入。品牌优势和市场占有是经济学微笑曲线的两端，是附加值最高的部位。因此，岭南地区应从建立品牌优势和提高市场占有率着手，推动岭南文化旅游的发展，使其成为岭南地区文化旅游发展的原动力。岭南文化是岭南各地区发展文化与旅游产业的金字招牌，可以形成良好的品牌效应。品牌优势不仅在于具有独特吸引力的旅游资源，还在于整个文化旅游景区的服务体系，尤其是城市的公共服务体系，它不是简单地建立几个中心，而要研究城市旅游公共服务体系的功能性、便捷性、舒适性。品牌优势的建立还应依托于完整的旅游产品体系，该体系应涵盖吃、住、行、游、购、娱六大要素，在此基础上，加大培育岭南文化旅游景区、饭店、旅行社、娱乐等旅游产品品牌体系的建立。

旅游市场占有率的关键因素是一定时期接待的旅游者人次。因此，要提高旅游市场占有率，首先应做好客源市场分析。客源市场分析的主要内容，包括分析不同区位的旅游者，在不同的社会人口学特征下，其消费行为具有什么特点。随着休闲度假、乡村旅游的发展，本地居民这个消费群体逐渐壮大，其消费总量不可疏忽。岭南地区的国内客源市场区位定位应以本省、邻省及长江三角洲为主，国外客源市场区位定位以日韩等东亚及东南亚国家为主，争取更多的国内外游客。岭南地区应重视区域旅游合作的力量，城市间应当积极合作，形成联动，打造岭南地区文化旅游圈，不断扩大岭南地区的客源。

（四）城市旅游产品运营探索

政府应对岭南地区的文化旅游发展阶段进行初步判断。岭南地区的文化与旅游产业逐渐从多年前的初期发展阶段，到近年来的快速发展阶段，逐渐过渡到今后的成熟阶段。各阶段的发展目标任务，以及工作的侧重点是不同的。初期和快速发展阶段，需要大项目引擎带动发展，而成熟阶段则更多地需要将现有产品运营好、管理好，工作方向应该从建设阶段转向产品运营阶段。岭南地区未来要步入文化旅游发展的成熟阶段，如何做好旅游产品运营是关键。

1. 积极探索旅游运营模式

从旅游城市自身来看,"正确的政府主导、密切的部门合作、良好的企业运作"的旅游运营模式特别重要。城市发展环境的提升需要各部门的联合,通过部门合作实现资源共享,降低旅游运作的成本,节约资金,加快资金运转,共同提升旅游发展的基础设施、服务设施,营造良好的旅游发展环境。此外,对于运营体系中的众多部门,要做好协调工作,实现有效管理,提高效率。

2. 积极探索旅游市场营销模式

旅游产品最终要销售给旅游者才能实现其价值,因此,旅游市场营销也至关重要。旅游市场营销应立足于旅游品牌的创立,明确品牌的营销内容,针对不同的目标市场,采取不同的营销策略。随着旅游经济的发展,区域合作成为城市旅游制胜的关键。旅游市场营销要走区域联合之路,无论是经济,还是旅游,今后的竞争更多地来自区域外,而不是区域内。岭南地区各旅游城市间不应是竞争关系,而应学会区域合作共赢,这才是岭南地区文化旅游发展的关键。

(五)统筹管理,创新机制

文化与旅游产业融合发展示范区建设是一项涉及多部门、多层面的复杂社会系统工程。目前,为了更好地推动岭南地区文化与旅游产业的融合发展,并将之打造成文化与旅游产业融合发展示范区,政府亟须在管理体制和工作机制上做出创新。具体来说,需要从三个方面发力:①加强组织领导和工作协调,借鉴国内、省内现有跨行政区划试验区的成功经验和发展模式,打破区域壁垒,加强协调合作,努力走出一条岭南文化地区科学发展、绿色发展、生态发展之路;②构建岭南地区文化与旅游产业融合发展的管理体制,增强二者融合发展的内在活力和动力,造福广大人民群众,进一步明确示范区区情、战略定位、发展思路及重点任务;③完善岭南地区文化与旅游产业市场的运行机制,结合岭南地区的区情和基础条件,逐步走出一条"政府主导、市场运作、企业经营、群众受益"的文化旅游融合发展之路。

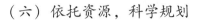

（六）依托资源，科学规划

政府应科学规划文化与旅游产业布局，统筹整合岭南地区的生态资源和人文资源，是推进岭南地区文化与旅游产业科学发展的重要基础和前提。为此，在总体规划上，我们要做好五个方面：①要以党的十八大精神为指导，贯彻落实科学发展观，确保实现文化与旅游产业的可持续发展；②要正确处理生态资源与人文资源的关系，以生态资源推动岭南地区地域文化的传播，以人文资源丰富生态资源的内涵，提升文化与旅游产业的档次和水平；③要正确处理好建设利用与保护传承的关系，使文化资源产生更大的社会效益和经济效益；④坚持以国际化标准进行顶层设计，突破现有文化与旅游产业融合发展的局限，充分体现规划的科学性和前瞻性；⑤在具体产业布局上，要始终围绕将岭南地区打造成世界知名、国内一流的生态文明建设先导区、文化与旅游融合发展的创新区来展开，形成功能明确、融合一体、点面互动、协调推进的产业空间发展格局。

（七）解放思想，放宽政策

各级党委、政府在推进文化与旅游产业融合发展进程中，要继续解放思想，敢为人先，积极探索符合岭南地区的文化与旅游产业融合发展的新思路、新政策、新举措，要做好三个方面：①强化对岭南地区文化与旅游产业融合发展的宏观指导，加大在财政、税收、金融、土地、环境保护、人才等方面的政策支持力度；②加快放宽准入门槛，鼓励国内外投资财团、企业集团和本地民营资本投资创办或经营文化旅游骨干企业，建设和经营岭南地区重点区域的文化与旅游产业融合开发项目；③着力在优化文化旅游企业前置审批和文化旅游企业注册登记，支持发展连锁文化与旅游产业企业、新兴文化与旅游产业业态，简化文化旅游企业改制登记手续等方面做出一些有益探索，适时进行政策性调整，提升为企业服务的能力和水平。

（八）转型提质，项目带动

政府应通过实施项目带动战略，重点推出一批市场潜力大、辐射力强的文化与旅游产业融合发展项目，建设一批文化与旅游产业融合发展示范县区，打造一批文化与旅游产业融合发展示范园区，提升岭南地区文化与旅游产业融合发展的质量和效益，实现岭南地区文化与旅游产业真正从"观光型"向"休闲度假型"和"文化体验型"转变；以重点项目带动战略作为推进岭南地区文化与旅游产业深度融合的有效推手，打造具有区域岭南特色的文化与旅游产业融合发展品牌，把文化产业的内涵优势与旅游产业的市场优势紧密结合起来；依据岭南地区得天独厚的资源禀赋，对文化与旅游产业融合的资源进行优化配置，确定区域差异化的发展方向，以避免产品雷同、业态相似。

第八章 岭南文化与旅游产业融合发展的态势与展望

国家层面的高度重视,提出建设文化强国,增强国家文化软实力的目标。市场层面的急需、当下旅游市场的繁荣、旅游者对文化旅游产品的渴望,这些都给文化与旅游产业融合发展带来了史无前例的良好机遇和发展环境。

第一节 文化与旅游产业融合深化的关键

一、市场主导,需求融合,创新驱动

文化与旅游产业融合深化的关键之一是要关注市场发展动向,将文化需求与旅游需求依据市场的需求,找到二者的契合点。市场关心的是供需双方,文化与旅游产业融合态势的深化要充分考虑旅游市场(旅游者)的需求,这也正与国家所倡导的旅游供给侧改革的要求相一致。正是由于市场需求的多样化与多变性,文化与旅游产业融合所创造出来的文旅产品必须要符合市场的需求,才能更有生命力。

在当今社会发展到物质条件极度繁荣的新形态下,以往的旅游产品、文化产品很难吸引人们的兴趣,刺激人们的感官。为了获得新奇的满足、感觉上的冲击,人们开始从物质层面的追求转变为要求获得文化、精神层面的充实感。经济发展从持续的高速增长开始向持续的中高速增长转变,这一变化的出现,极大地影响了人们的消费行为和消费方式,需求市场发挥更大的作用,推动新时代背景下经济的发展。随着人们消费行为的变化,消费升级的现象开始出现并迅速占领市场,这一点在旅游市场中表现

得尤为激烈。消费升级正是市场需求旺盛、需求提高的表现。市场强烈的需求对文化与旅游产业的融合相应地提出了更高的要求。适应旅游市场需求、满足旅游者需求是文化与旅游产业融合的根本。经济的持续发展给消费升级提供了永恒的动力,当下旅游市场表现出明显的层级消费特点,"80后""90后"已经成为旅游的主体,"00后"也已经开始走向市场。这些人的消费模式、消费理念等与之前的旅游市场相比,个性更鲜明,消费观念超前,对深度体验的文化旅游产品的需求量较大。因此,依据消费需求,政府应有效地进行文化与旅游产业的融合,让文化引领旅游市场的精神,让文化旅游产品融入人的生活与体验之中,融入产品建设之中。推动文化与旅游产业融合在技术、业态、内容、模式和管理等方面的创新,推进文化与旅游产业产业化、专业化、品牌化发展;促进文化与旅游产业的深度融合,催生新文化、新产品,满足市场出现的新需求。

二、把握内涵,分类融合,功能转化

政府应推进文化与旅游产业融合的深化发展,准确把握文化和旅游的内涵,既要推进文化的传承和发展,也要推进旅游的发展。文化旅游的发展侧重于推进传统文化的现代活化,传承和发展中华优秀传统文化;旅游文化的建设则侧重于提高公民旅游的文明素质。推进文化与旅游产业融合深化的发展,还需要对不同类型的文化分门别类,不同类型的文化具有不同的历史发展文脉,也具有不同的文化发展规律和不同的表现形式。对不同类型的文化的特点进行有针对性的融合,不可一概而论、牵强融合。例如,文物类别的文化产品同旅游产业的融合,借助旅游这一平台,让陈列在博物馆中的文物在新时代背景下活起来;文化遗产同旅游产业的融合,侧重于文化遗产的保护,要做到保护性的利用和发展;宗教文化同旅游产业的融合,要在新时代背景下挖掘宗教文化的精华,宣传积极正能量的精神,去其糟粕,弘扬宗教文化。文化和旅游具有某种天然的联系和共同的属性,从产业发展的角度来看,文化与旅游产业的交叉性和重叠度比较高。文化与旅游产业融合的大势推动中国文旅态势的提升和发展,旅游与文物单位、博物馆、非物质文化遗产保护单位进行融合,实现"1+1>2"的效应,文化与旅游产业融合深化使文化和旅游出现了新的功能转化。

第八章　岭南文化与旅游产业融合发展的态势与展望

第二节　岭南文化与旅游产业融合态势的深化

一、民族特色文化与旅游产业的融合态势的深化

岭南地区独特的地理、历史、人文环境孕育了独特的岭南文化，这种文化喜流动、不保守，具有鲜明的亚热带海洋性特点。广东人由广府人（占大多数，分布在珠三角及粤北、粤西地区）、潮汕人（分布于粤东南的潮汕平原）、客家人（分布于粤东的梅州、惠州）三大群体组成，这三大群体全部是不同时期、中原不同地区的南迁汉人的后代。广东境内的少数民族有畲族、瑶族、壮族等。畲族先民是闽粤结合部山区的古老居民之一，广东潮汕的凤凰山区是畲族的发源地。唐前，广东曾是畲族的主要聚居地之一，后大部分人聚居于福建、浙江等省。瑶族是岭南分布最广的少数民族，主要分布于连南、连山、乳源、乐昌、怀集等山区县。其中，连南、连山及乳源是三个主要的瑶族聚居区。瑶族分为排瑶和过山瑶两大支系，排瑶的先民来源于湖南洞庭湖、道州一带，排瑶有聚村定居的习惯，主要聚居在连南瑶族自治县的崇山峻岭中。源自湖南、广西一带的过山瑶则是迁徙型民族，居无定所，主要分布在连南、乳源。壮族也是岭南的古老民族之一，其先民是先秦时期生活在两广交界处的西瓯越人。壮族以姓氏血缘为纽带，一个姓氏多为一个村落，属父系小家庭，主要聚居于连山壮族瑶族自治县和肇庆怀集县。生活在广东的广府人、潮汕人、客家人，以及畲族、瑶族、壮族等，在探索和改造自然的岁月中形成了与自然和谐共处的物质文化、观念文化、精神文化、制度文化、生态文化等。

民族特色文化蕴含着传统文化基因和民族价值的认同，对于增强文明自信有着非常重要的意义。广东有丰富多彩的传统节庆活动和少数民族的节庆活动，这些文化很好地记录和传承了民族文化，为广东发展民族文化旅游提供了先决条件。政府应深度挖掘民族文化元素，推进文化资源向旅游产品转化，与旅游产业融合形成独具吸引力的文化旅游产品，开发具有岭南地域特色和民族风情的旅游演艺精品和旅游商品，建设文化旅游精品；梳理民族特色文化资源，分层分级，找出"经典"，讲好故事，引起

共鸣，打造互联网时代的岭南文化旅游的"经典IP"。

二、历史文化与旅游产业的融合态势的深化

政府应培养人们的文化自觉和认同价值，把握人对文化需求的层次，将优秀的岭南文化与旅游产业深度融合，打造文化与旅游融合发展的优质IP。推动历史文化与旅游产业、互联网、新媒体等融合发展，提升历史文化的互联网传播吸引力，打造民族品牌。秦汉以后，岭南统一于中华，南迁的中原文化强势进入岭南之地。岭南文化与中原文化两种不同类型的文化开始了交汇、冲突、认同与整合。其中，广府文化、客家文化、潮汕文化、陶瓷文化、端砚文化、碉楼文化等更是广东本土特色文化中的优秀代表。例如，中原人民在南迁的过程中，把自己的语言也带到了岭南，这些中原语言又和岭南土语融合，慢慢形成了现今极具特色的语言文化，如粤语、潮汕语、客家话等。粤语的声调更为丰富，用粤语朗诵古诗词时，更符合韵律美。唐朝大诗人张籍游过温州之后写诗说："北人避胡多在南，南人至今能晋语。"所以，今天南方的粤语、闽南话、客家话、吴语、徽语，都保留了很多古汉语的成分。这些都为岭南文化与旅游产业深度融合提供了优质的基础。又如，南迁的中原文化伴随着古驿道的凿通而入岭南，使广东包容开放的多民系文化得以形成和发展。如今，南粤古驿道作为历史文化遗产在新时代背景下重新焕发生命力，南粤古驿道文化遗产与旅游产业的融合态势有待深化。因此建议，首先，积极地宣传、普及南粤古驿道及其历史文化，培养南粤古驿道文化旅游的消费习惯和消费群体；其次，加强旅游企业与南粤古驿道文化的互动和联系，找到融合的契合点，增加互动的频率。

三、商贸文化与旅游产业的融合态势的深化

自古以来，岭南地区地理环境优越，地处中华大地南部边陲，背靠逶迤五岭，面向汪洋大海，是中国海上对外交流的枢纽。这使得广东文化既具有中原文化的含蓄，也具有海洋文化的包容与开拓进取精神。广东重商文化由来已久，随着人类逐步走向海洋文明和国际市场的逐步形成，产生了发展海外贸易的迫切要求，粤商凭借靠近海洋的优势，伴随着与出海口

相连的古驿道走向世界,是著名的海上丝绸之路的重要组成部分。作为海上丝绸之路的始发地甚至是唯一通商之港,广东是中外文化交流的平台,西方的商业文化、科技文化、宗教文化、政治文化都从这里登陆引进,从而使外国文化通过岭南文化辐射到中原腹地,而且中华文化也通过岭南文化的动态开放的传播而洒遍世界各地,使世界认同中国文化。一方面,这些外来文化给岭南文化注入新的活力,显示着岭南文化与时俱进的生命力。另一方面,岭南文化凭借它对海外文化的兼收并蓄,具有了更大的自由度和容纳力,例如,岭南文化走向中原体现为重商文化与古驿道的关系;在商贸活动中,受岭南文化影响形成的商业市镇、骑楼等是重商文化的物质载体;广东形成了独特的务实、创新、进取、开拓等粤商精神;在新时代背景下,岭南地区更是发展了会展经济、自贸区经济、粤港澳大湾区经济;等等。政府应深挖广东千年经商文化元素与大湾区经济文化等,由古至今,将经商文化与旅游产业深度融合。

第三节 岭南文化与旅游产业融合模式的创新

一、文化创意产业与旅游产业互动发展模式

文化创意产业与旅游产业的融合是在市场需求、技术进步等因素的推动下,由现代服务业中两大系统的耦合元素相互交叉、相互渗透所形成的状态。文化创意产业和旅游产业融合的过程,就是通过原有价值链的解构与重构,形成全新融合型产业价值链的增值过程。文化创意产业和旅游产业以超强的互动力,通过多种形式融合形成新的产业业态和价值系统。

(一)文化创意与旅游资源融合

旅游产业是一种资源依托型产业,建立在或实或虚的旅游资源基础之上。用文化创意挖掘岭南旅游资源,既包括对遗失于现实生活且具有旅游开发价值的资源的抢救、整理与呈现,也包括对已经开发利用的岭南旅游资源做更深层的文化价值的探索、研究和创造性整合,达到优化旅游资源组合的目的。在挖掘整理的基础上,政府应突出民族味、亲切度,筛选出

核心文化价值，侧重于借助可视文化载体的全方位的展示，侧重于其互动性价值的充分发挥，侧重于旅游者心境体验的满足，重要的是围绕核心价值开发出层次性、系列化和高品位的文化旅游产品，重塑民族文化旅游产品和产业品牌形象。

（二）文化创意与旅游景点融合

文化创意与旅游景点融合互动有多种形式。一方面，可将岭南旅游景点的岭南文化特色与艺术价值充分结合，并融入民俗文化元素，在游客集中景点进行艺术表演，并可设计演员与游客互动环节；另一方面，通过曲艺、音乐、电影、舞台剧、绘画等形式，融入岭南文化元素，让游客参与形式多样、趣味性浓的旅游活动。此外，还可打造大型实景歌舞节目，如佛山西樵山景区正在打造以"岭南千古情"为主题的标志性演出，演出将融合西樵山历史文化和民风民俗，凸显岭南狮艺、黄飞鸿武术等岭南元素，让游客穿越千年时光，感受西樵山的美好、岭南文化的博大精深。

（三）跨产业"创意旅游"融合

产业的跨度能将文化产业价值链与旅游产业进行有效对接，不仅可提升文化产品的文化价值，还可挖掘文化产品的商业市场价值，推进文化产业的产业化进程。影视企业、歌舞剧院、文化创意策划公司、广告公司与旅游企业合作，进行旅游项目策划开发、宣传、演出等，这种跨产业的"创意旅游"模式，整合了多行业的资源，能够提升旅游服务质量，较大程度地增强旅游产业、文化产业的竞争力。成功的案例，如综艺节目《极限挑战》的热播，使咏春拳、武德、佛山醒狮、"玉冰烧"等岭南传统文化走进全国观众的视野中，从而激发起节目录制地、历史文化名城——佛山的旅游热潮。

二、文化旅游与生态旅游深度融合模式

良好的自然生态环境能形成独特的人文生态系统，进一步开展生态认知、生态教育和生态体验，这本身就拥有了文化旅游的内涵。要实现文化与旅游产业的深度融合，政府须以生态文化建设为契机，建设生态文化景区，提升旅游的生态文化品位；要把规划指导、创意策划、资本投入、营

销推介等作为提升旅游产品生态文化内涵的主要任务,从生态文化建设的深度和广度去挖掘能够吸引游客的要素,"留得住青山,绿水,记得住乡愁",才能增强旅游的文化魅力。广东兼具滨海和生态旅游资源,2018 年,《广东省促进全域旅游发展实施方案》提出,要高水平建设"缤纷海岸,蔚蓝广东"滨海旅游品牌,推动珠海万山群岛、江门川岛、汕头南澳岛等海岛旅游加快发展,支持惠州巽寮湾、阳江海陵岛创建国家级旅游度假区;要打造广东森林生态旅游品牌,加强重大旅游项目招商引资,加快推动环丹霞山、环南岭、环罗浮山—南昆山等旅游品牌建设,积极创建国家公园、全国森林旅游示范市(县)、广东省森林生态旅游示范基地,"毓秀山水"将成为广东旅游的一张王牌,文化旅游与生态旅游的融合将进一步深化。

三、"节庆+会展+演艺"品牌推广模式

旅游节庆已经成为旅游发展中重要的组成部分,与节庆相关的会展旅游产品将会在旅游市场上占据一席之地。节庆是文化与旅游产业在资源和内容上的重组融合。精品旅游节庆能够产生快速集聚人气、造势宣传的作用,辐射和带动相关产业的发展。广东拥有独特的节庆文化和悠久的会展文化,以禅宗文化、庙会文化、舞狮舞龙为主题的节庆活动最为著名,应借助以文化为核心的各种节庆旅游、赛事旅游、会议会展旅游和旅游演艺的机会和平台,通过重组旅游综合体、景区点与地区民族、历史文化的产业活动,突出区域文化特色,创新旅游文化产品的方式,促进文化与旅游产业的融合发展,形成"节日+会展+演艺"的旅游品牌模式。

"节日+会展+演艺"的旅游品牌模式一旦形成,便可为岭南地区文化和旅游起到很好的推广作用,因为旅游演艺活动可让旅游者在目的地停留更久,游客对目的地文化有更深的了解,产生更多的留恋,从而创造经济价值。"节日+会展+演艺"的旅游品牌模式运用后,不但能够使岭南地区拥有更具特色的文化旅游产品,具备更好的旅游形象,还能够充分发挥当地民族节庆文化的作用,增加当地文化产品价值,进而促使文化与旅游产业获得稳定发展。

四、文化与旅游龙头企业引领模式

文化与旅游产业联动发展的规律之一是"越界—扩散—渗透—联动",这种可行性要转变为现实,必须通过一大批有活力的跨业经营的企业主体,在文化创意和旅游产业链的前端形成分工协作,引领文化旅游的融合发展,即文化与旅游龙头企业引领模式。文化与旅游龙头企业引领模式,要求对现有旅游、文化企业加大改造、整合、提升的力度,做强、做精一批龙头企业;实施大集团大发展战略,支持有责任的大企业取得旅游文化园区和旅游文化项目的开发经营权;成立跨旅游、文化行业的行业协会和专业服务机构等中介组织,发挥其市场自律、监督和服务作用。深圳华强集团、深圳华侨城等文化和旅游龙头企业把文化创意和旅游上下游结合的产业链开发,与跨地域空间的价值链开发结合起来,形成了跨区域的连锁品牌和项目大布局。

五、文化与旅游集团带动模式

文化与旅游集团带动模式,是促进岭南文化与旅游产业融合的有效方式之一。岭南文化旅游集团带动模式,是指相关企业通过资产重组、业务整合、功能延伸与互补,形成旅游集团的一种融合模式。可以将岭南地区"小、散、弱"的文化企业和旅游企业进行整合重组,形成具有实力的文化旅游集团,带动文化与旅游产业共同发展。岭南文化旅游集团带动模式是在文化与旅游产业融合趋势下,提出来的岭南文化与旅游产业融合发展的一种方式。岭南文化旅游集团在旅游发展中具有强大的引领和带动作用,是旅游发展的一种趋势。

六、文化旅游区域合作发展模式

整合区域旅游与文化资源,优化资源配置,实现区域文化旅游一体化建设,是推进旅游产业、文化产业融合整体发展的有效途径之一。各级政府应建立旅游、文化综合协调机制,打造区域旅游、文化产业联盟,构建跨区域间文化与旅游产业联合发展战略体系。自全域旅游创建工作启动以来，广东先后有两批共 14 个市（县、区）入选国家全域旅游示范区创建单位。与此同时，还有 48 个市（县、区）入选省级全域旅游示范区创建单位，全省形成了全域旅游矩阵，为文化旅游区域合作发展提供了有利条件。

第四节　岭南文化与旅游新业态的涌现

"资源整合"的理念，将许多"不搭界"的行业进行优化、组织、协调，选择出相关产业的技术、资本，与信息化内容进行有效融合并提升其市场价值，创新性地培育和发展出产业新业态。随着大众旅游的兴起和全域旅游的大力推进，旅游产业对国民经济的支撑和人民生活的改善作用持续增强，尤其是以文化旅游为代表的新型业态迅速崛起。旅游与互联网、民族餐饮、历史地理、田园农耕、宗教信仰、区域发展等文化在形式和内容上不断融合创新，催生了时尚高端娱乐、文化演艺、文化创意旅游、节事会展旅游、数字化文化体验、文化教育旅游、旅游影视制作宣传等新业态。

一、岭南文化与旅游产业融合的新业态类型

（一）文化主题公园

文化主题公园，是为了满足旅游者多样化的休闲娱乐需求和选择，而建造的一种具有创意性活动方式的现代旅游场所。文化主题公园，是根据特定的主题创意，主要以文化复制、文化移植、文化陈列和高新技术等为手段，以虚拟环境塑造与园林环境为载体来展现特定的文化，迎合消费者的好奇心，以主题情节贯穿整个游乐项目的休闲娱乐活动空间，打造让游客身临其境、尽情欢愉的旅游场所。文化与旅游产业的融合为主题乐园的发展打开了新的市场空间，未来一段时间，文化型主题公园将成为岭南文化与旅游产业互动发展的亮点。

（二）文化旅游商业综合体

在政府鼓励文化与旅游产业发展的背景下，大量依托旅游资源优势的大型商业项目不断涌现，且正逐渐成为时代的新宠。这些大型商业项目涵盖露天运动场、室内运动场、艺术表演中心、歌剧院、电影院、酒店、大型购物中心、俱乐部、酒吧、KTV、游泳池、桑拿中心、水疗中心等服务项目，并融入所在地的历史、民俗等传统文化内涵，被称为文化旅游商业综合体。文化旅游商业综合体，呈现出"商业＋娱乐＋文化＋旅游"的全新商业模式，形成特色突出、优势互补的文商旅一体产品链，推动文化旅游化、旅游文化化、文旅商业化。

广东顺德华侨城"欢乐海岸 PLUS"文化旅游商业综合体，开创性地将商业街区、主题公园、生态湿地融为一体，是华侨城集团极富开创引领意义的第五代旅游产品，也是岭南地区迄今为止落地的最大都市文化旅游综合体项目。未来它不仅将拉动岭南文化旅游创意产业发展，还将进一步优化岭南产业结构和产业环境，同时，引领现代化岭南文化强区建设。

二、文化演艺

文化演艺依托旅游区，综合运用歌舞、杂技、曲艺等艺术表现形式，以表现地域文化背景或民俗风情为主要内容进行主题演艺活动。相对于传统演艺，文化演艺以展现地域文化为表现重点，以文化体验为其核心。在现代旅游产业发展中，"旅游＋演艺"成了文化旅游的重头戏，也成了文化与旅游产业扩大发展的重要途径。文化演艺的发展拓宽了传统旅游产业的业态，带给游客极具震撼力的文化体验，在很大程度上提升了旅游景区的吸引力。

作为岭南文化重要组成部分的禅宗文化，已经在广东省云浮市新兴县这一岭南新兴的旅游目的地通过特殊演艺的方式展示出来。被打造成广东首创的大型实景演出——《六祖大典》，与《印象刘三姐》《宋城千古情》《禅宗少林》《鼎盛王朝·康熙大典》一起被称为实景演出的"一花开五叶"。《六祖大典》实景演出融合了禅音、禅脉、佛手、菩提树、莲花等禅宗文化元素，不仅是最新的科技手段与特殊演艺模式的有机结合，还把众多创新的剧场设计由概念变为现实，强化了游客的感官体验，较好地实现了弘扬和传导禅宗文化精髓的作用。岭南文化中包含的戏曲文化（如粤剧、潮剧）、狮舞文化等同样具有被打造成吸引游客的文化演艺的潜力。

三、文化创意旅游

（一）文化创意园区

文化创意产业和旅游产业在地域空间上进行叠加，形成文化创意产业园区。文化创意产业园区，在一定意义上就是特殊的旅游景点，其将文化创意产业的思想带入旅游产业当中，在园区内设立供旅游者体验和参观的展示区，以销售和体验服务为主要功能的体验区，以为旅游者集散、节庆活动服务而设置的接待区等旅游功能区，让消费者体验消费、旅游、娱乐等放松的生活方式的同时，又间接地感受到文化气息，提高城市的文化、创意、休闲、娱乐性，拓展其文化创意之外的旅游功能，有助于城市的可持续发展。

广东依托岭南文化，大力推动以"珠江两岸文化创意产业圈"为核心的文化创意产业园区与基地建设，形成了以广州和深圳为中心，以珠三角地区为主体，以粤东西北地区特色地市为补充的产业布局。从产业类型的角度看，珠三角地区以创意设计、动漫游戏、数字音乐、工艺美术、艺术品等产业为主，现代产业特征突出，体现文化与创意、设计、科技融合发展，如华强集团、雅昌文化、佛山创意产业园等；粤东西北地区则更多地以文化旅游和工艺品产业为主，如广东禅文化创意产业园区、麓湖山文化产业园、广东长城集团等。一些行业在部分地区形成了产业集群。

在文化创意产业规划和旅游资源整合过程中形成了两种形式的业态。一种业态形式，是将广东历史文化融入现代产业，就地取材形成新的经济活力。例如，深圳灵狮、羊城创意产业园、东莞南城艺展中心等均是利用旧厂房改造，通过注入现代元素实现转型升级，建成独具特色的知名文化产业园区；佛山岭南天地，活化了具有典型岭南民居风格的珍贵历史建筑群，让历史与现代元素融会贯通，创造了新的产业价值。另一种业态形式，则是将文化创意融入自然资源中，形成开发自然、提升产业链价值的新模式。例如，依托叶剑英元帅故居和阴那山的梅州雁洋生态旅游产业园，结合文化资源和自然风景构建出一条"观光＋休闲＋创意农业"产业链；佛山南风古灶陶瓷文化创意旅游产业园、肇庆端砚文化创意旅游产业园、广宁县竹文化创意旅游产业园等，均是结合当地特色文化，形成了"文化＋旅游"的产业模式。

（二）文化创意工厂

文化创意工厂，是由旧工厂升级改造而成的文化产业园区，保留老旧工厂，保存其历史价值，将旧工厂打造成具有观赏性及教育价值的、文化创意产业与旅游产业相融合的工业文化创意产业园区。广东是工业产业聚集地，随着政府提出的工业外迁、部分旧工厂将场址及具有重要价值的生产资料进行保留、引入文化创意设计理念等，不走一般意义的地产开发的老路，将老旧厂房的改造与创意、文化、旅游等要素相结合，在其周围建造以旧工厂文化为内容的餐馆、咖啡厅、特色展馆、演艺场地及具有岭南特色的商业等一些建筑群，起到学习、休闲娱乐等作用。这样不仅能保留具有历史文化价值的建筑，避免城市文脉的中断，还能通过文化创意重新焕发城市魅力，为城市增添历史与现代交融的文化景观。深圳宝安 F518 时尚创意园，是以旧厂房改造而来的大型创意社区为特色，以"科学艺术""创意时尚"为总战略，形成了一个集创意设计、品牌策划、影视动漫、新媒体、艺术节庆等于一体的文化创意和时尚旅游集聚区。

（三）特色小镇

特色小镇作为旅游目的地发展得如火如荼。广东省内的特色小镇，部分已经相对成熟，部分正在进行改造提升，也有一部分在特色小镇的新思路下进行重新整合打造。在文化与旅游融合发展大背景下，广东特色小镇建设强调突出"文化特色"，以岭南历史人文资源、地域特色资源，为小镇建设注入文化元素，将建筑、园林、书画、戏曲、工艺、民俗、饮食等各方面文化融入旅游开发，建设"岭南建筑＋"特色小镇、"岭南园林＋"特色小镇、"岭南书画＋"特色小镇、"岭南工艺＋"特色小镇、"岭南民俗＋"特色小镇、"岭南饮食文化＋"特色小镇、"岭南侨乡文化＋"特色小镇、"岭南港澳文化＋"特色小镇，让小镇真正具有灵魂。

（四）工艺品创意生产园区

在文化产业中，工艺品的经济价值很大，工艺品创意生产园区的规划和建设，对拉动经济增长、改善产业发展环境、促进产业健康发展有重要意义。岭南工艺美术品类繁多，广州象牙雕刻、广州玉雕、广州木雕、广彩、广绣、工艺陶瓷、剪纸、端砚是传统工艺的主要代表，在国内外享有崇高的声誉。这些工艺品的加工生产不再是处于产业链低端的初级加工制造，而是将工艺品的民族文化内涵融入生产加工的过程，激发工艺品的活力，把工艺品生产加工基地打造成工艺品创意生产园区，使岭南工艺品生产产业朝着"互联网+创意+旅游"的创新驱动型产业方向发展。

四、春节旅游

春节是中华民族的传统文化节日，绵延数千年。春节旅游作为新晋年俗发展起来，是文化与旅游跨界融合的体现。由于传统以自然山水为依托的旅游不能满足人们日益提升的审美水平和审美品位，在旅游产品供给和旅游消费者需求之间的结构性失衡和行业跨界融合的时代语境下，春节旅游产生了。春节旅游的产生改善了旅游供需失衡的结构性矛盾，是春节在新的历史条件下生长出的一种新文化。

在岭南地区的不同区域有着不同的春节习俗。广东过年习俗活动中体现出敬天法祖、重商务实、讲究意头等信仰信念。而具体因各大区域的风土人情则又各有差异。例如：广府地区的春节习俗具有浓厚的商业气息，其中，以广州及周边地区表现得最为明显，广府边缘地区如粤西一带则保留了较多与敬神、游神、驱傩、舞狮、飘色、做大戏等相关的传统；客家地区保留了较多客家特色文化的传统习俗，如除夕沐浴、照虚耗、送穷、鞭春、立春祭、人日吃七样菜等；潮汕地区大抵延续了古俗，表现出高度的统一性，如腊月廿四日送神朝天，除夕夜围炉，元日以斋祀先、亲友拜正，正月初四迎神下天，立春前一日迎春，正月初五后有乡人傩以"禳灾"，各地皆有迎神演戏等赛会，游神赛会、游标旗、游大锣鼓等，上元夜则有妇女行桥度厄、秋千戏、插松竹枝等活动。春节期间，岭南的文化节庆、文化会展、"非遗"演示、庙会集市、礼节仪式等会集中展示出来，成为丰富旅游可体验性的文化内容，游客能够在春节旅游期间感受岭南不同区域的民俗文化氛围。

春节旅游作为一种新的业态,不仅在于它在传承中创新了传统的文化内容,还在于它与乡村民宿、特色小镇、康养度假、自驾出行等内容的旅游充分结合。春节旅游是一个文化载体,搭载着越来越多的可体验、可消费的文化内容,这些文化内容在改善旅游供需失衡矛盾的同时,提升了旅游附加值。

五、数字化文化旅游

(一)智慧文旅服务

政府应加快智慧旅游发展,促进旅游与互联网融合创新。在文化与旅游产业融合催生的新业态中,科技的作用不容忽视。无论是文化旅游利用科技手段开发产品,还是科技企业借用文化创意提升产品,均体现了科技与文化旅游融合的作用。广东在科技与文化旅游融合层面有大量的实践经验,已经涌现出了一批以高新技术为支撑、以数字内容为主体、以自主知识产权为核心的文化旅游科技型企业。例如,深圳华侨城文化旅游科技股份有限公司,利用科技创新驱动实施"文化+智慧+旅游"战略,开发运用智慧旅游终端提供票务、导游、管理支持等便捷服务,构建集合游戏、社交及电子商务功能的"中国智慧旅游在线"综合服务平台,是文化产业新业态的成功典范。

(二)数字化博物馆

博物馆是收藏、研究、传播和展示文物、再现历史文化的载体。传统的实体博物馆,由于时间和空间上的局限,使其展示和传播的多元性、丰富性受到了限制。随着数字化手段的出现,这种局限被打破,大量的文化资源得以通过数字化博物馆进行传播。数字博物馆利用计算机技术,特别是信息技术、多媒体技术和网络技术,把各类博物馆的收藏、研究、娱乐、展示、教育等用数字化方式表现出来。

数字化博物馆主要有两种形式:一是以真实馆藏文物为基础,把现实博物馆的各种信息数字化后呈现在互联网上以供展示,真实再现馆藏文物;二是用计算机虚拟现实技术在互联网上构建一个现实不存在的虚拟博物馆，对博物馆进行补充，实现了博物馆的场景化、互联性与感官参观体验，游客既可以全方位欣赏文物，还可以通过观赏多媒体文化数字节目、体验虚拟漫游等方式轻松获取知识，获得沉浸式、互动式、高品质的参观体验，拉近了与公众的距离。数字化博物馆还给文物的数字化保护传播增添了更多可能。将VR虚拟技术和文物保护相结合，既不伤害文物，又为观众带来精度高、交互性强的文物展示；同时，VR虚拟技术的应用，可以进一步拓展博物馆的展示手段，协助复原、展示"消失的文物"，为体验者带来强烈的现场感和参与感，让文物焕发出新的生命力。

（三）VR虚拟文化旅游体验

随着VR虚拟技术的发展进步，越来越多的地区和企业借助VR虚拟技术对文化、旅游、文物等进行宣传展示推介。利用VR虚拟技术，打造VR风景区、VR文旅小镇、VR博物馆、大型VR民俗体验等各类项目，把带不走的文明古迹、秀丽山河、文化遗产带到异国他乡，让体验者跨越时间和空间去感受，游客可以足不出户而穿越古今，了解和体验各种历史文化、风土人情，极大地提升了旅游景点的互动性和观赏性。随着人工智能与VR技术的逐渐成熟和应用，虚拟与现实旅游的一体化也是文化科技旅游发展的新方向。

六、文化教育旅游

（一）红色教育游

红色旅游是旅游产业的一支新芽。近年来，在国家政策引导、推动和市场需求的驱动下，红色旅游蓬勃发展。支撑红色旅游可持续发展的红色文化肩负着重要的社会教育功能，通过红色旅游，旅游者能够达到学习革命精神、接受革命传统教育，以及振奋精神、放松身心、增加阅历的目的。岭南红色文化，是在特定的革命历史环境下形成的，代表着宝贵的精神文化遗产和光荣的革命传统，其所具有的浓厚的革命历史内涵及其所承载的革命精神，是对广大人民群众（特别是青少年）进行革命传统教育的珍贵教材，同时也担任着弘扬伟大民族精神的重要使命。岭南革命遗址和革命建筑，如中共三大会址纪念馆、孙中山故居、广州起义烈士陵园、鸦片战争博物馆、三元里人民抗英斗争纪念馆、农民运动讲习所旧址、叶剑英元帅纪念馆、叶挺纪念馆等作为爱国主义教育基地，输出"文化+旅游+教育"的功能。随着党的十九大的召开，中共三大会址纪念馆、农民运动讲习所等"新时代红色文化讲习所"逐渐成为"文化+旅游+教育"的新载体。

（二）遗产研学游

文化遗产是鲜活的文化，其中包含了丰富的历史知识、科学知识，是教育的重要知识来源。遗产研学旅游是旅游者学习认识遗产文化的有效方式；对于旅游产业而言，遗产研学旅游有效地丰富了旅游的产品内容，是旅游产业增强发展动能、实现转型升级的有效途径；对于文化而言，遗产研学旅游能够有效地传播和弘扬遗产地文化。广东省发现的700余千米的古驿道为岭南大地留下了数不胜数的历史文化遗产。花岗碎石铺成的古驿道本体、古驿道旁曾经兴盛的古代聚落，以及古驿道沿途的古村，它们承载着的民风民俗、历史故事和传统技艺都是重要的文化资源。广东省积极规划，以古驿道为纽带，整合串联沿线历史文化资源，修复和活化古驿道，使陈列在南粤大地上的遗产活起来，古驿道许多沿线村庄采用"古驿道+文化+旅游+教育"的创新模式，提升广东历史文化遗产在"一带一路"的影响力，展示岭南地域文化特色，打造具有岭南意蕴的遗产研学旅游目的地。

七、旅游影视制作宣传

旅游在发展中越来越重视地方文化资源、风土人情的挖掘与传播。文化可以让旅游更有吸引力，让本来可能不一定值得去的地方变得更有吸引力。旅游目的地需要做的就是用合适的方式、合适的渠道让合适的人看到当地特有的文化。在现代媒介时代，影视有巨大的影响力，观众在观影的过程中，可以了解电影中的人文风情。文化与旅游产业在融合发展的过程中借助影视宣传，要充分考虑旅游市场的受众群体；受众群里的年轻化、接受教育程度的高度化，都需要考虑"粉丝"经济、互联网经济等。

广东是电影的重要产地和消费地，建立了多个影视基地，用于发展电影事业，培育出了具有竞争力和影响力的电影传播企业，向观众传播岭南文化。很多粤产电影的拍摄，以岭南文化内涵为依托，描述了广东的生活方式和生存状态，贴近实际、贴近生活、贴近群众。透过这些影片，观众可以窥见广东的历史、民俗和现实；可以感受岭南人特有的思维方式，理解岭南人的生活形态。一些影视拍摄在广东及其周边地区取景，直接反映了岭南文化的风貌。取景岭南是岭南文化最直接的视觉呈现。影片镜头记录了多种有特色的岭南元素，包括骑楼、粤曲、醒狮、工夫茶、室内陈设、建筑等。影片的制作和热映也促进了岭南文化的传播，成为旅游者信息获取的重要渠道。

第五节 岭南文化与旅游产业融合发展的趋势

随着科学技术的进步和经济的发展，人们对物质的需求是有限的，而精神需求则是无限的。文化与旅游产业的融合可以满足人们对精神文化的需求。未来文化与旅游产业的融合，将更加细化、更加具体，如故宫文化与旅游产业的融合所带来的旅游追捧。传统文化的活化、文旅项目的创新、具有创意的文化IP的创造与传承将是未来文化与旅游产业融合发展的趋势。

一、文化与旅游产业融合发展，未来应注重培养文化自信

文化与旅游产业融合发展，未来应强化文化自觉、加强文化身份和文化价值的认同感。在新时代全球化背景下的文化复兴和文化自信的建设，必须对历史文化、传统文化、民族文化、地域文化、品牌文化等进一步深度挖掘。岭南文化的茶文化、陶瓷文化、养生文化、美食文化等都有较大的精细化开发空间，让这些优秀文化与旅游产业结合起来，开发文化旅游项目，打造文化旅游IP。文化与旅游产业融合发展，未来应符合主流价值观，主动承担起传播主流文化价值观和中华优秀传统文化的重任。

二、文化与旅游产业融合发展，未来应走向国际化

文化与旅游产业的融合发展将面对国际化的发展趋势，随着旅游助力大国外交的发展，旅游外交在对外交流大局中的作用更加突出，在外交事务中的独特作用日益凸显。越来越多的国家鼓励旅游产业的发展，利用各国独特的文化，以及简化签证手续、实施落地签证等政策，吸引旅游者前往；允许国际跨国方式或外国公司在本国以合资、独资等方式发展旅游产业。文化与旅游产业融合需要多元化的发展，需要产业业态的国际化（比如，国家公园、民族文化旅游地、体育旅游、航空旅游、文化旅游小镇等在国际上受欢迎的文旅业态），由此逐步提升中国文旅产业的国际影响。

三、文化与旅游产业融合发展，未来应更加专业化

一些来自国外的专业文旅机构开始进入中国的旅游市场，引入国际化的文旅 IP 已成为文化与旅游产业融合发展的一个现实路径，如迪斯尼、环球影城、勒芒汽车小镇、"六旗"主题公园等，这些大型文旅集团运营的产品有的已经进入中国，有的正在赶往中国的路上。反观国内专业的文旅机构的发展，例如：聚元资本是一家专注于文旅大消费领域的投资机构，更多地关注文化产业和以旅游产业为主的消费服务行业的投资；云起资本结合过往的投资布局，进行布局延伸，联合新旅界成立文旅商学，做国内文旅培训；万达文化旅游集团、旅游妈妈、阿里旅游等属于跨界文旅专业机构。这些国内文旅机构的专业化程度、创新程度、对文化的深入挖掘和打造经典文化旅游 IP 的能力等方面，与国外著名企业相比，尚有较大的距离，中国还有很多丰富的文化有待于挖掘。

四、文化与旅游产业融合发展，未来应关注生态文化

国家从战略层面提出"绿水青山就是金山银山"的生态发展理念，未来旅游产业的发展应在保护自然生态环境、文化生态环境的前提下可持续发展。未来文化与旅游产业融合发展也应关注生态文化，这是由旅游的特点和文化的特点共同决定的。旅游产业依托自然资源、文化资源等进行旅

游产品的设计；文化的独特性，尤其是少数民族文化极具旅游吸引力，而少数民族所在地的自然生态环境、文化生态环境相对封闭和脆弱。这就要求文化与旅游产业融合发展，未来除了关注其所带来的经济效益、社会效益，还应更多地关注生态文化效应。例如：充分利用各区域的文化和自然资源，立足独特的农业资源和良好的生态环境，发展乡村生态文化旅游；注入当地文化，打造升级版农家乐，以满足旅游者和城镇居民短距离深入体验乡村文化旅游的需求；突出生态文化特色，通过有机健康食品与生态文化旅游的结合，让农产品变成具有文化内涵的特色旅游商品，进入旅游消费市场。

五、文化与旅游产业融合发展，未来应发挥精准扶贫作用

党的十九大报告提出，要坚持大扶贫格局，注重扶贫同扶志、扶智相结合，深入实施东西部扶贫协作，重点攻克深度贫困地区脱贫任务。与其他扶贫方式相比，文化与旅游产业的融合所带来的扶贫效果具有深厚的市场基础、新兴的产业活力、强大的造血功能和巨大的辐射带动作用。文化与旅游产业的融合在我国扶贫开发中发挥着日益显著的作用。未来应继续坚持，顺应文化与旅游产业融合的趋势，推进文化与旅游产业的扶贫作用。例如，华侨城打造的螺溪谷文化旅游项目，就是文化旅游产业精准扶贫的示范项目，其在运营模式上进行创新，策划"农耕体验""民俗产品工坊"等文创项目，建设服务当地留守妇女、儿童等公益项目；打造主客融合、恬静悠闲、回归乡间为主题的客家原乡；变留守人员为员工，从根本上为其提供有持续保障的收入，将农民变成职工，为其提供相应的社保等保障。随着时代的发展，传统文化愈加得到人们的喜爱。政府应整合资源，变文化资源优势为旅游产业发展的最大优势，推动文化与旅游产业的互动发展，发挥文化与旅游产业的关联和带动作用，把文化与旅游产业培育成为脱贫致富、实现人民美好生活愿景的富民产业。

参考文献

[1] 曾国富.古代岭南区域史研究30年回顾述要 [J].中国史研究动态,2010 (3):15-23.

[2] 薛颖.近代岭南建筑装饰研究 [D].广州:华南理工大学,2012.

[3] 蔡晓梅,朱竑,司徒尚纪.广东饮食文化景观及其区域分异研究 [J].热带地理,2011,31 (3):321-327.

[4] 刘社欣,余晓玲.新岭南文化研究的方法论探讨 [J].华南理工大学学报 (社会科学版),2014,16 (4):89-96.

[5] 刘伟铿.关于岭南与广府文化形成的讨论 [J].广西民族学院学报 (哲学社会科学版),2001,23 (5):50-60.

[6] 黄建榕,莫小俊.新岭南文化引领广州新型城市化建设的SWOT分析 [J].华南理工大学学报 (社会科学版),2015,17 (4):45-51+83.

[7] 张凌云.国际上流行的旅游定义和概念综述:兼对旅游本质的再认识 [J].旅游学刊,2008 (1):86-91.

[8] 刘德谦."旅游"与"Tourism"的概念探问:旅游者活动?旅游业?旅游学? [J].旅游学刊,2017,32 (9):80-102.

[9] 谢春山,沙春蕾.试论旅游的本质与特征 [J].旅游论坛,2012,5 (2):1-5.

[10] 谢彦君.旅游的本质及其认识方法:从学科自觉的角度看 [J].旅游学刊,2010,25 (1):26-31.

[11] 张朝枝,邓曾,游旺.基于旅游体验视角的旅游产业价值链分析 [J].旅游学刊,2010 (6):19-25.

[12] 李天元.旅游学概论 [M].6版.南京:南开大学出版社,2009:128.

[13] 王兴斌.旅游产业规划指南 [M].北京:中国旅游出版社,2000:2-3.

[14] 谢春山,傅吉新,李飞.旅游业的产业地位辨析 [J].北京第二外国

语学院学报,2005,27(3):5-10.

[15] 申葆嘉.从"旅游产业的范围和地位"想起的[J].旅游学刊,2007(11):5-6.

[16] 罗明义.关于"旅游产业范围和地位"之我见[J].旅游学刊,2007(10):5-6.

[17] 马波.转型:中国旅游产业发展的趋势与选择[J].旅游学刊,1999(6):34-38+73.

[18] 张辉,童碧莎,王学峰,等.中国旅游产业发展模式及运行方式研究[M].北京:中国旅游出版社,2011.

[19] 张凌云.试论有关旅游产业在地区经济发展中地位和产业政策的几个问题[J].旅游学刊,2000(1):10-14.

[20] 程锦,陆林,朱付彪.旅游产业融合研究进展及启示[J].旅游学刊,2011,26(4):13-19.

[21] 马勇,周霄.WTO与中国旅游产业发展新论[M].北京:科学出版社,2003.

[22] 刘春济.我国旅游产业结构优化研究[D].上海:华东师范大学,2014.

[23] 师守祥.旅游产业范围的界定应符合经济学规范[J].旅游学刊,2007(11):7-8.

[24] 师守祥,徐丽霞.论旅游产业构成界定的逻辑与原则[C]//区域旅游:创新与转型——第十四届全国区域旅游开发学术研讨会暨第二届海南国际旅游岛大论坛论文集.海口:海南出版社,2010:193-199.

[25] 吴必虎.区域旅游规划原理[M].北京:中国旅游出版社,2001:12-13.

[26] 史密斯.旅游决策与分析方法[M].南开大学旅游学系,译.北京:中国旅游出版社,1991.

[27] 何建民.外资进入中国旅游业的现状、趋向及对策研究[M].上海:上海财经大学出版社,2010:42-46.

[28] 张凌云,黎巎,刘敏.智慧旅游的基本概念与理论体系[J].旅游学刊,2012(5):66-73.

[29] 尹华光,姚云贵,熊隆友.旅游产业与文化产业融合发展研究[M].

北京：中国书籍出版社，2017.

[30] 张超，秦利娟. 基于旅游与文化关系视角下文化遗产旅游研究：以首义文化遗产旅游为例 [J]. 华中师范大学研究生学报，2015（3）：119-124.

[31] 马银丽. 文化与旅游的关系 [J]. 旅游纵览（下半月），2018（10）：229.

[32] 胡幸福. 中华旅游文化 [M]. 银川：宁夏人民出版社，2006.

[33] 邵琪伟. 推动旅游产业与文化产业相互促进共同发展 [J]. 行政管理改革，2013（7）：46-50.

[34] 李兰君，骆培聪，李彬彬，等. 入境亚洲外国游客旅游动机差异分析 [J]. 海南师范大学学报（自然科学版），2013（3）：324-329.

[35] 高军，马耀峰，吴必虎，等. 国内外游客旅游动机及其差异研究：以西安市为例 [J]. 人文地理，2011（4）：132-139.

[36] 李德山，韩春鲜，杨玲. 丝绸之路外国旅游者旅游动机及旅游行为特征：基于跨文化比较的视角 [J]. 旅游科学，2010（5）：40-48.

[37] 邢丽涛. 单霁翔：故宫"卖萌"意在文化传播 [N]. 中国旅游报，2018-03-09（8）.

[38] 王耀斌. 论旅游与文化自信的关系 [N]. 中国旅游报，2017-12-14（A3）.

[39] 梁鹏. 红色基因是文化自信的源头活水 [J]. 人民论坛，2018（11）：134-135.

[40] 曾博伟. 旅游业对文化作用的思考：下 [N]. 红河日报，2014-11-05（8）.

[41] 王潞. 广东与海上丝绸之路文化交流 [N]. 南方日报，2014-01-23（A4）.

[42] 贺圣达. 海上丝绸之路与中国的对外文化交流：以中国与东南亚的文化交流为例 [J]. 东南亚南亚研究，2016（2）：66-73+110.

[43] 徐克帅. 红色旅游和社会记忆 [J]. 旅游学刊，2016（3）：35-42.

[44] 左冰. 红色旅游与政党认同：基于井冈山景区的实证研究 [J]. 旅游学刊，2014（9）：60-72.

[45] 方忠权. 对推动研学旅行发展的思考 [N]. 中国旅游报，2018-11-06（3）.

[46] 程雄飞.思想政治教育研学旅游载体探析［J］.思想政治教育研究，2018，34（5）：112－116.

[47] 张家乐，王琪延.旅游业与文化产业融合发展研究［J］.调研世界，2014（1）：53－56.

[48] 尹华光，彭小舟.文化与旅游关系探微［J］.中国集体经济（下半月），2007（10）：117－118.

[49] 孙九霞.旅游：世界文化遗产保护与发展的多赢平台［J］.旅游学刊，2012（6）：5－6.

[50] 张彩虹，段朋飞，尹琳珊.文旅融合视角下乡村振兴路径研究［J］.当代农村财经，2018（12）：4－7.

[51] 臧钰婕.云南鹤庆新华村白族银器的保护研究［J］.大众文艺，2017（22）：30.

[52] 钱俊希，朱竑.新文化地理学的理论统一性与话题多样性［J］.地理研究，2015（3）：422－436.

[53] 汪睿.区域文化旅游融合的户外音乐节研究［J］.阿坝师范学院学报，2016，33（3）：88－90.

[54] Regis H A, Walton S. Producing the folk at the New Orleans jazz and heritage festival［J］. The Journal of American Folklore, 2008, 121（482）: 400－440.

[55] Anderson B, Morton F, Revill G. Practices of music and sound［J］. Social & Cultural Geography, 2005, 6（5）: 639－644.

[56] 胡啸.音乐节之当下意义［J］.星海音乐学院学报，2014（4）：142－147.

[57] 殷玉环.中国大陆户外流行音乐节发展现状分析［J］.音乐传播，2015（3）：55－66.

[58] 王曼曼，张敏.表演性视角下音乐节的空间生产：以太湖迷笛音乐节为例［J］.地理研究，2017，36（2）：294－306.

[59] 潘纯琳，肖庆华.新文化地理学视野下的都市文化景观建构：以锦里和文殊坊历史文化街区为例［J］.中华文化论坛，2013（1）：132－137.

[60] 李倩菁，蔡晓梅.新文化地理学视角下景观研究综述与展望［J］.人文地理，2017，32（1）：23－28＋98.

［61］张朝枝.文化与旅游何以融合：基于身份认同的视角［J］.南京社会科学，2018（12）：162－166.

［62］谢春山，于霞.文化旅游的利益相关者及其利益诉求研究［J］.旅游研究，2016，8（4）：14－19＋26.

［63］梁璐，李九全，胡文婷，等.新文化地理学视野下的消费空间研究进展［J］.人文地理，2017，32（1）：55－61.

［64］戴斌.开创文化和旅游融合发展新时代［J］.新经济导刊，2018（6）：51－56.

［65］周春波.文化与旅游产业融合动力：理论与实证［J］.企业经济，2018，37（8）：146－151.

［66］赵磊.旅游产业与文化产业融合发展研究［D］.合肥：安徽大学，2012.

［67］把多勋.改革开放40年：中国文化旅游融合发展的价值与趋势［J］.甘肃社会科学，2018（5）：10－20.

［68］周春波.文化与旅游产业融合动力机制与协同效应［J］.社会科学家，2018（2）：99－103.

［69］王彩萍，徐红罡，张萍.市场化改革、政府干预与区域旅游业发展：从宏观视角来解读困境［J］.旅游学刊，2015（3）：44－52.

［70］郭宗海.我国旅游产业发展中政府的职能［J］.社会科学家，2010（12）：92－95.

［71］张海燕，王忠云.旅游产业与文化产业融合发展研究［J］.资源开发与市场，2010（4）：322－326.

［72］郑明高.产业融合：产业经济发展的新趋势［M］.北京：中国经济出版社，2011.

［73］宋振春，纪晓君，吕璐颖，等.文化旅游创新体系的结构与性质研究［J］.旅游学刊，2012（2）：80－87.

［74］杨春宇.文化与旅游产业创新系统理论研究：多理论视角下的研究进程、评述及展望［J］.技术经济与管理研究，2018（2）：105－108.

［75］曲景慧.中国文化与旅游产业融合发展的时空变动分析［J］.生态经济，2016，32（9）：129－134.

［76］宋河有.创意旅游与主题旅游的融合：动因与实现路径—以草原旅游目的地马文化主题创意旅游开发为例［J］.地理与地理信息科学，

2018, 34 (5): 119 - 124.

[77] 麦克切尔, 迪克罗斯. 文化旅游与文化遗产管理 [M]. 朱路平, 译. 天津: 南开大学出版社, 2006.

[78] 任冠文. 文化旅游相关概念辨析 [J]. 旅游论坛, 2009 (2): 159 - 162.

[79] 白廷斌, Geoffrey Wall. 旅游与发展: 一个分析框架的形成与演变 [J]. 旅游学刊, 2010 (4): 13 - 19.

[80] 苏甦. 旅游业态创新体系构成要素及动力机制探析 [J]. 时代金融, 2012 (15): 210 + 216.

[81] 孟茂倩. 文化与旅游产业融合发展探析 [J]. 中州学刊, 2017 (11): 37 - 40.

[82] 黄蕊, 侯丹. 东北三省文化与旅游产业融合的动力机制与发展路径 [J]. 当代经济研究, 2017 (10): 81 - 89.

[83] 李静. 文化创意产业与乡村旅游产业的融合发展研究 [J]. 管理世界, 2017 (6): 182 - 183.

[84] 邢启顺. 西南民族文化产业与旅游融合发展模式及其社会文化影响 [J]. 云南民族大学学报 (哲学社会科学版), 2016 (4): 122 - 127.

[85] 李勇军, 王庆生. 乡村文化与旅游产业融合发展研究 [J]. 财经理论与实践, 2016, 37 (3): 128 - 133.

[86] 赵华, 于静. 新常态下乡村旅游与文化创意产业融合发展研究 [J]. 经济问题, 2015 (4): 50 - 55.

[87] 朱海艳. 旅游产业融合模式研究 [D]. 西安: 西北大学, 2014.

[88] 黄向, 保继刚. 场所依赖 (place attachment): 一种游憩行为现象的研究框架 [J]. 旅游学刊, 2006 (9): 19 - 24.

[89] 周慧玲, 许春晓. 旅游者"场所依恋"形成机制的逻辑思辨 [J]. 北京第二外国语学院学报, 2009 (1): 22 - 26.

[90] Steele F. The Sense of Place [M]. Boston: CBI Publishing Company Inc., 1981: 7.

[91] Altman I, Low S M. Place Attachment [M]. Philadelphia: Plenum, 1992: 87.

[92] 广东省住房城乡建设厅, 广东省文化厅. 南粤古驿道保护与修复指引. 2016.

[93] 陆扬. 社会空间的生产: 析列斐伏尔《空间的生产》[J]. 甘肃社会科学, 2008 (5): 133-136.

[94] Thomas P. Conspicuous construction: Houses, consumption and "relocalization" in Manambondro, Southeast Madagascar [J]. The Journal of the Royal Anthropological Institute, 1998, 4 (3): 425-446.

[95] 梁远帆, 李莉. 打造文化精品, 铸造连南民族旅游灵魂 [J]. 市场论坛, 2012 (10): 90-91, 101.

[96] 马戎. 西方民族社会学的理论与方法 [M]. 天津: 天津人民出版社, 1997.

[97] 赵德光. 现代化进程中云南石林阿诗玛文化的转型与重构研究 [D]. 北京: 中央民族大学, 2004.

[98] 张文. 旅游影响: 理论与实践 [M]. 北京: 社会科学文献出版社, 2007.

[99] 张苗荧. 文旅融合助推旅游消费再升级 [EB/OL]. (2018-10-08). http://www.gdwht.gov.cn/index.php/News/Details/id/82776.html.

[100] 沈仲亮. 文化旅游融合加速寓教于游产品走俏 [EB/OL]. (2018-10-09). http://www.gdwht.gov.cn/index.php/News/Details/id/82765.html.

[101] 李志刚. 推进文化旅游体育等服务消费持续提质扩容 [EB/OL]. (2018-09-21). http://www.gdwht.gov.cn/index.php/News/Details/id/82883.html.

[102] 伍策, 高峰. 文化类景区门票消费攀高: 迈向文旅融合新时代 [EB/OL]. (2018-04-09). http://www.gdwht.gov.cn/index.php/News/Details/id/84311.html.

[103] 钱春弦. 推进文旅融合发展: 李金早详解机构改革"文旅情怀" [EB/OL]. (2018-04-20) [2018-04-25]. http://www.gdwht.gov.cn/index.php/News/Details/id/84158.html.

[104] 广东省文化和旅游厅. 广东省文化和旅游厅关于第二批广东省文化旅游融合发展示范区名单的公示 [EB/OL]. (2018-10-15). http://www.gdwht.gov.cn/index.php/Open/Details/id/56271.html.

[105] 马治鸾, 高辉. 我国旅游商品开发存在的问题及对策研究 [J]. 成都理工大学学报 (社会科学版), 2003, 11 (1): 43-48.

[106] 樊姝玉,杨达源,李徐生.旅游商品开发浅析[J].资源开发与市场,1999,15(2):119-120.

[107] 于德珍,聂韶芳.浅议旅游商品的发展对策[J].苏州科技学院学报(社会科学版),2003,20(4):22-24.

[108] 东民,文强.旅游商品无人喝彩[J].中国商贸,2001(9):26.

[109] 刘惠余.旅游商品与中国传统文化[J].云南民族大学学报(哲学社会科学版),2003,20(4):87-90.

[110] 冯颖.关于促进文化与旅游结合发展的指导意见[N].中国旅游报,2009-09-25(1).

[111] 禹贡,钟燕森.广州文化与旅游产业发展的现状、问题与对策[J].广州大学学报(社会科学版),2014(10):57-62.

[112] 郭湘闽.从"离散"走向"综合":以商业和旅游为动力的历史地段更新机制分析[J].城市问题,2005(3):2-7.

[113] 周柳,严辉华,陈文君.广州市文商旅资源融合与产业协同发展研究报告[R].2015.

后　记

　　岭南文化与旅游业融合发展研究始于2013年，历时6年有余。本研究从调研、讨论到写作、修改、定稿都得到众多师长、领导和朋友们的关心、指导与帮助，在此一并表示衷心的感谢。

　　参与本书撰写工作的人员具体分工如下：第一章（张河清）、第二章（张河清）、第三章（王蕾蕾）、第四章（王蕾蕾）、第五章（张河清、香嘉豪、邓泽平）、第六章（王蕾蕾、许咏媚、马静）、第七章（张河清、冯怡琳、彭彩婷）、第八章（王蕾蕾、郭婷婷）。广州大学旅游学院何向副教授、肖佑兴副教授、吴水田副教授、陈丽坤副教授、郑春晖副教授、刘相军博士、代丹丹博士、程辉博士、胡锦灿博士、周雯婷博士、魏雷博士，研究生香嘉豪、邓泽平、许咏媚、马静、郭婷婷、冯怡琳、彭彩婷等共同参与了课题调研、基础数据资料的搜集和整理工作，本书由张河清、王蕾蕾最后进行统稿、修改并整理完成。

张河清

2020年2月20日